数智时代的企业管理升级：

领导者、工具与实践的协同

唐志慧　张玉龙　著

WUHAN UNIVERSITY PRESS
武汉大学出版社

图书在版编目(CIP)数据

数智时代的企业管理升级：领导者、工具与实践的协同 / 唐志慧，张玉龙著. -- 武汉：武汉大学出版社，2025.9. -- ISBN 978-7-307-24600-3

Ⅰ. F272

中国国家版本馆 CIP 数据核字第 202585U3S5 号

责任编辑:唐　伟　　　责任校对:鄢春梅　　　版式设计:马　佳

出版发行：**武汉大学出版社**　(430072　武昌　珞珈山)

(电子邮箱：cbs22@whu.edu.cn　网址：www.wdp.com.cn)

印刷:武汉中科兴业印务有限公司

开本:720×1000　1/16　印张:15.5　字数:247 千字　插页:2

版次:2025 年 9 月第 1 版　　2025 年 9 月第 1 次印刷

ISBN 978-7-307-24600-3　　定价:69.00 元

前　　言

当今时代，数字化与智能化的浪潮正以前所未有的速度席卷全球，深刻地改变着企业的生存与发展环境。大数据、云计算、人工智能等数智技术的广泛应用，不仅重塑了企业的产品形态、生产过程、商业模式和组织形态，更对企业管理的逻辑与实践提出了全新的挑战与要求。在这一背景下，企业管理升级已成为不可逆转的趋势，关乎企业的兴衰成败，是企业在激烈市场竞争中立足的关键。

本书聚焦于数智时代的企业管理升级，深入剖析了领导者、工具与实践之间的协同关系。在数智时代，企业既面临着前所未有的机遇，也承受着复杂的挑战。一方面，大数据、云计算、人工智能等先进技术为企业提供了强大的创新驱动力，使企业能够以前所未有的方式收集、分析和利用数据，洞察市场趋势，优化运营流程，提升客户体验。另一方面，技术的快速迭代与市场环境的复杂多变，对企业领导者提出了更高的要求。他们不仅需要具备卓越的创新思维和战略视野，敏锐捕捉市场变化，引领企业发展方向，还需拥有强大的适应能力和学习能力，不断更新知识体系，以应对快速变化的技术和市场环境。在数智时代，领导者的决策能力、变革魄力与学习能力，已成为推动企业在竞争中脱颖而出的核心要素。

与此同时，管理工具的选择与应用是企业管理升级的重要支撑。从传统管理工具到数字化、智能化管理工具的演进，每一次技术进步都为企业管理带来了新的可能性。低代码开发平台、人工智能辅助决策系统等新兴管理工具的出现，为企业提供了灵活、高效、精准的管理手段，能够显著提升管理效率和决策的科学性。然而，工具本身并非万能，其价值的实现依赖于与企业实际业务实践的深度融合。企业需要根据自身的业务特点和发展需求，选择合适的管理工具，并将其融入日常管理流程，通过持续的探索与创新，优化管理效能，推动管理升级。

本书以笔者所在的华电煤业集团工程技术有限公司（全书简称“华电工程公司”）为研究对象，结合其“阳光工程”数字经营决策系统的创新实践，系统剖析了企业在数智时代的管理升级路径与实施成效。华电工程公司在发展过程中，曾面临管理不规范、队伍不稳定、人工效率低、质量难保障等多重挑战。为应对这些挑战，公司积极引入“阳光工程”数智经营决策系统，从组织架构精细化重塑、绩效考核体系构建以及数字化平台赋能等多方面入手，开展了一系列的改革探索与实践。在组织架构方面，公司通过细化组织体系，明确职能部门与项目部的责任、权利与利益，打破部门壁垒，激发全体人员的潜能；在绩效考核体系构建上，针对公司项目部不同岗位和层级设定差异化考核指标，涵盖生产任务、安全生产、个人素质等多个维度，充分调动员工积极性；通过“阳光工程”数智经营决策系统，实现数据的实时共享与分析，为企业管理层提供全面、准确的经营洞察和绩效分配依据，推动精细化管理。

在这一过程中，领导者发挥了关键的引领作用，他们凭借创新思维和战略眼光，推动公司进行变革；低代码开发平台等先进管理工具的应用，为管理升级提供了有力支持；公司在安全管理、物资管理、项目管理、财务资产管理和综合办公管理等多个领域的实践，取得了显著成效，实现了管理效率的提升、成本的降低以及竞争力的增强。例如，在安全管理方面，通过“阳光工程”安全管理系统，

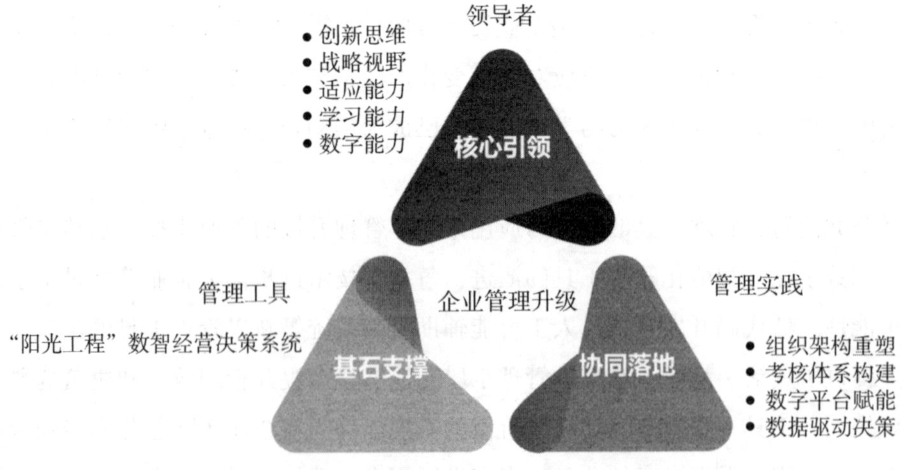

图 1　案例公司数智化管理升级协同体系

实现了安全风险的精准评估与隐患治理的闭环管理，提升了管理效率和决策的科学性；在固定资产管理方面，实现了项目成本的自动化管理和固定资产的高效盘活，显著提升了财务管理的透明度和资源配置效率。

本书的研究旨在为其他企业在数智时代的管理升级提供有益的参考与借鉴。企业管理升级是一项复杂而系统的工程，需要领导者、管理工具与实践的紧密协同。只有不断适应时代变化，积极创新，企业才能在激烈的市场竞争中立于不败之地，实现长远的发展目标。我们希望通过本书的分享，为更多企业在数智时代探索管理升级之路提供启发与助力，共同迎接这一充满挑战与机遇的时代。

本书共分为七章，内容涵盖数智时代的背景与领导者特质、企业管理工具的演进轨迹与数智化转型路径、案例公司的管理现状与升级困境、组织变革实践、数字经营决策系统的实施与应用、管理升级经验总结。各章节内容层层递进，既有理论分析，也有实践案例，力求为读者呈现一幅数智时代企业管理升级的全景图。

希望本书的研究与分享，能够为读者带来启发与思考，助力企业在数智时代实现可持续发展。

目　录

第一章　数智时代的发展背景与领导力重塑

当前，人类社会已经进入数智化时代。随着大数据、云计算、人工智能等数字技术的发展，原有产品的基本形态、新产品的生产过程、商业模式和组织形态都发生了前所未有的变化。而推动数字化转型、追寻智能化创新已经是多数企业发展的必经之路，但对于不少企业来说，应对数字化发展带来的变化仍是一个全新的课题。尤其是国内的企业高管，对于数智化变革带来的便利反应迟缓(李燕萍和苗力，2020)，对实施数字化的企业管理无从下手，也就引发了一系列管理问题。此外，从领导者个人角度出发，数字化冲击了领导者的影响力、公信力等，对领导方式、组织关系和凝聚力也提出了挑战(韩丽和程云喜，2021)。

第一节　数智时代的演进特征与核心影响

“数智化”一词最早是北京大学“知本财团”课题组提出的，是对“数字智商”的阐释，是数字化和智能化两个过程的有机融合。其中，“数字化”可以理解为将物理世界映射到汇聚大量数据的虚拟世界的过程，“智能化”则是要发挥这些大数据的价值作用(李先江等，2024)。随着数智技术的飞速发展，不同产业和同一产业中不同行业之间相互渗透和交叉的趋势日益明显，这促使着传统企业开始向数智化转型，以提高企业的核心竞争能力并实现产品多元化。

一、数字化与智能化的融合驱动力

(一)数字化

数字化是将信息转化为计算机可读的数字格式的过程，是信息技术发展的高级形态。数字化的概念有广义和狭义之分。广义的数字化更加强调数字技术对组织的重塑，狭义的数字化更侧重具体业务和场景的数字化改造。数字化的作用主要体现在如下三点：一是进一步打通“数据孤岛”，通过对数据的实时抓取、网络协同以及智能应用，促进数据在企业内部自由流动，从而产生价值。二是数据成为全新的生产要素。近年来，在新技术革命浪潮推动下，数据量和算力呈几何级数型爆炸式增长，数据逐渐成为经济社会发展的主要技术手段和物质基础，促进了产业数字化转型。与传统生产要素相比，数据要素的流动速度更快、覆盖范围更广、传播链条更长，能够在可存储的条件下重复利用，具有边际报酬递增的特性，进而在促进经济增长方面具有倍增效应。三是数字化改变了生产关系，进一步释放了生产力。这主要表现在，数字技术提升了劳动者的工作技能，极大改进了生产工具和生产技术，拓展了劳动对象和非物质形态的产品(李鹏和史丹，2024)。

企业数字化是指企业内部业务流程、数据和信息资源的数字化，实现业务流程和信息交互的自动化。通过数字化技术，企业可以优化业务流程，提高工作效率，并且可以通过数字技术创新商业模式，开拓新兴市场，提高企业的竞争力(何帆和刘红霞，2019)。通过数字化技术等应用，企业能够更加及时、准确地收集、分析处理和共享各种数据和信息，提高企业的信息透明度。在数据分析方面，将数据分析技术应用到企业的每一个环节，使数据价值最大化。通过对数据的分析，企业可以发现生产和管理环节中存在的问题，以及市场的变化趋势，进而采取适当的措施，及时处理相应的问题。在数据处理方面，企业可以通过大数据技术将传统的人工处理转化为机器处理，可以提高数据处理的效率和准确性。此外，企业可以利用物联网技术改造生产设备，并将设备信息数字化数据存储在云端，方便进行实时监控和维护，提高企业生产效率。在营销推广方面，企业可以通过数字营销手段提高知名度和市场占有率。企业可以利用社交媒体等平台进行线上促销活动，吸引潜在客户，并利用搜索引擎优化技术，提高企业的搜索排名，提高企业的曝光率。

数字化转型给企业治理带来了许多变革和影响，在数字化工具的支撑下可以为经济组织提供更多治理信息，通过收集和分析大量数据，可以更好地了解客户需求和市场竞争趋势，从而支持战略规划和业务决策，可以使用数据分析、人工智能和机器学习等技术来帮助董事会、管理层做出更明智的决策，促进企业治理水平提高。数字化技术也可以帮助企业更好地调研、组织和协调各类沟通工作，收集内外部有关的经营管理信息，通过数字化治理平台可以将这些信息整合，通过数字化沟通工具进行及时、准确的信息披露，并个性化地将其送至企业治理主体，能够保证相关人员充分了解经营情况，提高决策的科学性，保障企业高质量发展。

(二)智能化

对于智能化，目前尚缺乏明确的、统一的定义。从广义看，智能化是借助新一代信息技术，将传感器、移动互联网以及大数据分析等技术融为一体，能动地满足各种需求的属性。人工智能已成为工业控制的各种新技术、新方法以及新产品的重要发展趋势。智能一般包括感知能力、行为决策以及记忆与思维能力。随着计算机技术和算力的快速发展，诞生的神经网络系统具有环境自适应性、自进化、自学习的特征，正在形成以元学习等为代表的智能发展的新阶段。新一代人工智能涉及大数据智能、跨媒体智能、群体智能等。智能化发展有三个重要趋势，分别为产业智能化、人机交互智能化、基础设施智能化。与传统的基于确定性逻辑、在静态环境中使用的数字系统不同，智能化过程能够广泛且实时地归纳、识别与分析由工艺、产品、服务等环节产生的多源异构数据。这不仅赋能了传统产业转型升级，还能自主应对新问题及历史遗留问题。智能化所赋予的感知、认知和解决问题的能力可以应用于大多数制造和服务场景，这将释放人类创新潜能并极大促进生产力(Rammer 等，2022)。

从微观层面来说，智能化是企业在数字化、信息化基础上，依托以新一代人工智能为代表的智能技术赋予制造和服务系统“自学习”的能力(Brem 等，2021)，进而推动数据资源从“物理空间”转移到“网络空间”，逐步实现设备的自我感知、自我诊断和自我控制，消除企业内外部信息孤岛，推动资源集成效率提升，形成高价值的算法库、数据库，从而为顾客提供精准优质的服务，实现企业业绩和效率提升。可以看出，企业在进行智能化转型时，数字化阶段的主要任务是设备管理、生产数据的收集和整理，将连续的模拟信息变成离散的计算机能够处理的数字化信息；信息化阶段的任务是增强机器设备的感知能力，对设备数字化阶段收集的海量数据进行分析，监测异常数据，实现设备正常运转；智能化阶段的任务是计算机设备的感知能力向认知能力转变，借助工业互联网等智能分析技术实现企业内外部信息互联互通、消除断点，综合分析内外部多种主体产生的海量数据，而形成厂商、供应商、服务商和消费者等利益相关方共赢的局面。因此企业的智能化发展是由数字化到信息化再到智能化的技术能力逐步升级和以人工智能为代表的技术和设备参与决策的广度和深度不断增强的渐进过程，同时这三个阶段也是相辅相成、互相促进的，数字化和信息化是智能化的基础阶段，企业应在这两个阶段完成技术和数据的累积，进入智能化阶段后企业也更能充分利用数字化和信息化阶段的各种技术实现人机协同的决策分析。

智能化技术的应用和渗透，带来企业生产、管理、服务等全过程的转型，智能化转型通过其强有力的渗透性、替代性、协同性和创造性，无疑将带来企业的创新发展。智能化转型从质量改进、创新驱动和交易成本三个方面助推了企业高质量发展。首先，从质量效益方面，智能化技术的应用将直接贡献于生产服务过程的改造和优化，提高生产服务效率，保证产品质量，有助于增强产品的市场表现，推动企业盈利。其次，从创新驱动方面，智能化能够加强企业内部沟通协作，并将智能技术应用于生产服务全过程，对设备、平台等进行智能改造，实现企业数据流通和资源整合，实现企业创新驱动发展。同时，智能化转型将加快信息共享和知识传播，推动企业间良性竞争，推动创新扩散，实现企业的创新绩效的增强。最后，在交易成本方面，从企业参与市场交易活动的角度，智能化能够实现工业互联，有效降低交易成本，包括信息搜寻、资本融通和物流仓储等方面；智能经济带动供需智能化，帮助企业和消费者需求的精准对接匹配，提高企业灵敏度，降低市场的结构性失衡，企业在智能信息搜寻的基础上能够实现定制化服务，建立良好的供求关系，降低营销成本(张树山和董旭达，2024)。

(三)数智化

数智化是数字化和智能化的融合与应用，被视为数字经济发展阶段的一种新产物。数智化转型是在不确定的商业环境下让企业焕发蓬勃生机的关键举措，更是关乎企业生死存亡和长远发展的“必修课”(张秀娥等，2024)。数智化转型中的“数”代表数字，强调信息化层面的网络、技术、数据等；“智”代表智能，强调智能化的基础设施。企业数智化转型指充分利用数据等有效信息，发挥数字技术的赋能引领作用，利用大数据、物联网、人工智能等新一代信息技术与设施对传统企业进行全方位、全链条的改造，深化数字技术在生产、运营、管理及服务等环节的应用，实现企业数字化、智能化、绿色化发展的过程（孙小强等，2024）。

企业实现数智化转型需要与业务场景深度结合，才能更好地发挥数智化的价值创造功能，否则数智化对企业并非总是产生积极性的影响。一种观点认为，企业数智化投资在短期发展内未见显著效果，甚至使企业陷入转型困境（刘淑春等，2021）。比如，资金投入紧张、技术不足、系统数据难以联动、数智化人才稀缺。另一种观点认为，企业数智化转型有助于其在不确定的环境中生存和发展，通过数智技术，梳理业务流程，挖掘沉淀的数据资源价值，为其提供可视化、模型化、智能化的业务场景应用分析等（徐玉德和董木欣，2021），提升全要素生产率（余东华和张恒瑜，2022），实现价值创造。企业数智化转型所引发的变革可通过提高企业研发效率、优化资源配置等方式创造价值。尤其是跨地区、跨领域的多元化集团，通过数智化转型，利用数据运营、分析及预测能力，重构商业生态、优化决策。由此可知，企业数智化转型对企业业务场景赋能效用显著，但不同类型企业数智化转型成果略有不同。例如，装备制造业的数智化转型可助力提高研发效率、改进产品质量、降低生产成本、增强产线柔性、加快响应速度、拓展增值服务、减少能耗排放等。漫画出版业企业数智化转型主要是提升创作内容质量、增强用户体验、升级编审校流程和优化纸质出版服务（王若扬，2023）。建筑业的数字技术可以划分为六个成熟级别，分阶段实现建筑能耗数据预测、建设项目自动监控、项目管理决策智能化等（杨英楠等，2022）。

企业应结合自身战略目标，制定合适的数智化转型价值创造路径，走符合企业业务特色的转型之路。尤其注重在网络化阶段利用物联网、大数据、云计算等技术搭建数智化管控平台，统一数据标准，进行数据预处理，实现各业务环节的数字化联通，促进业财融合，为后续更好地实现智能化奠定基础。其次，企业数智化转型应与业务场景深度融合，先基于核心业务场景展开，理清业务流程，实现业务可视化，并利用物联网和人工智能等技术实时监控和报告业务，以数据为支撑优化决策。最后，在实现企业具体业务场景智能化时，基于内外部历史和即时数据，通过机器学习和运筹优化技术迭代更新模型，实现动态仿真预测、预诊和预警，逐步建立和优化各业务场景的自决策、自执行和自适应功能模块，并最终实现数据模型化、可视化、智能化的相互转换，利用数智赋能为企业创造价值。

二、企业发展范式的数智化重构

在数字经济时代，以“数字化+智能化”为核心的数智化变革已经成为推动我国经济社会高质量发展的重要方向。利用大数据、云计算、人工智能、区块链等新一代信息技术，能够满足经济社会发展过程中信息数据智能化处理、分析和管理需要，实现经济社会数字化、智能化发展。

（一）数智化促进高质量发展

数智化主要从缓解信息不对称、提高经济发展效率和节约经济发展成本三个方面影响商业环境（罗斌元和陈艳霞，2022）。

从缓解信息不对称角度，数智化可以增加信息的可获得量、提高信息获取便捷度和准确率、缓解信息不对称状况，进而显著提高经济高质量发展水平。首先，数字化增加了信息的可获得量。数字化发展拓宽了信息来源渠道。渠道越广，市场主体可获得的信息量越大，可选择的范围越广，提供的发展机会越多，进而有利于市场主体把握机遇，为经济转型和创新实现提供信息支持。其次，智能化可以提高信息获取便捷度。智能化发展为信息流通提供了技术载体，市场活动参与者能直接、快速获得有效信息，利用信息互通优势全面协调经济社会各领域发展，进而促进经济协调发展。最后，数智化发展提高了信息获取准确度。如大数据和智能化比对系统使得数据核对与数据传递更真实，能为经济高质量发展提供科学决策支持。总的来说，数智化可以通过更便捷、更准确地获取更多信息，缓解经济发展中的信息不对称状况，为实现经济高质量发展奠定基础。

从提高经济发展效率角度，数智化通过提高资源配置效率、创新生产方式和加大生产监督，进而提高经济发展效率，加速经济高质量发展。第一，数字化能提高资源配置效率。其通过资源整合，高效匹配各研发要素，促进创新产出增加，促进创新与经济高质量发展。第二，智能化促进生产方式创新。人工智能、互联网经济的发展不断加快经济技术变革和产业转型升级，推进高质量创新进程。第三，数智化能增强生产监督效果。大数据和物联网的发展使得各部门对经济发展的监管更严格、精准，加速实体经济的转型升级，为经济高质量发展提供更多可能。数智化通过提高生产效率、创新生产方式、增强生产监督效果，使得经济发展与技术革新联系更加紧密，从而提高经济发展效率，促进经济高质量发展。

从节约发展成本角度，数智化发展通过节约信息成本、生产成本和机会成本，促进经济高质量发展。在信息获取成本方面，数字化技术使得企业获取发展所需的信息成本不断降低，企业可将节约的部分资金投入研发，促进企业创新发展。在生产成本方面，企业可利用智能化网络将挖掘的信息转化为数据资源，进而节约传统生产要素，促进企业绿色发展。在机会成本方面，数智化可为评判项目可行性与决策选择提供技术支持，降低因经营失误或失策导致的机会成本。总之，数智化发展有利于节约生产发展成本，减少资源浪费，从而助力经济高质量发展。

（二）数智时代的商业模式

（1）企业与消费者的互动方式

传统的“企业—企业”（B2B）商业模式向“企业—顾客”（B2C）、“顾客—制造”（C2M）模式再向“线上—线下”（O2O）模式转变，新商业模式在满足顾客特定需求和体验的同时，还能通过大数据累积实现自我学习和预测分析。智能化技术打破了企业和行业界限，加快知识的扩散和溢出效应，使得企业突破技术和行业壁垒，形成了大量异质竞争者，促成了跨界竞争，改变了传统的竞争模式（肖静华，2020）。传统的层级制组织结构具有高度理性、等级严格和制度严密等特点，容易造成组织效率的损失，智能化技术的发展重新定义了组织形式和结构，如等级界限松散的项目组织、跨越时间和空间束缚的虚拟组织等类型，通信技术与智能设备促进了组织成员沟通和协作，提高了组织灵活性而更加适应快速变化的环境（谢康等，2020）。智能化技术的泛在特性对企业各项业务流程产生了深刻的影响，在研发流程使用数字孪生和仿真技术缩短了产品开发时间；在生产流程借助数据采集和集中控制设备实现无人车间的智能工厂，提高了生产效率和产品质量；智能化技术能够实现线上线下销售联动，提高销量，实现利润增长；智能交互技术的应用便于顾客和生产者直接沟通以获取市场信息动态反馈，真正实现为顾客提供个性化的优质服务（邵婧婷，2020）。

（2）数智化支持产品工艺创新

数智化不仅可以提升现有产品质量和功能，还能够帮助企业开发新产品，进入新领域。数字技术、网络技术和智能技术作为共性使能技术，可以通过嵌入操作系统等方式，应用在不同领域、不同行业中，实现产品从低端到高端的迈进，如智能手机、智能汽车、智能家电等。数智化相关技术也可以通过加速和扩展知识的创造过程，提升企业新产品开发能力。一方面，深度学习和计算机视觉等人工智能关键技术的应用可以极大提高信息检索和数据处理效率。以往技术变革的早期迹象往往需要通过大量专利或科技文献的查阅并结合专家经验进行判断，而人工智能技术可以在数秒内完成对新兴技术主题的辨别。另一方面，数智化相关技术还可以通过采集、处理、分析和整合多源异构数据扩大知识检索范围，提高不同知识节点重组的概率。例如，特斯拉利用基于驾驶行为的用户画像进入车险市场，生物制药领域通过神经网络方法进行化合物识别和发现新的工业材料。

数字技术、网络技术和智能技术的综合使用可以模拟复杂工艺过程，并通过深度学习和优化算法找到最佳的工艺参数组合，从而提高生产效率和产品质量。例如，数字孪生技术可以极大降低试验、检测、生产的试错成本，并显著减少新产品开发周期。数智化可以强化企业对海量生产数据的分析能力，发现隐藏的规律和趋势，帮助预测潜在的问题并提前采取措施进行调整。例如，人工智能不仅可以用于识别工艺或产品缺陷，并实施预测性维护，还可以应用在数字安全领域，检测互联网系统漏洞。此外，数智化还可以实现生产服务过程的自动化和智能控制，根据实时数据动态调整工艺参数，以适应不同情况下的生产需求。

（3）以优质产品服务催生商业模式创新

企业智能化升级的最终目的是推出适合市场需求的产品和服务，扩大和提升企业价值。企业的智能化升级最大的障碍不是技术落后而是缺乏市场开拓能力，满足市场需要的产品和服务是企业获取价值实现利润增长的根本动力，回归以产品和服务为导向，提高产品附加值驱动智能化升级才是企业发展的正确道路。首先是新一代信息技术的发展为消费者和生产者提供了便捷的沟通工具，使生产者能够捕获顾客的个性化需求，而柔性敏捷的智能生产线也降低了个性化定制的生产成本，为顾客营造全服务周期的差异化体验，企业依据长尾效应构建起范围经济的新优势，不断加强线上线下融合的多渠道运营能力和基于用户数据洞察的精准营销，提升服务质量和消费者体验。其次是企业应促使个性化的需求变成通用技术和产品，完成知识复用和技术复制才能分摊高昂的研发成本，进而开辟新的技术和业务领域，实现跨界融合，推动智能化与经济社会全产业链的深度融合，使智能化、数字化全面融入生产制造和社会生活，催生新的商业服务模式，提高智能产品市场利润和市场效率，以客户价值驱动技术创新和商业创新协调发展，才能发挥智能化升级带来的能动作用。

第二节　驱动管理升级的领导者核心特质

一、面向未来的创新思维与战略视野

领导者的创新思维特质和战略视野特质都能通过反映个人偏好和价值观的战略选择影响组织的成败，都关系到组织的长期可持续发展。

(一)领导者的创新思维

当前的商业环境主要以竞争、创造力和创新以及市场条件快速变化的技术革命为特征。持续创新是业务增长的重要来源，所有类型的组织都将创新视为实现竞争力的战略重点。企业的竞争力取决于所有员工的整体创新能力和创新行为，特别是领导者的创新思维。创新性是区分领导者与一般管理者的关键要素之一，尤其在当前的商业环境中，这种区别甚至更加突出(Garud 等，2013)。

领导者的创新思维表征为洞察力、想象力、批判力、创造力四种能力，成功企业的领导者以超常的思维冲破旧有思维框架，对组织中不合时宜的地方进行大胆革新，采取不符合常规的领导观念、领导方式和领导方法，创造出一种崭新局面并使组织获得持续发展和跨越发展的能力和力量。

(1)洞察力

系统思考是创新思维的起点和基础，而要具备系统思考的能力，领导者就必须有敏锐的洞察力。洞察力是领导者进行创新领导首先要具备的能力。洞察力的敏锐性、准确性、全面性等品质，不仅对于领导者改革创新能力的形成有很大的

影响，而且为领导者改革创新实践奠定下良好的基础。观察组织的发展方向，发现竞争突破点，树立独树一帜的组织风格，确立组织的发展方向和服务范围，每一项改革和创新都意味着对领导者洞察力的检验。高瞻远瞩是对成功领导者富有远见的赞许，也是对其敏锐洞察力的认可。各个组织都有不同的优势和长处，其发展潜力和发展前景也都大不相同，领导者要使本组织的改革发展工作居于领先地位，就要敏锐地捕捉发展先机，挖掘出组织的优势和潜力，找准并抓住最能发挥自身优势的发展出路和突破口，有的放矢地进行改革创新，才能够收到实效。

(2)想象力

创新想象是领导者创新的源泉，想象力也就自然是领导者创新思维的重要体现。从一定意义上说，领导者的创新想象力来自于直觉和灵感。人们对创新知识的获得、创新思路的探求和创新举措的构想，往往需要经过曲折的过程。其中既有长时间的准备和积累，又有短时间的攻关和突破；既有经久的沉思，又有一时的顿悟。这种瞬时使问题得到澄清的顿悟，就是直觉和灵感。直觉和灵感作为诱发想象力的思维要素，不仅可以使领导者敏锐地发现问题，正确地洞察客观事物的趋势和本质，为创造性地解决问题打开突破口，而且在解决问题时，能帮助领导者从多种思路中选择出正确思路，从许多可能的方案中选出最佳方案。丰富的想象力可以使一个领导者在复杂的环境条件下，做出全新的决策方案，将组织推向一个崭新的局面。现代社会，信息瞬息万变，许多看似寻常的信息背后，却隐藏着机遇，对于领导者，要凭着丰富的想象力，及时捕捉有价值的东西，并将其加工提炼，结合本地实际，设计出切实可行的改革方案。

(3)批判力

领导者创新思维要求“破”与“立”并举，有“破”的胆识和智慧，才能有“立”的条件和基础。可以认为，没有批判，便没有创新；没有批判，便没有新的观点与理论的出现。而要突破旧有的思维惯性和习俗，领导者就必须具备批判力。领导者对于传统的或是现存的东西要善于质疑，因疑惑而思考，因思考而发现，从而引发创新。在现实中，有的领导者常常由于思想的顽固性或不容思辨性而失去了质疑精神，而创新恰恰在质疑中诞生。有了对旧事物的质疑才会对其进行反复思考，结合现实就会发现很多需要改进的地方。

(4)创造力

创造力是根据一定的目的和任务，开发能动性的思维，产生新思想，创造新事物的能力。领导者不仅要发挥下属和群众的创造性，而且要培养提高自己的创造性，并将创造力作用于领导工作实践，这将极大地促进组织的发展，创造出更多的发展奇迹。

领导者思维的一项综合特质：它是由以上四个力相互联系、相互影响、相互作用的分力构成的合力。其中，洞察力是想象力的前提，只有洞察到新事物才能对其加以想象和发挥。想象力是进行创新过程中不可缺少的因素，分析事物的优势和不足，认清其发展趋势，提出新的思想和办法。批判就是要对过去和现在的事物展开充分想象，改变不合理因素，想象出更加合理的方面。批判力是改革创新的动力，只有敢于质疑和批判现有的东西，才能超越过去，创造未来。当然这种批判力是扬弃的，是在继承基础上的批判。创造力是批判力的进一步延伸，在对过去不合理之处进行大胆批判之后，就要对其现状进行严谨的思考，它是改革创新的基础，是一切新思想、新思路的源泉。创造力是创新思维的核心，也是领导创新能力的最高表现。

(二)领导者的战略视野

战略视野和创新思维的不同主要体现在两点：①战略视野主要关注组织层面的结果，而创新思维也可以影响较低和较高层次的创新活动；②领导者的创新思维的最终目标是通过一系列以创新为导向的个人投入、管理策略和发展创新文化来促进组织创新绩效，而领导者的战略视野可能决定了领导者会使用完全不同的工具来实现和保持组织的竞争力(Ireland 和 Hitt，1999)。

领导者在组织中负责确定企业的长远发展目标、发展方向并整合企业内部的资源保证目标的实现。Sosik 等(2005)认为企业高层管理者所具有的战略特质，使他们能够做出决策并在危急关头保证战略的正确执行。企业高层管理者应具有战略性视野，通过对企业内外部环境的分析与判断，采取过程和结果导向并重的战略决策，将企业的过去、现在和未来有机地衔接起来。

(1)战略视野决定组织愿景

具有战略视野的领导会强调愿景的重要性和愿景对组织过程和绩效的影响。

战略管理的研究者们认为愿景非常重要，领导者通过愿景来激励组织成员追求目标，将领导转变为管理行为。企业经营者如果想改变现状，应当制定和阐明一个成员共享和能够激发热情的愿景。有效的高层管理者通过沟通，制定出明确的和令人信服的愿景，这些建立在充分沟通基础上的愿景可以促进组织创新、改善组织利用资源效率、改善组织承诺。具有战略视野的领导者通过创造公司未来的愿景，并且与公司员工们交流，最终制定公司的战略目标和方向。在多变的技术和市场环境中，公司需要有效的战略来获得并保持公司的优势以应对竞争。

(2)战略视野下的领导决策

领导者的战略视野是通过他们所做的高层级别决策来影响组织的。与较低组织级别的决策不同，高层的决策意味着对资源和投资的重大分配，这可能对企业产生持久的影响(Wang 等，2016)。战略视野驱使下，领导者能够做出各种重大战略决策，例如创新、收购、战略变革以及多元化发展等，帮助组织就现在做什么、未来如何做、组织为什么从事特定活动以及如何实现其目标等问题做出有意义的决策。

(3)研判外部环境

具有战略视野的领导者会收集、处理和使用内部和外部环境中可用的信息，除了使用这些信息来做出决策外，领导者还可以影响公司对信息的获取以及信息在公司内部的整合和分配(Cao 等，2015)。对于面临不确定环境中各种挑战的领导者来说，可以通过多种方式收集、处理和分配信息来塑造组织。领导者战略视野要发挥作用，需要把握重要的战略转折点，例如组织外部根本性的产业变革和技术创新。在组织文化之外的更大范围内的社会文化将对领导的战略视野作用产生影响。不同的社会文化对领导战略视野的要求不同：要使战略视野发挥作用，印度的组织需要表达对于国家福利的关切，中国的组织需要强调共赢和自我批评，西方国家的组织则需要实现人才管理和人际理解(Gutierrez 等，2012)。

(4)以战略视野激励员工

领导者的战略视野能够有效激发员工的工作动机，通过愿景的创造和决策的制定，为下属提供清晰的、有感染力的、能对他们产生激励作用的目标和愿景。同时，管理者会为下属提供有意义和具有挑战性的工作或目标，明确告知对他们的工作期望，展示对企业总体目标的承诺，进而激发下属的工作动机。领导者一般会用自己的言行来激励下属，指导他们的行为，他们善于用简单方式表达重要含义，包括使用一些强有力的象征以增加说服力。比如，领导者总是展示出巨大的热情与乐观情绪，这种情绪使得下属在乐观与希望中展望未来的发展，并因之而产生强烈的向心力和团队精神，进而产生较高的工作积极性。在工作中，领导者还会鼓励员工的创新精神，为了实现愿景，有时需要打破常规，积极使用新的想法和新的技术。领导者对员工的激励还表现在个性化关怀上，领导者会告诉员工他需要做什么、如何做，以及达到目标之后会得到的奖励和报酬。

二、动态环境中的适应性与学习能力

近年来，社会和商业环境对创造力和创新的需求变得越来越重要。组织不再通过维持当前的流程、产品或服务来保持竞争优势。相反，它们必须不断创造新产品和新工艺，以实现长期的成功。为了能够有效和高效地管理创新，领导者必须不断学习和适应不同的要求，其适应性和学习能力相辅相成，要适应环境变化，从中学习新的知识和经验，以新知识应对环境动态性变化。

(一)领导者的适应性特质

领导者适应性特质对领导者的创新和战略变革能力有重要影响，对领导者能否在复杂的竞争环境中带领下属成功完成任务至关重要(Halbesleben 等，2003)。为了适应不断变化的外界环境(如网络的发展、政局的动荡、法律的变更等)，组织中的领导者要同时承担决策者、培训者、创造者等多重角色(Keene，2000)，才能发挥领导的有效性。

成功的领导者在适应动态变化环境时，主要存在被动适应和主动适应两种路径(张笑峰等，2016)。

(1)领导者适应性特质形成路径

①被动适应路径。作为企业运营的监督者，领导者在管理活动中随时会面对各种不确定性挑战。领导者被动地接受不确定性挑战，并基于社会化过程的积累，对问题作出响应，调动一切资源，寻求应对不确定性挑战的可行方法，这一探索过程又形成了领导者社会化过程新的积累，为应对未来可能的不确定性挑战提供知识基础。被动适应的领导者不断地完成对不确定性挑战的应对，获得实践

经验的积累，构成了领导者适应力成长的被动适应路径。

②主动适应路径。作为企业的最高决策者，领导者需要对未来可能发生的趋势型不确定性挑战作出判断。领导者基于社会化过程的积累，具备识别趋势型不确定性挑战的远见或敏感性，进而有针对性地收集组织内外信息和知识，获得应对未来不确定性挑战的能力，形成新的社会化过程积累。主动适应的领导者在企业发展的各个阶段，不断识别趋势型不确定性挑战并通过推动学习适应未来竞争，构成了领导者适应力成长的主动适应路径。

③主动与被动适应相互转化的路径。领导者适应力成长的主动与被动路径并非完全独立，二者存在相互转化的诱发机制。一方面，领导者管理活动中面临大量不确定性问题的挑战，对此展开针对性学习会受到时间的限制，突发危机的紧迫性要求领导者具备利用资源进行危机处理的能力。被动适应路径中领导者收获了成功应对不确定性挑战的经验积累，有助于领导者认识自身和组织缺陷，确定未来推动学习的主题，从而进入主动适应的成长路径。成功的企业领导者会积极考虑如何带领企业持续发展，将主题识别和推动学习作为重点活动，从而实现被动路径向主动路径转化。

(2)领导者适应力的决定性因素

①全面的环境变化信息。环境信息的客观性及全面性是指领导者战略行为在做出适应性战略决策时，所获得的直接环境信息是否客观、全面。它客观上取决于环境信息的能见度，即环境变化的程度、环境变化的速度及环境变化波及的范围等是否能传递出明显对企业有所影响的信号；主观上取决于领导者战略的感知能力，即领导者能否敏锐感知并识别环境的变化，同时不因自己的偏好过滤环境变化传递来的客观信息。

②拥有较强的学习能力，能使环境变化信息准确地映射到领导者战略上。环境变化信息能准确地映射到领导者战略上并表现为恰当的形式，从而暴露出原有战略认知的缺陷，使其参照环境变化信息做出适应性调整。这一过程得以有效运转的关键是领导者具有较强的学习能力。良好的学习能力使领导者能有效地将环境变化信息转化为有助于适应力形成的有用知识，并付诸实践。

③领导者做出及时全面的适应性反应，形成最终的适应性战略。这主要取决于领导者的能力，能将所收集到的信息汇总加工后形成适应性的柔性战略。这一

能力即领导者的管理决策能力，包括决策能力、规划能力、组织能力、协调能力、激励能力、创新能力、应变能力及社交能力等。另一方面是领导者对环境的能动反应过程。领导者做出对内外环境的被动适应后，形成了适应性的新战略。这一变化后的领导者战略信息会借助各种方式(如报告、演讲、各类媒体及新闻发布会等)传递出去，从而主动地影响组织所处的外部环境，使外部环境发生潜移默化的改变。总的来说，领导者的这种能动反应对组织的外部直接环境(如本行业、相关市场及企业等)影响更大、更直接，也更迅速。新技术产生取代原有技术，经济环境发生变化，同时与此相关的社会文化及消费心理都将悄悄地发生变化。随后，变化了的环境又会反作用于企业组织。这一作用过程的良好运转依靠领导者有选择地传播有利于组织适应性成长的信息并以恰当的传播方式将信息传播出去。把握好这一过程有助于企业树立良好形象，同时形成有利于企业成长的外部直接及间接环境。

(二)领导者的学习能力

一个成功的企业领导者需要具有不断学习新知识的能力，动态性地管理企业，适应不断变化的环境。知识不仅是通过阅读相关书籍获得的，还是通过面对复杂挑战时，实际进行变革性工作获得的。随着知识的提高，更高层次的知识也会形成，他们能够看到更多样的发展模式，判断或感知更好的解决方案，最终不仅能够顺应现有的实践发展要求，而且还能够作为领先者推进它。

学习能力可以提高领导者在危机中的适应能力和权变能力。不同的领导者对待危机有不同的反应。激进的怀疑论者持极度悲观态度，认为组织危机不可预测，毫无规律可循，在面对危机时，他们经常会夸大运气的作用，降低自身的主观能动性，在危机面前裹足不前、听之任之，表现出领导力的脆弱性。对于具有较强学习能力的领导者而言，一次的成功与失败并不能说明问题，只不过是行动的不同表现结果而已，最重要的是要从成功中总结经验、从失败中吸取教训，以获得持续的成功，或者避免连续的失败。

作为领导者，在学习中要避免三种短视行为。第一种是倾向于忽略长期规划，领导者学习如果偏重短期目标，组织长期生存就会受到威胁。第二种是倾向于忽略全局，领导者学习如果偏重局部，就会导致组织整体生存受到威胁。第三种是倾向于忽略失败，领导者学习经常会偏重于从成功中获取经验，对失败的危险有时会低估，对失败教训的总结更可能被忽视。世界总是在不断变化的，不确定性永远无法消除，领导者的学习能力提高了其领导力的适应性，提高了其对危机的适应能力和应变能力，进而增强了整个组织的韧性。

在危机中，领导者的学习行为既要有批判思维，又要有平衡思维。拥有批判式思维的领导者领悟到自信不等于卓越成就，对不确定性的敬畏使其对未来的发展有更好的判断能力，他们敏锐地观察外部环境变化，评估可能给组织带来危机的各种不利因素。拥有平衡式思维的领导者深知能力不足是实现组织愿景目标的最大障碍，善于在组织目标与组织能力间寻求平衡。他们不追求极限增长，克制自己制定不切实际的组织目标。领导者的批判式思维和平衡式思维尽管不能让他们准确预知危机的到来，但会不断增强他们的适应性领导力，让组织形成有备无患的文化和机制，从而帮助组织在危机来临的时候快速复原、逆势成长。我们需要清醒地认识到，完全让组织避免陷入危机是领导者的一厢情愿，危机总是不期而至，常常不以人的意志为转移。事实上，卓越的领导者都是经历了多次危机的历练和磨难才走到今天的。当组织深陷危机时，学习能力强的领导者能够表现出顽强的适应性领导力、非凡的感召力和学习力。学习能力强的领导者认为只有激活组织集体智慧，才能让组织从危机中快速复原，只有从失败中总结教训、获取经验，不断提升组织的适应能力，才能让组织在逆境中持续成长。

第三节　领导者在数智时代管理升级中的引领作用

组织需要领导者不仅具备简单的行为和组织管理技能。在快速发展和创新的数智环境中，面对日益增长的全球化，领导者同样要跟上数智领域的发展，无论是为了他们的竞争力还是生存。组织的生存很重要，因为不断变化的技术会引起客户或利益相关者的不同期望，因此，为了能够在市场上继续生存，组织应该使其当前条件适应技术的新发展。数智化时代包含着通过技术发展解决组织的可持续性和有效性问题的方法，其中的关键是，当员工意识到数智化的重要性时，领导者需要更加深刻理解它的真正含义，并更加意识到数智化时代变革的重要性。因此，在这个全球化和数智化的商业世界，组织需要的是有资格的领导者，而不是管理者。

一、引领变革的策略与实践

领导力是一种无形资源，对组织数字化转型具有重要意义。组织转型是指组织的核心要素发生根本性的变化。组织核心要素是那些处于组织关键领域的战略要素、文化要素、结构要素、控制系统要素、高层领导力要素等。数智化转型是组织转型中的一种典型模式，领导者在组织层面推动组织核心要素变革进而促进组织数智化转型(刘松博等，2023)。

(一)数智战略推动组织数智化转型

领导者通过创建数智战略推动组织数字化转型。数智战略是指企业运用数智技术开展价值创造的战略。领导者应当致力于将 SMACIT 技术(社交、移动、分析、云和物联网技术)与企业的现有能力相结合，制定具有新的价值主张的数智战略(Porfírio 等，2021)。在内驱力方面，CEO 变革型领导行为、领导者创业毅力将带来组织商业模式的数智化创新。在外推力方面，高层领导可以采用“依附式升级战略”联动数字平台，经历互融、共生、自主三个阶段，实现本企业数字化转型(陈威如和王节祥，2021)。

(二)数智文化推动组织数智化转型

组织文化是企业实现数智化转型的重要组成部分。数智化领导者需要构建以参与性、一致性、适应性和使命文化为特征的数智组织文化，这将有利于组织的探索式创新(Philippart，2021)。从动态视角，领导者在企业数智化转型不同阶段需要不同的组织文化。在数智化转型发现、发展、示范、部署四个阶段，变革型领导者分别需要推动组织发展出长期利益导向、敏捷、透明、持续改进的组织文化(Wang 等，2022)。

(三)组织结构变革推动数智化转型

领导者通过改变组织结构推动组织数智化转型。就组织内部而言，张哲等(2023)通过案例研究总结出了处于数字化转型初期的国有企业的转型模式，即高层领导者通过实施变革领导力促进数字企业形成，进一步带来组织结构与战略变革。就组织外部而言，经历数智化转型中级阶段的企业提高了外部协作水平，构建了更加协同、基于共生逻辑的生态圈系统（Warner 和 Wäger，2019），创业型领导者将更能促进企业间共生关系的建立。

（四）控制系统变革推动组织数智化转型

领导者通过运用数智技术完善组织控制系统推动组织数智化转型。一方面，数智技术的引入使组织监管模式演变为算法控制，成员时刻处于被注视、评价、干预的状态中。因此，领导者需要发展算法领导力，即注重人文关怀、平衡组织和员工之间的利益关系、推动员工之间高效沟通的领导行为。另一方面，领导者通过数字渠道构建持续对话机制不仅有利于管理组织危机，也能够维持组织声誉和传递组织价值观，为组织数智化转型提供保障与支持。

（五）高层领导力变革推动组织数智化转型

领导者通过创建新的领导角色、调整领导风格推动组织数智化转型。随着数智化转型的不断深入，其带来的挑战要求组织设置首席数字官（CDO）以帮助实现转型。CDO 能够助推数字业务战略落地，促进业务与职能部门的密切联系，进而推进组织数智化转型。此外，高层领导者通过调整自身风格来满足组织在数智化转型不同阶段的需求。董晓松等（2021）通过案例研究发现，传统制造企业从平台阶段向生态阶段转型时，高层领导者由变革型领导风格渐变为交易型领导风格，这减弱了数字化转型中的组织惯性，使组织既能够打破框架适应变化，又能够通过新的规范维持稳定。

二、培养数智时代的领导力

企业数智化转型过程中，组织面临诸多挑战与困难。首先，数智化时代，数据、信息爆炸式呈现在组织与管理者面前。高易变性、高不确定性、高复杂性和高模糊性的外部环境虚化了信息焦点，使得组织做出正确决策变得复杂而具有挑战，更容易暴露在危机面前。因此组织需要企业管理者、领导者具有卓越的远见、展现出有力的决策能力。其次，组织边界进一步柔性化、开放化，组织不再是内部的、静态的封闭环境，而是与外部利益相关者时刻进行紧密的互动。获得利益相关者信任、整合行业与生态网络资源，获得更多发展机会，有效的外部利益相关者管理成为组织获得竞争优势的重要手段。组织呼唤管理者能在生态网络中充当价值引领的角色，能够促进与外部利益相关者的利益共享、价值共创。再者，数智化转型过程中，组织从金字塔的稳固形态向扁平化方向发展，基层员工被赋予更重要的前线角色与作用。然而，长期形成的组织文化会制约组织的蜕变、变革，而其中的基层员工、资深员工、稳定的中层则是变革最大的掣肘力量。因此，数智化转型需要员工与组织对分工与整合达成共识，需要员工与组织共享真正的核心价值观、核心目标。这对员工的自我驱动性、内在工作动机等提出要求，也要求管理者能够引领员工价值观，能够让员工感受到强有力的支持，以及给予员工积极的变革愿景(吴炎燕，2024)。

在数智化时代，新的领导力开始显现。Neubauer 等(2017)提出了敏捷领导者的概念，即谦虚、适应性强、有远见和参与性强的领导者。他们认为，敏捷领导者最适合在数智时代领导。在这个时代，在不断变化的环境中适应和做出快速而有效的决策的能力将非常重要，此外持续学习和自我发展同样至关重要，即领导者快速有效地获取新知识和新技能的能力。此外，领导者不仅需要提高技术知识等硬技能，还需要提高人际关系和沟通等软技能。数智化时代五种关键的领导能力需要不断发展和更新：数字技术能力、数据分析知识、网络关系能力、道德操守和敏捷性(Watson 等，2021)，这五项关键能力的基础是一种专注于持续学习和自我发展的成长心态。

(一)数字技术能力

数字技术将成为未来领导者的关键能力，其中人工智能发展的知识尤为重要。人工智能将不会孤立地使用，而是根据行业的特性与多样化的技术融合使用。这些额外的关键技术包括云计算、数据分析、区块链、5G 和机器人等。熟悉如何应用相关技术对未来的领导者非常重要。领导者所需的数字技术水平因行业而异，这取决于所采用技术的复杂程度，对于企业的领导者来说，不可能完全了解所有相关技术，尽管领导者需要依靠各个技术领域的专家来提供建议和指导，但他们仍然需要对这些技术背后的概念和应用有很好的理解。

高级领导人应该如何评估他们所需要的知识，以及他们应该采取什么步骤来获得这些知识？知识可以是行业特定的，也可以是更普遍的。特定行业知识的例子可能包括基因测序、机器人手术和医疗保健领域的人工智能诊断。更一般的技术知识包括机器学习，数据分析和云计算的基础知识。重要的一点是，为了使这些知识适用，培训需要切合实际需求，并尽可能在需要的时间内提供(Molananu 和 Narayandas，2019)。虽然组织经常提供高管发展计划，但这些可能还不够。高级领导者还需要评估自己的培训需求，然后找到潜在的资源，无论是个性化辅导、传统的课堂课程，还是迅速增加的在线数字课程和微型学习应用程序。

(二)数据分析知识

随着公司可以利用的数据速度和数量的不断增加，以及人工智能应用程序被开发用来利用和利用这些数据(Davenport 和 Bean，2018)，领导者理解和参与数据分析作为战略和竞争优势的来源变得越来越重要。

领导者关注到数据驱动的重要性。过去，领导者可以利用既往的经验来做出大多数决策，但在数智化时代，他们需要根据人工智能收集和分析大量数据来做出决策，仅仅依靠过去的经验可能会导致极大的问题。高级领导者可能会接受组织内数据科学专家或外部顾问的指导。高级领导者如何发展他们的数据分析知识，以及他们需要什么水平的专业知识？针对高级领导者的短期课程旨在扩大他们对数据分析应用的理解，虽然高级领导者不需要成为数据科学专家，但他们需要对数据分析如何工作有广泛的了解。

(三)网络关系能力

在数智时代，在组织内部和外部形成强大网络的能力将是一项关键的领导能力，高级领导者需要将沟通、社交网络和人际关系技能融合起来。随着日常任务的自动化程度大大提高，高级领导者将发现自己领导着由高技能知识工作者组成的小型团队，这些专业化团队需要作为内部创业者拥有更多的自主权。这些小组虽然为同一个组织工作，但可能越来越多地设在不同的地理位置，并通过视频会议开会。为了有效地建立和指导这些团队，高级领导人需要能够汇集具有独特和互补技能的人才，为此，他们需要强大的内部人才网络。

领导者还需要建立一个强大的外部网络，既要有面对面的接触，也要有社交媒体。他们不仅需要高度发达的人际关系技能，还需要强大的沟通和社交网络技能。随着市场、技术和其他环境因素的日益复杂，企业需要找到值得信赖的合作伙伴，帮助他们保持相关性和竞争力。一个强大的专业网络将是必不可少的，由于这些网络越来越全球化和跨文化，高度的跨文化能力(文化智能)也将变得越来越重要。

(四)道德操守

人工智能的未来发展被认为存在与偏见和隐私有关的潜在问题。在数智化时代，伦理和道德问题将变得越来越重要，新的数智化系统将对员工和社会产生广泛影响。领导者需要意识到这些问题，并跟上不断变化的社会价值观和新技术的潜在道德陷阱。道德和伦理标准对于保护一个组织的公众形象和长期成功的业绩将变得越来越重要。

高层领导者以社会的最佳利益和道德价值观行事，将保护其组织的长期声誉和成功。为了成功地推动组织在人工智能和新兴技术方面的创新，领导者需要不断提升对这些新系统的道德和伦理影响的理解。

(五)敏捷性

在一个前所未有的变革时代，领导者必须对不可预见的事件以及竞争威胁或机遇做出更快的反应。领导者需要迅速分析形势、规划战略并及时实施。他们还需要在动荡时期保持冷静和积极的态度，做出以证据为基础的决策，并以适应性和敏捷性行事。在迅速变化的时期，战略规划需要采取新的办法。领导者需要同时为许多不同的情景做准备，而不是预测未来最有可能发生的事件，并制订一个2~3年的计划来实现既定目标。面对快速的技术变革，有必要迅速采取行动，以利用可能突然出现的机会，或减轻来自竞争对手的新威胁，并先发制人地管理风险。现在比以往任何时候都更有明显的先发优势，虽然在过去，市场追随者战略是一个可行的选择，但未来可能不会如此。由于企业数智化通过使用海量数据来改善，先发优势可能会使追随者策略变得不可行。

第二章　企业管理工具的演进轨迹与数智化转型路径

数字化背景下企业管理升级，除了需要领导者的支持外，也需要利用一些企业管理工具。在探讨企业管理工具的发展及其数字化智能化转型的过程中，我们不仅见证了技术的进步，还看到了企业管理模式的深刻变革。本章将深入分析企业管理工具的历史演变，探讨它们如何从简单的会计电算化工具，发展成为今天复杂的数字化智能化系统，以及这些变化如何塑造了现代企业的运营和管理。

第一节　管理工具的历史演进

现如今，企业管理工具日趋多元，能够为各类管理流程提供有力支撑。这种支撑能力并非一蹴而就，而是随着经济环境的变迁逐步发展形成的。管理工具的演进过程，既反映出企业在不同阶段对环境的认知与响应，也体现了其不断调适、积极适应复杂商业生态的持续努力。

一、信息化管理工具的兴起

20 世纪 70 至 90 年代，是全球企业管理方式经历革命性转变的关键时期。以 MRP(物料需求计划)、MRPII(制造资源计划) 以及其后成熟的 ERP(企业资源计划)系统为代表的信息化管理工具，迎来了飞速发展。这些系统将企业的财务、生产、供应链、销售和人力资源等核心流程整合到一个统一的数字化平台上，实现了数据共享和流程自动化，极大地提升了企业的运营效率和决策科学性。

1979年，长春第一汽车制造厂成为我国第一家会计电算化试点单位，两年后又与中国人民大学联合主办“财务、会计和成本应用计算机学术研讨会”，会中首次确立了“会计电算化”的概念，标志着我国企业发展进入了新阶段。随着市场经济的进一步开放，越来越多的企业开始采用会计电算化，财政部亦在1987年发布《关于国营企业推广应用电子计算机工作中若干财务问题的规定》来推动其发展。

进入20世纪90年代，财政部发布了《关于大力发展我国会计电算化事业的意见》，大力发展会计电算化，从覆盖率、人才培养和软件开发都提出了明确的发展目标和主张，会计电算化进入各家单位，成为企业管理的必需品。

二、ERP系统的兴起与演变

随着中国加入WTO，东西方企业管理实践交流日益深入，众多国内企业管理者逐渐认识到，传统的账目管理仅能反映静态财务数据，无法真正体现企业持续发展的生命力，更难以揭示经营过程中存在的深层问题。在视野局限之下，对企业进行全面规划与统筹管理面临巨大挑战。由此，我国企业进入了相对漫长的ERP(企业资源计划)系统建设时期。该时期可划分为两个主要阶段，对企业管理工具的演进及管理者认知的提升皆具有重要意义。

第一阶段以模仿为主，主要借鉴外资企业及国内头部公司的实践。在市场红利显著的背景下，许多管理者认为通过引入同类先进管理工具，便可快速提升企业管理水平，进而推动企业向行业巨头迈进。此前参与会计电算化的软件厂商也纷纷转型为ERP解决方案提供商，并与信息化服务公司合作，嵌入管理咨询业务，协助企业实施适应性变革，以保障ERP系统顺利落地。这一时期率先实施ERP的企业多集中于外资投入较为密集的我国南方和东部沿海地区。

然而，ERP作为企业级全局管理解决方案，其成功实施受到行业特性、企业发展阶段及管理基础等多重因素的影响。由于当时企业管理知识普及有限，很多ERP项目仍主要局限于财务核算模块，未能深入集成至企业实际运营与管理流程中，导致建设成果普遍低于预期，一定程度上造成了ERP系统应用的繁荣泡沫。

随着市场竞争加剧，部分已实施 ERP 企业的利润表现未达预期，内部管理矛盾逐渐显现。这一现实促使管理者回归理性，重新审视企业真实需求，思考如何平衡短期运营与长期发展，避免过度超前规划。由此，ERP 建设进入以定制开发为特征的第二阶段。

该阶段重点解决系统适用性问题，主要体现为以下几方面的进展：一是 ERP 实施更加贴合企业经营实际，注重契合管理目标，摒弃盲目追求“大而全”的建设模式；二是开始关注终端用户的操作习惯与能力素质，通过优化人机交互提升运营效率；三是逐步积累行业管理知识，形成与特定业务模式相匹配的 ERP 解决方案，提升专业领域的管理效能。

然而，定制化模式也存在一定局限性：一是初始建设成本较高，对中小企业构成财务压力；二是系统迭代周期较长，企业在业务变化过程中常需依赖 Excel 等离线工具进行过渡，存在效率损失与管理风险；三是部分企业尤其是中小型企业的管理者对自身需求识别与表述能力不足，导致系统建设目标与实际偏差较大；四是受当时技术水平与移动终端普及度的限制，管理过程跟踪与终端交互体验较差，直到移动互联网和云计算技术成熟后该问题才得以显著改善。

三、数字化管理工具的兴起

2010 年以后，随着移动互联网、大数据和云计算等技术的蓬勃发展，企业逐步进入数字化转型阶段。在这一背景下，为应对日益复杂的业务管理需求，市场上涌现出大量面向单一场景的专业化管理工具，例如独立的人力资源绩效管理系统。这类工具能够有效解决特定业务环节的复杂需求，更好地适配不同行业与企业发展阶段，并对业务运行状况进行精准分析。其专业性强、价格相对合理，企业可通过采购不同厂商的模块化产品以应对具体管理挑战。

然而，此类分散式部署也带来了新的问题——容易形成“信息孤岛”。由于不同厂商在产品设计过程中缺乏跨场景协同的整体规划，导致企业内各部门与业务板块之间出现“业务隔离”与“数据割裂”现象。打通这些“孤岛”则成为一项复杂系统工程，其实现受到市场竞争、技术兼容性及系统架构等多重因素的制约，也成为企业数字化转型初期面临的主要障碍。

为应对这一挑战，工具型企业管理软件——即开发工具类产品应运而生。此类工具早期主要面向专业开发者，仅有少数具备信息化团队的企业能够直接应用，多数企业仍以采购定制开发服务为主要使用方式。该阶段工具型产品主要致力于解决“数据孤岛”问题：一是提升不同系统模块间的数据兼容性与集成能力，二是加快系统建设与迭代速度，三是通过自定义分析功能赋能管理者，使其能够灵活组合指标维度，为决策提供有力支持。

然而，工具型产品的有效使用对企业提出更高要求：既需内部具备清晰的管理流程与目标界定，也要求信息化团队或服务提供商对业务场景具有深入的理解。与此同时，这一阶段的数字化建设仍受传统模式影响，普遍存在“重投入、轻运营”的倾向，违背数字化转型应遵循的迭代规律，导致缺乏内部技术能力的企业难以有效推进转型，也无法充分体验到数据驱动决策的实际价值。

尽管如此，这一阶段的发展仍为数字化转型奠定了重要基础，并催生了新的需求。通过对经营与运营数据的全面分析，管理者更容易识别现有制度与管理中的漏洞，进而提出迭代优化或体系补全的要求。另一方面，市场竞争的日益激烈也推动决策者追求更快速的执行反馈，传统定制化系统的建设与迭代模式已难以满足敏捷响应的需要。

随着“轻运营”理念的局限性逐渐被广泛认知，企业开始通过引进或培养兼具业务与技术能力的复合型数字化人才，以推动系统持续优化与迭代。这一方式逐渐被视为比单纯增加开发投入更具成本效益的路径。在此基础上，工具型产品进一步向业务端靠拢，最终推动了低代码开发平台的兴起与发展，为企业实现高效、灵活、可持续的数字化管理提供了新的解决方案。

四、低代码开发平台的兴起

国内低代码开发平台大多兴起于 2015 年之后。虽以“开发平台”为名，其核心目标却在于将用户群体从专业开发人员扩展至具备业务知识但缺乏编程背景的运营人员。该类平台将常用功能封装为可复用的模块，使用者可通过可视化界面以拖拽方式组合模块，快速构建符合自身业务需要的管理系统。

这一模式具有多方面的显著优势。首先，低代码开发极大降低了定制化系统的成本，使广大中小企业也能够承担个性化管理工具的建设；其次，模块化组装方式大幅缩短系统上线周期，以往需两三个月完成的定制开发，现在可能仅需一至两周即可投入使用；再次，系统迭代不再完全依赖原厂商，企业或服务商可自主优化调整，保证业务系统随管理需求敏捷演进；最后，基于同一平台构建多套系统，天然避免了业务与数据孤岛问题，提升了整体协同体验。

然而，低代码模式也存在一定的局限性。尽管当前企业管理相关学习资源丰富，仍有许多经营者缺乏系统化的管理思路，在面对高自由度的构建平台时反而无从入手，难以有效推动系统建设。此外，不同平台在构建逻辑尤其是自动化实现方面存在差异，用户需适应特定平台的操作与设计范式，这在某种程度上相当于重构业务管理思维，初期学习成本较高。同时，国内东西、南北地区间数字人才分布不均衡，也直接影响了低代码开发方式在区域间的推广效果与应用深度。最后，在涉及专业领域的特殊管理场景时，低代码平台仍存在功能边界，企业往往仍需选用垂直领域的专业管理系统予以补充。

五、AI 技术驱动的智能化转型演进

自 2022 年底 ChatGPT 3.5 发布以来，人工智能技术加速普及，标志着我们正式进入 AI 驱动的新时代。近年来，越来越多的企业开始引入“数字员工”，管理者尝试构建自身的数字分身，大型语言模型也逐渐应用于决策支持过程中，显著提升了人力资源的利用效能。

然而，在企业整体运营与管理层面，真正成熟且可规模化推广的成功案例仍相对有限。目前，国内主流云计算与服务商正积极拓展相关应用场景，处于需求探索与解决方案孵化的关键阶段。由于该领域尚在快速演变中，具体的实践路径与应用模式仍有待进一步明确。可以预见，在不久的将来，AI 技术将为企业管理体系带来新一轮的根本性变革，重塑组织形态与管理范式。

第二节　数智化管理工具的选择与应用

一、数智化管理的动态过程

企业数智化管理是一个动态的过程，这个过程中我们要实现的循环：数据驱动决策、决策明确管理、管理沉淀数据。在这个循环中，为了保证每一个环节的有效性，即数据具有时效性、决策具有可行性、管理具有真实性，对管理者、企业员工以及管理工具的要求都相当高。在动态建设的过程中切忌一次性过大投入，追求大而全的数智化建设效果，这就是前文所提到的“重投入、轻运营”的误区，这一误区的最大的弊端就是会阻碍数智化管理过程中的动态演进，失去数智化管理的灵魂，让企业管理运营失去活力和创造力。

二、数智化管理循环中的三级协同机制

在探讨数智化管理循环实现过程中，人为要素的分析至关重要。数智化管理的启动必须由企业的核心管理层主导，因为该过程涉及企业组织架构、管理职责以及效益分配等核心管理内容，这些内容需要核心管理层的决策支持才能得以有效推进。若仅由单个部门发起数智化管理，其成效往往有限。一方面，单部门存在信息壁垒和有限职权，难以从企业整体发展和规划的角度进行系统性的管理与规划，同时可调动的资源较为有限，这将导致目标达成和执行效果大打折扣。另一方面，单部门在发起和设计过程中可能过于关注自身业务发展，从而导致资源投入与效益分配的失衡，进而引发企业内部矛盾。

对于中基层管理者而言，其角色需从传统的单一结果管理向过程管理转变，深入理解业务的发展与流转过程。否则，决策难以精准落地至较小经营单元的具体事项，也难以对企业的实质性经营管理产生有效影响。企业员工作为数智化管理工具的直接使用者，同时也是重要的数据来源。因此，企业应积极鼓励员工提出意见，并为其提供有效的反馈渠道。在数智化管理工具的应用过程中，虽然其对组织整体效率有显著提升作用，但对个体而言，可能并非总是效率提升，甚至可能增加工作负担。提供反馈渠道的目的在于增强员工的参与感，同时优化管理

工具的交互逻辑，使其更加贴合一线业务的实际需求，从而尽可能减轻员工的工作负担。通过这种方式，管理者与使用者之间能够形成良性互动，缓解双方的矛盾，保障决策的有效执行，并提升执行效率。

三、低代码应用开发平台的优势

在数智化管理的实施过程中，业务本身处于动态变化之中，因此需要一种能够灵活适应这种动态性的工具。低代码应用开发平台因其高效性和灵活性，成为实现数智化管理的理想选择。根据代码功能封装的覆盖程度，此类平台可分为低代码开发平台和零代码开发平台。其中，零代码开发平台因技术门槛低、易于企业独立建设管理平台而备受关注。

①中小型企业(成长型企业)的应用价值。中小型企业(成长型企业)数量庞大，但普遍面临抗风险能力有限、组织架构不完善、缺乏专业管理平台建设团队等问题。然而，这些企业的主要管理人员往往对一线业务较为熟悉，且业务和管理要求相对简单。由于处于快速发展的变革期，其业务管理的调整变化较为频繁。在这种情况下，零代码开发平台成为中小企业实现数智化管理的首选工具。它不仅技术门槛低，还能帮助企业快速构建全面的业务管理系统，满足企业数智化管理的建设和运营需求。

2024 年初，国家多部委联合发布了《加快数字人才培育支撑数字经济发展行动方案(2024—2026 年)》，明确提出复合型人才的能力画像。零代码开发平台的应用场景广泛，涵盖从进销存管理到生产报工、从客户管理到项目管理、从人员招聘到绩效核算等多个方面。在平台建设过程中，通常由企业高层管理者主导，联合不同部门的业务负责人组成团队，共同推进系统建设。这一过程不仅能够快速满足企业的业务需求，还能培养出符合内部管理需要的复合型人才。

②制度建设的重要性。在企业数智化转型的过程中，制度建设是关键环节。对于中小企业而言，建立内部数智化管理规范尤为重要。其中，数据存储和调用规范是核心内容，它涉及企业内部管理过程和结果的绝大部分维度。例如，在客户档案管理中，客户基础信息的录入完整度、行业分类的层级(如二级或三级分类)等细节，直接影响销售增长分析和决策，进而延伸至销售过程管理。此外，客户档案信息的调用方式也需精心设计，既要保证调用过程的准确性和便捷性，

又要确保信息安全，避免对客户原始信息的二次调取造成影响。

除了数据存储和调用规范外，企业还需建立其他内部协作制度，如需求沟通与验收标准、分析模型的运算标注等。这些制度不仅能够明确管理目标和结果，还能强化业务过程管控的颗粒度，提升管理者的管理思维，从而为企业数智化转型奠定坚实基础。

低代码应用开发平台，尤其是零代码开发平台，为中小企业提供了快速实现数智化管理的路径。它不仅降低了技术门槛，还通过灵活的开发模式和丰富的应用场景，满足了企业在快速发展过程中对业务管理的动态需求。通过平台建设，企业能够培养复合型人才，建立数智化管理规范，从而提升整体运营效率和管理水平。这种平台的应用，不仅有助于企业实现数智化转型，还能在动态的市场环境中保持竞争力，推动企业的可持续发展。

四、中小型企业的应用案例

以浙江台州一家注塑领域的专精特新“小巨人”企业为例，该企业年总产值约为2亿元。在发展过程中，企业面临管理瓶颈，企业高层管理者尝试了多种解决方案，包括引入行业化专业管理平台、全代码定制开发，甚至在部分业务中配套使用Excel。然而，这些方法均未能完美地将数据、决策与管理流程有机串联，难以满足企业的动态需求。

企业负责人本身毕业于信息技术相关专业，对新技术与管理的结合具有浓厚兴趣。在自主调研过程中，该管理者了解到零代码开发平台这一新兴工具，并结合经济成本和时间成本的综合考量，决定牵头组建数智建设小组。小组成员从各部门抽调而来，共同利用零代码开发平台从零开始建设企业专属的ERP系统。该系统涵盖人事行政、财务管理、质量监控、技术管理、生产管理以及供应链管理等多个模块，如图2-1所示。

由于数智建设小组成员均来自各部门一线，对各自业务流程管理有清晰理解，结合企业负责人的计算机专业背景和结构化思维优势，团队迅速建立起一套数据规范和需求响应机制，高效完成了整体数据架构的搭建，并逐步完善业务过程管控。在系统建设及使用过程中，企业充分倾听各层级员工的诉求，鼓励员工提出效率瓶颈和优化建议，并配合绩效激励制度，显著提升了员工对管理系统的

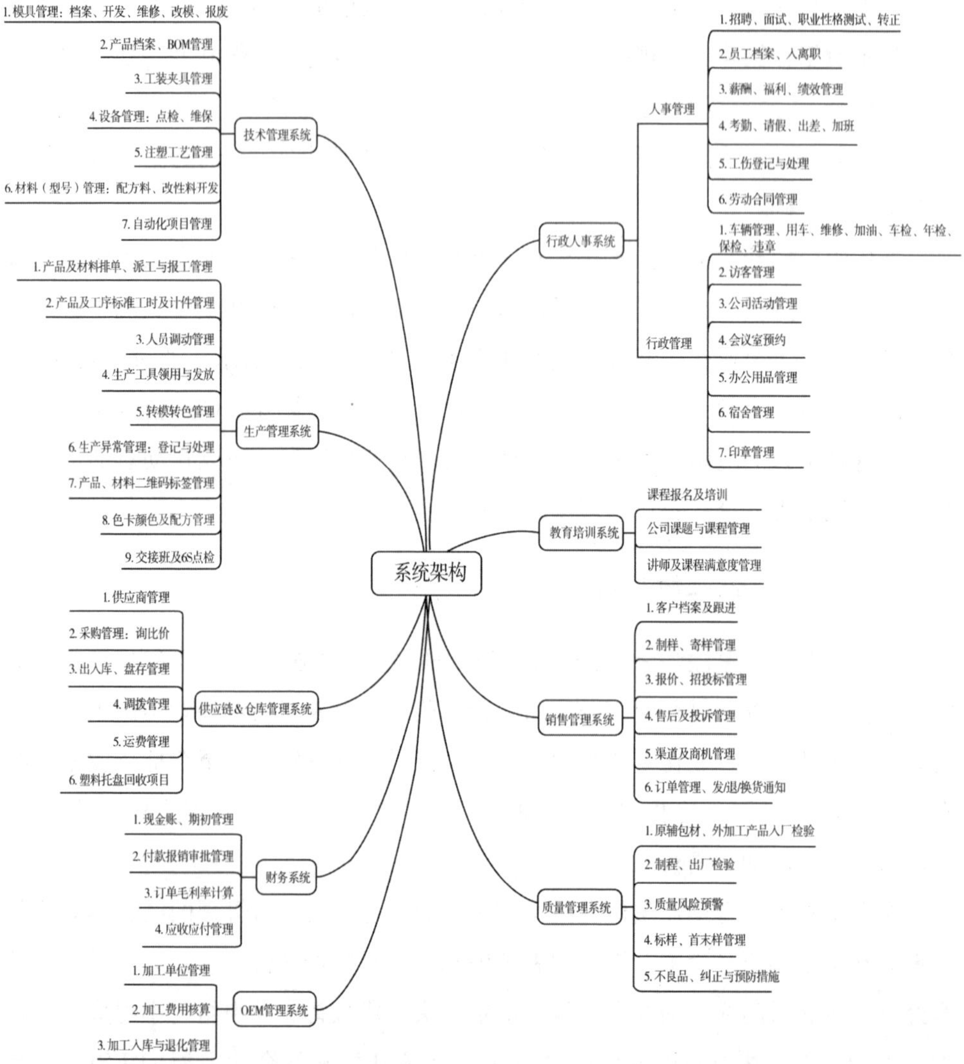

图 2-1　浙江台州“小巨人”企业 ERP 系统内容架构图

参与感，增强了企业与团队的凝聚力。

借助 PDCA 循环管理方法，企业保障了业务系统的快速迭代能力，确保问题能够及时解决、需求能够随时调整，真正实现了管理系统与业务发展的深度融合。同时，各级员工学会了以数据为依据进行管理和决策，提升了企业管理的透明度和标准化水平，有效避免了管理漏洞和灰色地带。此外，企业通过细化内部过程管理的颗粒度，引导管理者从单纯的结果导向向过程管理转变，为后续改进和决策提供了精准依据，强化了企业标准操作流程(SOP)的建设能力，降低了员工的选拔与培养难度，显著节省了时间和经济成本。

在成功运用零代码开发平台完成企业管理系统建设后，该企业成为当地数智化管理的典范。企业进一步组建了“3S 管理联盟”和“5S 管理联盟”，致力于推动细节管理的深化。同时，企业将自身建设经验进行总结，针对周边企业高层管理者开展“数智化管理启发营”，分享数智化管理的组织与制度建设经验；并针对周边企业的中层管理者开展“数智化管理训练营”，从实战角度传授具体操作路径，助力更多企业实现数智化转型。

五、大中型企业的应用案例

在大中型企业内部，核心业务板块的管理模式通常已经成熟且标准化程度较高。借助物联网技术，这些企业的过程性管控颗粒度划分和自动化监测水平也达到了较高水平。从管理需求来看，核心业务板块往往不需要过多调整或变化。同时，大中型企业通常拥有高水平的代码技术团队，核心业务系统经过较长时间的全代码开发，其复杂度较高，决定了这部分系统的运维和迭代只能由内部代码技术团队负责，难以通过其他方式复刻。

然而，除核心业务板块外，企业还存在大量职能管理部门，如人事部门需要做好薪酬绩效和人文关怀，销售部门需要开展市场营销和规划，售后部门需要处理客户使用问题等。这些部门的业务同样需要有效管理并保持持续活力。但代码技术团队是否能够同时支撑和统筹这些部门的管理需求呢？答案并不确定，原因在于以下两个风险：首先，代码技术团队的资源有限，其主要任务是保障核心业务管理平台的稳定运行，能够分配给支撑部门的精力极为有限；其次，代码技术团队难以熟悉每一个业务团队的具体业务，在需求沟通时容易产生理解偏差，最终影响开发结果，甚至可能引发投入产出失衡的局面。此外，由于大中型企业的组织架构较为庞大，如果将所有信息系统建设任务集中于代码技术团队，会导致组织运作效率大幅降低，失去应对市场变化的灵敏性，此即“大企业病”的典型症候。

因此，代码技术团队借助低代码开发平台，通常只需完成两项关键任务即可解决上述问题：一是放权，将各部门业务管理系统的开发权下放至各部门，由其自主建设、自主迭代；二是统筹，制定各业务系统的建设标准和数据标准，为企业的整体运营分析奠定基础。通过这些举措，各业务部门自主搭建的管理系统不仅能够实现全覆盖，还能高度贴合业务需求。在此过程中，企业内部代码开发团队的职能也发生了转变，完成由技术支撑向运营统筹的职能跃迁。

近年来，这种建设模式受到众多大型企业的青睐。以广东某著名显控产品厂商为例，其液晶显示主板控卡被工信部评为制造业单项冠军产品，是企业数智化管理的典范。该公司内部已有400余套数字化系统，但这些系统的维护均由内部信息化团队负责，导致技术团队深陷运维重负。此外，业务部门在采购系统时仅从自身业务需求出发，缺乏整体规划，使得企业内部系统建设环境复杂，统筹难度大幅增加。

为解决这一问题，该公司引入低代码开发平台，并设立ITBP(信息技术业务合作伙伴)岗位，派驻至各业务部门。ITBP团队深入熟悉各部门的日常业务场景，引导业务部门有计划地阐述具体需求，并做好长期统筹规划。通过培训和陪跑支持，ITBP团队帮助业务部门自主搭建符合其场景管理需求的系统。在此过程中，业务部门自主开发的效率显著提升，需求从反馈到开发上线的时间从原来的“月”缩短至“周”内，部分场景甚至可在“日”内完成建设和迭代。目前，该公司通过低代码开发平台已建设并上线160余个业务系统，覆盖公司各个领域，从访客登记到食堂管理，从运动打卡到员工成长访谈。同时，公司内部还通过开展系统建设比赛，充分调动员工自主建设的积极性，营造“全民开发者”的氛围，提升企业整体活力。

低代码应用开发平台正逐渐成为企业实现数智化管理的重要工具，能够有效满足不同规模企业在发展过程中的管理需求。在此过程中，企业不仅能够形成实际有效的结果与过程性指标库，还能沉淀相关数据，为迎接AI时代的到来做好准备。

第三节 低代码应用开发平台建设方法论

在上一节中，我们深入探讨了低代码应用开发平台的优势及其在企业数智化转型中的应用案例。本节将聚焦于企业内部如何利用低代码应用开发平台进行数智化建设，系统性地阐述其建设方法论。

一、明确业务主线与组建团队

尽管低代码应用开发平台的应用显著降低了企业自主开展数智化建设的技术门槛，但若要实现最优的建设效果，仍需依托科学的方法论与有效的组织管理，以充分发挥其快速开发、上线、迭代及低成本的优势。

在建设启动前，首要任务是明确业务主线，构建以业务为主线的系统框架，并在此基础上逐步完善各业务模块的建设。这一过程具有双重意义：一是确保各业务模块之间的连贯性，实现整体规划；二是避免重复建设，提高业务数据的复用率。常见的业务主线通常以财务为主线，以收入与支出的现金流变化为导向，梳理整体业务逻辑；此外则是以企业实际发生的主要业务过程为主线。

以生产型企业为例，其业务主线可定义为产品的生产过程，即从原料到半成品再到成品的转化过程。围绕这一主线，可进一步延展出多个业务模块：原料环节可延伸出供应商管理，半成品环节可延伸出质检管理，成品环节可延伸出销售管理。

在明确业务主线后，需组建一个跨部门的工作小组，负责相关业务系统的建设。工作小组的组建至关重要，需涵盖业务主线及其相关业务团队的成员。最优情况下，每个团队应安排两名成员参与，分别担任团队负责人员和运营人员；最低要求是每个团队至少安排一名主要业务人员参与。

工作小组组建完成后，需对工作内容进行明确分工。首先，需确定工作小组负责人，该角色负责统筹工作小组的建设安排，并需对企业的主要业务及相关业务逻辑有较高的熟悉度，通常由业务主线团队的主责人员担任。工作小组内部可进一步划分为业务统筹小组和建设小组。业务统筹小组由各业务团队的主责人员组成，负责确认本部门及跨部门业务流程，并进行系统验收；建设小组则由各业务团队的运营人员组成，负责具体的系统建设工作。

通过以上步骤，企业可为高效利用低代码应用开发平台奠定坚实基础。

二、需求收集与建设规划

在明确业务主线与团队组建后，需进一步收集和整理企业的数智化管理需求，并制订科学的建设规划。鉴于多数团队成员可能缺乏信息化系统产品设计经验，结构化需求收集与整理显得尤为重要，以确保建设内容与实际使用情况的高度契合，并保障跨部门业务的流畅性。

首先，对业务需求进行分类，可分为无需多人协作的场景和需要多人协作的场景。无需多人协作的场景包括活动报名、个人基础信息汇总等，这些任务可由终端业务发起人独立完成，后续的汇总工作则可由系统自动完成。需要多人协作的场景通常为流程型业务，如请假审批、物品报修等，这类业务在数据生成过程中需多人参与。

为确保需求收集的准确性和有效性，建议采用统一的需求收集模板（见表2-1）。以业务团队为单位，对团队内的每一项业务进行梳理，清晰呈现业务之间的流转关系。若业务团队内的某项业务较为复杂，可采用流程图的形式替代传统的表格，以便更直观地展示流程节点和申报人员。

表 2-1　　**企业数智化管理需求收集表**

业务模块	业务流程	流程节点	申报人员	业务描述	系统功能描述
业务名称	业务流程1	流程节点1	发起人/开始角色	发起填报内容，详情见《×××表》	操作权限设置，添加/发起业务，允许撤回发起流程等
		流程节点2	协作/审批角色1	需要完善、进行哪些业务内容/审批哪些业务内容	可以查看到哪些内容，可以批准或驳回相关申请
		流程节点3	协作/审批角色2	有哪些业务内容需要继续进行完善或审批	可以查看到哪些内容，可以批准或驳回相关申请
	业务流程2	流程节点1	发起人/开始角色	发起填报内容，详情见《×××表》	操作权限设置，添加/发起业务，允许撤回发起流程等

续表

业务模块	业务流程	流程节点	申报人员	业务描述	系统功能描述
业务名称	业务流程2	流程节点2	协作/审批角色1	需要完善、进行哪些业务内容/审批哪些业务内容	可以查看到哪些内容，可以批准或驳回相关申请
	仪表盘界面	主界面	管理角色1	需要管理查看的数据分析维度	根据分析维度设定的数据分析按钮和权限
		数据大屏	员工角色1	需要了解和自身业务相关的数据分析维度	根据分析维度设定的数据分析按钮和权限

在完成需求收集后，需制订业务规划，明确系统建设的步骤。这一过程需围绕业务主线展开，重点梳理两个方面：一是跨部门业务的先后顺序，二是跨部门间复用的业务数据。以建筑工程公司为例，其业务主线为项目施工管理，在项目施工前需明确施工计划。施工计划作为复用数据，可用于对比管控项目过程中的进度与成本。因此，在业务建设规划中，工程部的建设需优先于项目部。

在完成业务规划后，建议召开低代码应用开发工作小组的启动会，明确建设顺序和内容，对齐跨部门间的数据复用规则，确保整体建设方向的准确性。

三、系统建设过程管理

系统建设过程往往较为复杂且耗时较长，尤其对于非专职人员而言，可能逐渐丧失热情。因此，建设过程管理中的关键在于团队激励。激励方式可包括举办应用开发大赛、全民参与等非经济激励措施，以及通过额外绩效发放等经济激励措施。企业可根据自身实际情况制定适合的激励机制。

在具体业务的建设过程中，首先需建立科学的管理制度。根据整体业务规划，预估并制定建设进度表，以周为单位推动建设进度，定期复盘是否符合建设目标，并及时纠正偏差。常用的管理工具为 PDCA 循环（计划—执行—检查—处理)，其具体示例如表 2-2 所示。

表 2-2　　**系统建设的 PDCA 循环**

部门	Plan(计划)	Do(执行)	Check(检查)	Act(处理)
部门 1	本周建设目标，完成××业务流程	达成效果，已经达成	无	无
部门 2	本周建设目标，××业务上的数据应用在成本核算中	发现从××业务上取得的数据不能正常使用	××业务的基础数据录入时就产生了误差导致的	需要××同事配合一起修正原始数据

PDCA 循环作为一种简单而有效的过程管理方法，能够清晰呈现每个建设阶段的问题与责任人，并与低代码应用开发的建设形式高度契合。在实际应用中，PDCA 循环的周会需注意以下几点：

(1)每次周会前需提前完成 Do(执行)和 Check(检查)的内容，其中 Check(检查)需完成自查，并在周会上通过讨论补充完成全部 Check(检查)内容；

(2)Act(处理)的内容需明确到具体责任人及处理截止时间，并纳入下一周的 Plan(计划)中，在下一次周会中复盘完成情况；

(3)Plan(计划)需根据当前建设进度动态调整，避免因需求收集或分析的不完善而导致建设目标偏离。

在建设过程中，若发现业务逻辑过于复杂或难以实现，可将相关业务流程带回需求收集阶段进行进一步拆解，以解决大部分问题。

四、长期维护与业务迭代

在完成系统建设后，企业将进入长期维护与迭代阶段。这一阶段的工作量相对较小，但对提升企业管理至数智化水平具有重要意义。其核心工作包括两个方面：一是针对已完成系统的体验优化与自动化改进；二是对整体业务数据进行全面、准确的分析与应用。

第一方面相对简单，而第二方面则对管理能力和视角提出了较高要求。随着数据分析与应用的深入，迭代的主导权将逐步从工作小组转向企业中高层管理者，优化方向也将从业务协同管理转向发展目标。

在这一阶段，需围绕业务主线的发展目标进行考量，通常从两个维度展开：一是现金流，二是人效。将这两个维度融入数据分析、决策与业务迭代中，可为企业提供更为精准的管理依据。相关实例将在后续案例企业中进行详细展示与分析。

第三章　案例公司管理现状与升级困境

第一节　案例公司简介与发展历程

一、案例公司简介

笔者所在的华电煤业集团工程技术有限公司(原名：华电榆林煤炭工程技术有限公司，2024年5月28日更名为“华电煤业集团工程技术有限公司”，简称“华电工程公司”)是华电煤业集团有限公司的全资子公司，注册资本金1亿元，公司于2016年11月2日在陕西省榆林市高新技术产业园区注册成立，位于陕西省榆林市高新技术产业园区集运路。经营范围包括：矿山工程、工民建筑工程、矿山机电设备安装工程、管道安装工程、钢结构工程、防腐保温工程、消防工程施工；厂矿生产系统运行；支护材料加工、检测及销售；机电设备检修、加工及销售；劳务分包。

华电工程公司锚定“一个平台、四个中心”发展定位，建设一个运转高效、管控有力的工程施工管理平台；一个“安全稳、能力强、服务优”的生产服务中心；一个高端智能矿用产品加工中心；一个创优、创效、创标杆的建筑工程服务中心；一个绿色矿山地质灾害治理工程技术服务中心，组建了施工准备、机电安装、钻探和井下开拓4支自营施工队伍。现有员工682人，培养一级建造师20余人，组成了涵盖采掘管理、通防管理、机电管理、建筑施工管理、生态环保与地质灾害治理的专业人才队伍。

华电工程公司具有矿山工程施工总承包一级资质、具备包括液压支架在内的52种煤矿设备检修资质、9种矿用支护产品安全标志认证，取得了安全生产许可证、矿用产品安全标志证书、通过了职业健康安全管理体系、环境管理体系和ISO9001质量管理体系认证、取得了地质灾害治理工程施工乙级资质、建筑工程和市政工程总承包乙级资质，具备承揽矿山工程(含矿井工程、洗选工程、井下机电设备安装、搬家倒面、煤矸石充填及其他地面生产系统和矿区配套工程)和建筑工程EPC总承包项目能力。2017年，公司荣获华电煤业集团有限公司先进集体，2018年，荣获榆林市建筑业类“四上企业”。2020年，荣获华电煤业集团有限公司先进企业，2024年荣获信用评价AAA级信用企业，荣获中国华电集团2023—2024年新命名文明单位称号，荣获华电煤业集团有限公司2024年环境保护先进企业；公司党委荣获榆林市直工委创建模范机关“达标单位”，矿用支护产品荣获中国轻工企业投资发展协会“质量信得过产品”。

华电工程公司高端智能矿用产品加工中心，争取到了榆林市榆横工业园区12号厂房免租入驻资格，属于榆横工业园区重点引进企业，厂房面积4558.9平方米，打造了13条全自动支护材料生产线，具备全系列7类40余种不同规格型号矿用支护材料的生产资质证书，目前，产能达年产锚杆300万套、锚索30万套、金属菱形网100万平方米、钢筋焊网80万平方米。公司组建了支护材料研发中心，对钻锚注一体化锚杆、高分子支护网等新型材料进行研发，目前钻锚注一体化锚杆正在申请专利中，下一步进行大规模生产；同时加强与高校、科研机构合作，加快关键核心技术攻关，抓好攻关成果应用推广，联合研发的支护网片立体加载装置和锚杆(索)动静实验组合装置，填补了关键检测领域的空白。

二、案例公司发展历程

华电煤业集团工程技术有限公司成立于2016年11月2日，成立初期规划开展业务为搬家倒面、后勤服务和设备维修等专业化工程技术服务。主要人员为榆林天然气化工厂兼并重组转隶人员，成立初期在册员工175人，下设8个职能管理部门和3个工程项目部(电厂项目部、小纪汗第一项目部、工程安装项目部)。

2017年5月，华电煤业集团工程技术有限公司成立支护产品加工中心(材料加工中心)，主要生产锚杆、网片。

2021年3月8日，华电煤业集团工程技术有限公司定位“一平台、三个中心”发展规划以“1353”发展理念为奋斗目标，统一思想，着力解决制约公司发展的瓶颈。按照华电煤业集团有限公司“0726”目标要求(华电煤业集团工程技术有限公司为华电煤业集团有限公司的工程施工平台，打造成国内领先的工程施工平台)，明确了“1353”发展思路(1——一个平台，即华电煤业集团有限公司工程施工平台；3——三个中心，即生产服务中心、设备维修中心、综合服务中心；5——5年的工作重心，即基础准备、全面开展、稳步提升、机制转换、平台成形；3——3项重点工作，即队伍组建培养、市场开拓和资质升级)。

2022年3月10日，华电煤业集团工程技术有限公司对材料加工中心制定了新的更高的生产目标任务，为了更好完成全年生产任务，材料加工中心购进了两台编网机，缩径机、滚丝机、钢筋切断机、W钢带机各一台。支护产品增加了钢筋网片、托盘，业务从小纪汗煤矿扩大到了石泉煤矿、不连沟煤矿。

2022年5月18日，华电煤业集团工程技术有限公司顺利通过“三体系”认证。

2022年9月20日，华电煤业集团工程技术有限公司成立了福建储运项目部、曹妃甸项目部、万胜项目部，地面工程业务持续扩大。

2022年11月24日，华电煤业集团工程技术有限公司取得矿山工程施工总承包一级资质。

2023年6月15日，华电煤业集团工程技术有限公司获4项矿用设备检修资质。

2023年12月6日，华电煤业集团工程技术有限公司组织召开“阳光工程”推进工作研讨会，宣读了公司《关于成立“阳光工程”推进工作领导小组的通知》。

2023年12月19日，榆林工程支护材料加工中心成功入驻榆横工业区装备制造产业园。

2023年12月21日，华电煤业集团工程技术有限公司高标准组建隆德项目部机电安装自营队伍，不连沟项目部运维自营队伍、石泉项目部自营队伍、小纪汗项目部自营队伍全部建成业务范围扩大到井下工程。井下工程实现了全部自营管理。地面工程统一由工程技术组集中管理。通过招标采购劳务分包单位，组建专业化土建工程管理团队，由工程技术组选派项目经理负责管理，项目部配合做好日常监管。

2024年1月5日，华电煤业集团工程技术有限公司“华电工程公司暨深化央地合作吉林工程公司西北分公司、吉林工程公司和华电工程公司工程总承包联合体”揭牌仪式在工程公司成功举办，展现了公司高质量发展及落实华电煤业党委贯彻习近平总书记关于东北全面振兴重要指示批示精神、强化央地百对企业协作有关部署的又一重要成果。

2024 年 5 月，华电煤业集团工程技术有限公司高端支护材料加工中心正式投产，支护产品制造迈向自动化。公司石泉项目部首个瓦斯抽采钻孔在 301 盘区 112 胶带顺槽掘进工作面施工完毕，标志着项目部瓦斯抽放钻孔工程正式拉开帷幕，进入实质性施工阶段。

图 3-1　华电煤业集团工程技术有限公司发展历程

第二节　案例公司管理现状

一、案例公司组织架构与管理模式

(一) 案例公司的组织架构

华电工程公司的组织架构采用扁平化设计(见图 3-2)，旨在提高决策效率和响应速度。公司分为总部和项目部两部分，总部设有综合管理部、生产技术部、安全环保部、财务资产部、市场开发部、党建工作部、人力资源部、计划经营部(物资管理组)、机电管理部、监督部(纪检办公室)等多个职能部门，加一个材料加工中心。分支机构则根据业务需求设立不同项目部，负责具体的业务运营和市场拓展。目前有八个项目部，分别为石泉项目部、不连沟项目部、隆德项目部、小纪汗项目部、万胜项目部、福建储运项目部、曹妃甸项目部、小纪汗运维项目部。

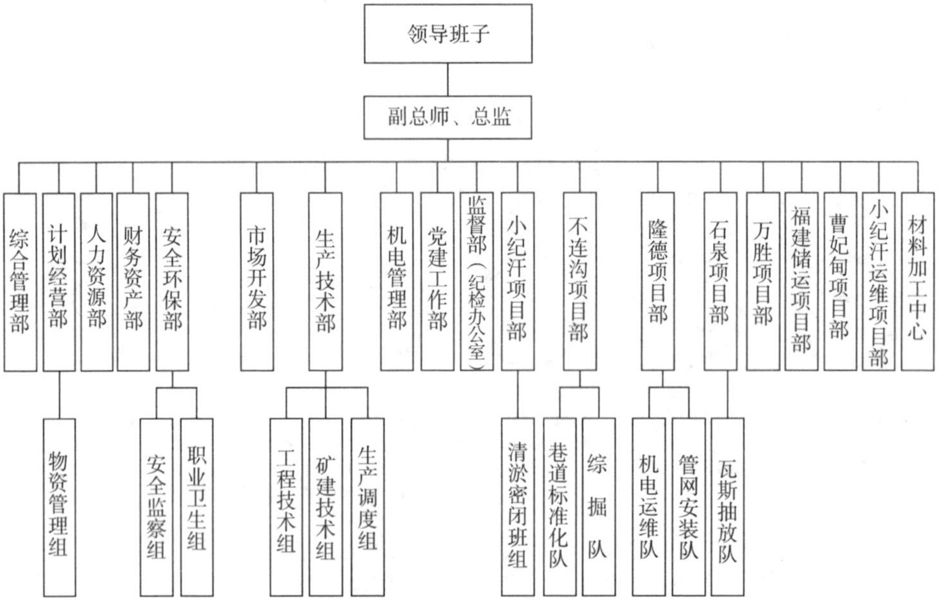

图 3-2 华电煤业集团工程技术有限公司组织结构图

(二)案例公司的管理模式

(1)制度管理

华电工程公司高度重视流程管理，通过制定一系列流程和制度来规范公司的运作。这些流程和制度涵盖了公司的各个方面，包括项目管理、财务管理、人力资源管理等。在项目管理方面，公司制定了详细的项目管理流程，包括项目立项、项目计划、项目执行、项目监控和项目收尾等环节。每个环节都有明确的工作内容和责任人，确保了项目的顺利进行和高效完成。在财务管理方面，公司建立了完善的财务管理制度，包括预算编制、预算执行、成本控制和财务分析等环节。这些制度确保了公司财务的稳健和透明，为公司的可持续发展提供了有力保障。在人力资源管理方面，公司注重员工的培训和发展，建立了完善的员工培训体系，包括新员工入职培训、岗位技能培训、职业发展培训等。同时，公司还建立了绩效考核制度，通过定期考核来评估员工的工作表现，并根据考核结果进行奖惩和晋升。

(2)精益管理

公司积极引入先进的流程管理理念和方法，如精益管理、阿米巴经营管理、会计七原则、经营十二条等。这些管理理念和方法的应用，使得公司能够对现有的流程进行全面的梳理和优化，消除浪费，提高效率。通过流程创新，公司实现了对生产流程的精细化管理，降低了生产成本，提高了产品质量。除了引入先进的管理理念和方法外，公司还非常注重员工的参与和创新。公司鼓励员工积极提出创新性的流程改进建议，并给予相应的奖励和激励。这种全员参与的创新氛围，不仅激发了员工的积极性和创造力，还使得公司的流程优化和创新工作得以持续推进。员工们通过日常工作的观察和思考，发现了许多潜在的改进点，并通过提出创新性的建议，为公司带来了实实在在的效益。此外，公司还注重与行业内外的优秀企业进行交流和合作，借鉴和学习他们的先进经验和做法。通过不断的学习和实践，公司逐渐形成了自己独特的流程优化和创新体系，为公司的持续发展和市场竞争力的提升奠定了坚实的基础。

(3)数字化管理

公司成立“阳光工程”推进工作领导小组，从各部门抽调一名年轻骨干作为青年突击手，选取 4 名业务骨干形成攻坚小组，学习低代码技术、专攻系统搭建、管理流程上线任务。以明道云平台作为基础，基于低代码开发“阳光工程”数字经营决策系统，该系统涵盖了 18 个关键业务应用，整合了 522 张工作表单和 777 条工作流程，初步实现了跨部门的在线审批与流转，显著提升了工作效率。此外，通过电子化办公和电子文件存档，不仅实现了工作流程的透明化和可追溯性，还大幅降低了办公成本，减少了纸张和墨水的使用。在数据管理方面，该系统实现了数据的集中存储、处理和分析，确保了数据共享的便捷性和安全性。这不仅促进了数据的自动化汇总与分析，而且为公司的决策和评估提供了强有力的支持。通过对业务流程的深入梳理、优化和整合，实现了业务流程的标准化、高效化和透明化，从而显著提升了工作效率，降低了运营成本，并切实提高了管理人员的数字化管理能力。

二、面临的核心瓶颈与挑战

在华电工程公司的传统管理模式下，日常运营中职能管理部门与项目部遭遇了一系列亟待攻克的瓶颈问题。这些难题不仅在一定程度上严重阻碍了工作的高效推进，更对整体工作质量的提升构成了显著制约，急需通过科学合理的优化举措予以妥善解决，以期实现企业运营效能的全面提升与可持续发展。

(1)项目管理和项目部未做实

一方面，尽管公司为了提升项目管理水平，已经制定了一套相对完善的项目管理流程和制度，但执行层面的落实情况却不尽如人意。缺乏有效的监督机制和激励机制成为了首要障碍。在缺乏有效监督的情况下，项目计划往往沦为纸上谈兵，实际执行过程中偏离了原定的轨道，项目进度和成本控制也失去了应有的控制力。项目部在执行项目时，可能会遇到资源调配不当的问题，导致关键资源在项目推进的关键时刻出现短缺，进而拖延项目进度。同时，进度监控不严也使得项目实际进展与计划存在较大偏差，项目延期成为常态。此外，质量控制不力也是项目部面临的一大问题，由于缺乏有效的质量控制手段，项目成果往往难以达到预期的质量标准，甚至需要进行大量的返工，从而增加了项目的成本和时间压力。

另一方面，跨部门协作的壁垒更是进一步加剧了项目管理的难度。不同部门之间信息孤岛现象严重，缺乏有效的信息共享和沟通机制，导致项目决策效率低下，问题解决速度缓慢。项目部在推进项目时，往往需要协调多个部门共同配合，但由于信息流通不畅，各部门之间难以形成有效的协同作战，甚至出现了推诿扯皮的现象，严重影响了项目的整体推进速度。

除了跨部门协作的问题，项目部在风险管理方面也存在明显的不足。对潜在风险的识别、评估和应对能力有限，往往只能在风险发生后才采取补救措施，而无法在风险发生前进行有效的预防和控制。这种滞后性不仅增加了项目的不确定性，使得项目成果难以保障，更对企业整体运营造成了潜在的威胁。一旦风险爆发，可能会对项目进度、成本和质量造成严重影响，甚至威胁到企业的生存和发展。

(2)项目成本效益管理不到位

项目成本预算的制定缺乏足够的科学性和准确性。在项目启动阶段，公司往往未能充分考虑到项目实际执行过程中可能出现的各种变量和风险因素，导致成本预算过于乐观或过于悲观，无法为项目执行提供有效的指导。此外，成本预算的制定过程也缺乏足够的透明度和参与度，相关部门和人员往往只是在预算制定完成后才得知结果，难以对预算的合理性和可行性提出有效的反馈和建议。

在项目执行过程中，成本控制的执行力度也明显不足。一方面，项目部在资源调配和使用上缺乏足够的精细化和灵活性，导致资源浪费和成本超支的现象时有发生。另一方面，公司对项目进度的监控和管理不够严格，导致项目延期和返工的情况频繁出现，进一步增加了项目的成本负担。此外，公司在采购和供应链管理方面也存在不足，未能与供应商建立长期稳定的合作关系，导致采购成本居高不下，影响了项目的成本效益。

(3)支护产品原材料管控不精细

公司在选择供应商时，未能建立起一套科学、全面的评估体系，对供应商的生产资质、产品质量、信誉度以及历史业绩等关键信息进行深入考察和验证。这种缺乏严格筛选和评估的做法，使得一些质量不合格的原材料得以流入生产环节，给后续的生产和质量控制带来了极大的隐患。同时，公司对供应商的考核和监管机制也显得不够完善。缺乏定期的质量审核、绩效评估以及反馈机制，导致供应商在提供产品时缺乏足够的约束和激励，难以确保其持续提供高质量的产品。

公司原材料库存数量不准确、存放混乱，甚至出现了过期、变质等严重的质量问题。这不仅影响了原材料的正常使用，还增加了公司的生产成本和运营风险。此外，原材料的使用和消耗也缺乏严格的控制和监管。缺乏有效的计划、审批和记录机制，使得原材料在使用过程中出现了大量的浪费现象，进一步加剧了公司的成本压力。

公司在原材料管控方面的制度建设也存在明显的不足。缺乏完善的规章制度和操作流程，导致员工在原材料管控方面缺乏明确的指导和约束。这不仅使得员工在工作过程中容易出现随意性和主观性较大的问题，还增加了公司在原材料管控方面的风险和不确定性。同时，由于缺乏有效的监督和考核机制，员工在原材料管控方面的积极性和责任心也难以得到有效激发和提升。

第三节　案例公司管理升级的现实困境

一、管理升级障碍与应对策略

（一）管理升级障碍

通过对华电工程公司计划经营部、财务经营部、综合管理部、人力资源部、监督部、材料加工中心、生产技术部以及“阳光工程”数字经营决策系统建设小组等八个关键部门主要负责人的深入访谈调研，总结出三个方面的管理升级障碍。

（1）薄弱的基础建设

成功的企业数字化转型依赖于坚实的基础设施。这不仅关乎技术层面的前沿性，也涉及管理层面的适应性和灵活性。截至 2023 年，华电工程公司尚未涉足信息化与数字化建设领域。尽管如此，公司借助新技术平台，并运用低代码技术开发策略，迅速推动了项目的进展。该方法有效减少了沟通成本，精简了软件开发团队，降低了开发难度，并从根本上摒弃了传统开发模式中周期长、门槛高、成本投入大和代码复杂等问题。

（2）数据标准的缺失

统一的数据标准是实现高效协作的核心。当前，数据统计口径的不一致性、数据入口的局限性以及数据孤岛现象，导致了数据关联性的缺失以及数据库间的兼容性问题，这些问题进一步影响了决策的制定和协作流程的顺畅性。

（3）人才储备的不足

数字化技术人才的培养与储备是推动企业数字化转型的关键要素。公司不仅需要专业的数字化人才来参与数字化建设，还需要不断提升全体员工的数字化素养和能力，以满足企业未来发展的需求。计划经营部与生产技术部均指出，项目部人员需具备较高的素质以满足每日施工日志的提交要求。材料加工中心也认为，通过实施“阳光工程”数字经营决策系统，员工的个人技能得到了显著提升。

(二)管理升级应对策略

(1)坚持独立自主，推动“阳光工程”建设

坚持系统自主管理、自主开发利用，华电工程公司成立“阳光工程”推进工作领导小组，从各部门抽调一名年轻骨干作为青年突击手，选取4名业务骨干形成攻坚小组，学习低代码技术、专攻系统搭建、管理流程上线任务。从根本上摒弃了周期长、门槛高、成本投入和代码多的传统开发模式，根据公司业务需求及流程特点，各部门青年突击手在低代码开发平台中自主搭建系统平台，随搭随用，即时上线，随时修改迭代，高效率、低成本、短时间、快维护地实现快速搭建所需管理系统，短平快地满足日常管理需求，若在实际管理使用过程中存在系统缺陷，可及时自主变更调整，有效避免对外界系统开发商的依赖。

(2)业务全面嵌入，实现过程管理可视化

公司各部门通过梳理系统建设目标、业务需求、主要思路、管理流程，自主开发所需应用，实现工程项目全过程管理、物资采购与管理、落实中央八项规定等各项业务相互融合、管理全部覆盖。上线实施审批流程的全业务模块，实现手机端和电脑端的高效审批流转。开发工程建设管理应用，解决公司施工管理短板，通过过程审批阳光透明、过程资料及时上传等方式保留原始记录，实现施工管理远程精准把控，有效杜绝一切不合规问题，为“两个做实”提供扎实保障。

(3)构建协同监督，提升工作效能

利用线上应用开发管理，嵌入日常公开监督、限时督办，超时自动推送，超前预警，最终可追溯考核等管理模块，形成业务监督、职能监督协同发力，实现高效监督，有效把控风险，提升工作执行力，确保公司合规、高效、规范化经营。

(4)打破数据孤岛，经营实时呈现

通过系统建立一个集中的数据池，将各个业务模块的数据集中共享和利用，同步建立跨部门的协作机制，实现数据的集中管理和分析，便于公司管理层能够实时监控和分析公司的运营状态，快速响应市场变化，提高决策效率和经营能力。

二、拓宽管理升级的可行路径

华电工程公司基于“阳光工程”数字经营决策系统进行企业管理升级，已经取得了显著成效。然而还存在一些问题。如各部门应用数据统计维度设计不统一，缺乏整体规划，导致数据难以用相同维度统计；部分业务流程仍需人工干预，影响了工作效率和数据的一致性；部分员工对数字化系统的操作不够熟练，需加强人员培训；部分表单在实际中缺乏及时填写和维护，影响数据分析统计；部分应用在使用中存在不足，还需进一步迭代改进。未来将从以下三个方面继续拓宽公司管理升级的可行路径。

（一）探索制度优化路径，实现治理效能提升

利用系统收集的大量数据，运用数据分析工具和算法，识别制度执行中的问题和趋势，为管理层提供科学的决策支持。通过信息系统运行发现业务管理过程的管理漏洞，倒逼管理体制机制的完善，进而优化完善制度流程体系。通过监督预警模块，对制度执行情况进行持续跟踪，及时发现偏差，并提供反馈，确保制度得到有效执行。随着外部环境和组织需求的变化，定期更新信息系统，以支持制度的持续优化和创新。

（二）构建大监督体系，实现超前风险防范

构建协同工作平台，促进跨部门、跨层级的沟通与合作，职能部门定期交流分析有关信息，围绕巡视巡察审计问题整改，从“强基础、建体系”“强威慑、治顽疾”“治已病、防未病”三个方面协同发力，将监督执行融入企业生产、经营、管理的全过程，确保信息的畅通和资源的高效配置。通过信息系统对潜在的风险进行识别、评估和管理，及早发现违规苗头性问题，提前采取措施加以防范，实现事前监督，及时纠偏整改，为公司改革发展提供坚强保障。

（三）完善经营数据模型，实现经营效益可控在控

通过数据收集和整合，构建一个综合的经营数据模型。利用统计分析和预测模型，对未来的经营状况进行预测。通过模拟不同的业务情景，不断调整和优化

模型以保持其相关性和准确性。建立实时监控系统，定期生成报告，同时跟踪关键绩效指标的表现，便于评估各种决策对经营效益的可能影响，确保经营层可以及时掌控公司经营效益。

第四章　案例公司组织变革的探索与实践

第一节　案例公司组织变革的实施背景

一、管理创新：时代浪潮下的必然选择

在煤矿行业市场竞争白热化及政策环境日益严格的双重夹击下，华电工程公司正面临前所未有的挑战。如何在确保合规经营的同时，既保证工程质量，又提升施工效率，降低运营成本，成为了公司发展的核心议题。因此，实施管理创新，不仅是提升企业竞争力的关键，更是公司在数智时代背景下谋求生存与发展的必由之路。通过构建模拟经营市场化结算体系，公司旨在优化资源配置，提升内部运营效率，从而在激烈的市场竞争中脱颖而出。

二、问题积弊：阻碍发展的顽疾

国企改革浪潮汹涌，市场环境瞬息万变，公司在快速发展的过程中逐渐暴露出一系列深层次问题，这些问题如同沉重的枷锁，严重制约了公司的进一步壮大。为打破发展瓶颈，激发企业内在活力，公司决定以项目为突破口，引入先进的组织管理模式，全面推动组织变革。具体而言，公司过去面临的主要问题包括：

1. 管理不规范

公司管理流程混乱，缺乏明确的制度规范和标准化的操作流程。项目决策过程中缺乏科学的数据支持和系统的决策流程，这导致项目决策效率低下，经常出现决策延误或错误决策的情况。同时，成本控制不力，项目预算经常超支，甚至

存在违规操作的风险，如未经审批的采购、不合规的财务报销等。这些问题不仅增加了公司的运营成本，还可能导致法律风险和声誉损害。

2. 队伍不稳定

施工队伍成员流动性大，员工对公司的归属感不强。由于行业特点，施工人员往往以临时工或季节工为主，他们缺乏长期稳定的职业规划，对公司的忠诚度不高。同时，施工队伍的专业技能参差不齐，部分员工缺乏必要的专业技能和培训，导致施工质量难以保证。此外，公司缺乏系统的培训和激励机制，无法吸引和留住优秀人才，进一步加剧了施工队伍的不稳定性。这种不稳定性不仅影响了工程质量和施工进度，还增加了公司的管理难度和成本。

3. 人工效率低

由于施工队伍管理不善，员工工作积极性不高，缺乏有效的绩效考核和激励机制。员工往往缺乏明确的工作目标和责任感，工作效率低下，甚至存在消极怠工的情况。这种低效的工作状态不仅增加了项目成本，还降低了公司的整体运营效率。

4. 质量难保障

施工队伍的不稳定性和低效直接导致了工程质量的不稳定。由于员工技能参差不齐、工作积极性不高以及管理不善等原因，施工过程中经常出现质量问题，如施工不规范、材料使用不当、安全隐患等。这些问题不仅影响了工程的整体质量，还可能给公司带来潜在的法律风险和声誉损害。客户对工程质量的不满和投诉将直接影响公司的市场形象和口碑，进而影响公司的业务发展和市场竞争力。

三、环境变化：倒逼企业转型升级

在快速变化的市场经济环境中，公司面临的内外环境正发生着深刻变革，这些变化要求公司必须主动适应，积极求变。推动公司变革的主要内外部条件变化包括：

1. 市场需求升级

随着市场经济的深入发展和客户需求的日益多元化，客户对工程质量、施工效率及成本控制的要求也在不断提高。客户不再仅仅满足于基本的工程建设需求，而是更加注重工程的品质、施工的进度以及成本的控制。这种市场需求的升级，迫使公司必须不断提升服务质量和运营效率，以满足客户的期望和需求。公司需要通过技术创新、管理创新等方式，提高工程质量，缩短施工周期，降低运营成本，从而在激烈的市场竞争中脱颖而出，赢得客户的信任和青睐。

2. 政策导向趋严

近年来，政府对工程建设的监管日益严格，特别是针对煤矿企业井下作业人员的规定更加明确和严格。政府不仅加强了对工程建设过程的监督和管理，还提高了对工程质量、安全生产等方面的标准要求。这种政策导向的趋严，对公司提出了更高的挑战。公司需要严格遵守政府的相关法规和政策，确保工程的合规性和安全性。同时，公司还需要积极应对甲方对工程质量、安全生产等方面的高标准要求，通过加强内部管理、提高技术水平等方式，确保工程质量和安全生产达到甚至超过甲方的期望。

3. 技术革新浪潮

信息技术、智能化技术的快速发展，为工程建设带来了前所未有的新机遇。这些技术的应用，不仅可以提高施工效率，降低运营成本，还可以提升工程质量，增强公司的竞争力。然而，技术革新浪潮也对公司提出了技术创新的要求。公司需要紧跟技术发展的步伐，不断引入新技术、新设备，加强技术研发和创新，以适应市场需求的变化。同时，公司还需要加强员工的技能培训，提高员工的技术素养和创新能力，为公司的技术创新提供有力的人才保障。

四、创新迫切：破局之钥

面对上述问题及内外部环境的变化，公司迫切需要通过管理创新来破解发展难题。模拟经营市场化结算体系的建设和自营施工队伍的组建，正是公司针对当前问题提出的创新策略。这一举措旨在通过规范管理流程，提升施工队伍的稳定性和专业性，进而提高人工效率和工程质量，为公司的持续发展注入新的活力。

通过实施模拟经营市场化结算体系和组建自营施工队伍，公司期望达到以下目标：

(1)合规性提升。确保公司经营管理全面合规，符合政策法规要求，为公司的长远发展奠定坚实基础。

(2)施工队伍培育。打造一支稳定、专业的施工队伍，为工程质量提供可靠保障，提升公司核心竞争力。

(3)人工效率提升。通过优化管理，激发员工潜能，提高人工效率，有效降低项目成本。

(4)工程质量保障。在合规性、施工队伍稳定性和人工效率提升的基础上，确保工程质量达到行业领先水平，提升公司市场声誉和竞争力。

综上所述，公司实施模拟经营市场化结算体系和组建自营施工队伍，是应对当前挑战、提升竞争力的必然选择。这一创新举措的实施，将助力公司逐步解决历史遗留问题，适应内外部环境的变化，实现合规性、施工队伍稳定性、人工效率和工程质量的全面跃升，开启公司发展的新篇章。

第二节　案例公司组织变革的总体思路

在日益激烈的市场竞争和日益严格的煤矿政策环境下，公司正面临着前所未有的挑战。传统的管理模式已难以满足当前环境下对工程质量、施工效率和运营成本控制的高要求。为了在保持合规经营的同时，进一步提升企业的竞争力，公司急需进行管理创新。基于此，华电工程公司开始探索并实施一系列组织变革措施，旨在重塑企业组织架构，优化资源配置，激发员工潜能，从而推动企业向更高效、更灵活、更具竞争力的方向发展。变革项目由三大核心支柱构成(见图4-1)：组织体系架构的细分化作为变革的基础，绩效考核体系的建立作为变革的抓手，以及“阳光工程”数字经营决策系统作为变革的强大支撑。通过这三方面的深入剖析，我们将全面展示模拟经营市场化结算体系变革项目的实施路径，以下是项目改革的总体思路。

一、细化组织单元，激发基层潜能

为打破传统组织结构的束缚，华电工程公司计划将组织体系细化为项目队伍、班组和员工三个基层单元，以此激发基层组织的活力与创造力。项目队伍将被塑造为最小经营单元，赋予其高度的独立性和自主性，使其能够灵活应对项目的不确定性，实现资源的最优配置和高效利用。班组则定位为最小生产单元与经营单元的双重角色，通过小规模团队的紧密协作，确保生产效率与产品质量的双

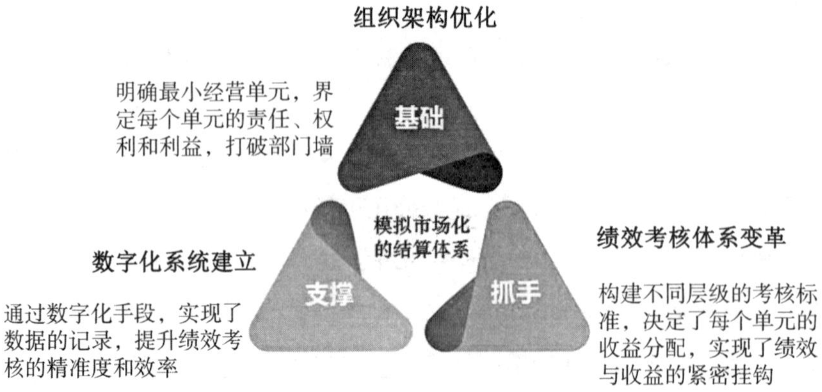

图 4-1　模拟市场化的结算体系管理体系

重提升。员工作为最小操作单元，将在透明化管理机制的引导下，积极参与企业经营，成为推动企业发展的重要力量。

二、构建绩效考核体系，点燃员工激情

为了全面提升员工的工作动力，华电工程公司将构建一套多维度、差异化的绩效考核体系。该体系将全面覆盖生产任务、安全生产标准化建设、个人素质与团队合作等多个方面，确保考核的全面性和公正性。针对不同工种(如支护工、电工等)和不同层次(基层员工、班组长等)，华电工程公司将设定具体、可衡量的考核标准，确保每位员工都能明确自己的工作目标和责任要求。同时，通过设立加分项、实施班组评比制度以及二次分配机制，我们将进一步激发员工的积极性和创造力，确保生产计划的严格执行和高效运转，形成良性竞争与合作的氛围。

三、强化数据支撑，推动精细化管理

在数字化时代，数据是企业管理的核心资源。华电工程公司将通过“阳光工程”数字经营决策系统，整合企业内部各个职能部门、业务单元的业务数据，为企业管理层提供全面、准确的经营洞察和绩效分配依据。数字系统将实现数据的实时共享与分析，帮助管理层及时发现问题、调整策略，确保企业运营的高效与稳健。同时，数字系统还将直接服务于一线经营单元，为其提供实时、准确的数

据支持，助力其实现精细化管理，提升运营效率与成本控制能力。

综上所述，华电工程公司的改革总体思路是围绕细化组织单元、构建绩效考核体系、强化数据支撑三大核心方面展开，旨在通过这一系列创新举措，全面重塑企业运营体系，激发内在活力，推动企业实现高质量发展。接下来，华电工程公司将进入具体的实施阶段，通过一系列切实可行的措施，将这一总体思路转化为实实在在的改革成果。

第三节　案例公司组织变革的实施举措

一、组织架构精细化重塑：奠定变革的坚实基础

在探索企业管理升级的路径中，华电工程公司率先将组织体系架构的细分化作为变革的基石。这一重大调整不仅重塑了公司内部的管理结构，更为后续的一系列管理创新奠定了坚实的基础。通过对组织体系架构的彻底细分化，公司精心规划了项目队伍、班组和员工三个核心基层单元，每个单元都被赋予了清晰明确的职责与权限。这种细分化的组织体系，极大地提升了管理的精细化与高效化水平，确保了收益能够与个人绩效直接挂钩。员工在明确的目标导向下，更加专注于提升个人技能与团队协作能力，进而推动了公司整体业绩的稳步增长。同时，这种变革也为后续的绩效考核与数字化管理铺设了顺畅的道路，为企业的长远发展注入了源源不断的动力。

（一）基层单元精细化划分：奠定高效运营基础

在不连沟项目中，为了更高效地开展生产经营活动，项目管理层精心划分了三个最小的模拟市场经营基层单元（见图 4-2）。这些单元的设计基于模拟市场经营模式的核心理念，即通过将企业内部组织划分为较小的自我经营单元，赋予各层级更大的自主权和经营灵活性。这三个模拟市场经营基层单元分别是：最小经营单元——项目队伍、最小生产单元——班组、最小操作单元——员工。这种划分方式充分考虑了生产和经营的实际需要，使得每个基层组织能够以最高效率完成其分配的任务。

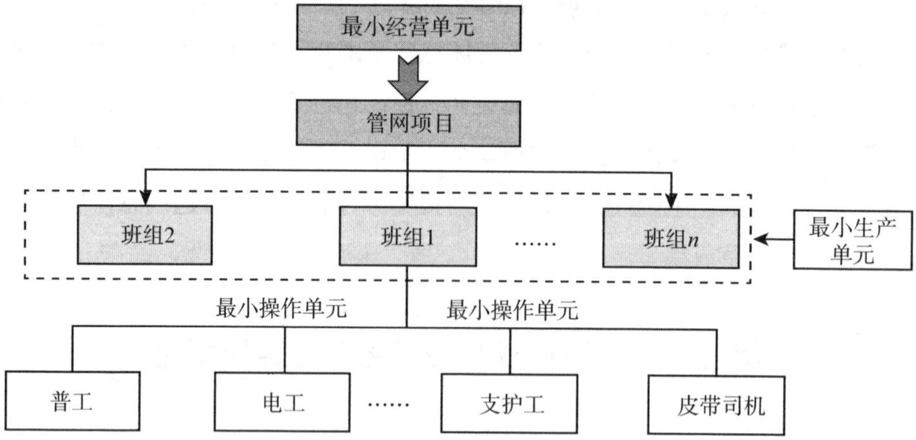

图 4-2　最小模拟市场经营基层单元

(1)最小经营单元——项目队伍

项目队伍作为最小的经营单元，肩负着具体项目的整体管理和运营责任。每个项目队伍不仅需要协调内部资源，还需与外部进行有效的沟通与合作。项目队伍的独立性和自主性使得其能够灵活应对项目中的各种不确定性，迅速做出决策，并根据项目需求调整资源分配。这种经营单元的独立性，使得公司能够通过多个项目队伍同时推进不同的项目，实现多线并行的高效管理模式。各项目队伍之间既可以相互独立，又可以根据项目的复杂性和规模进行联合或协作，进一步提升整体生产经营的灵活性。

(2)最小生产单元——班组

班组是最小的生产单元，在模拟市场经营模式中，班组的作用至关重要。每个班组通常由 5~8 名员工组成，班组的成员不仅参与日常的生产操作，还需要承担一定的经营管理责任。每个班组都像是一个“小企业”，它们不仅需要完成自身的生产任务，还需关注经营效益。这种模式极大地提升了员工的自主意识和责任感，班组成员不仅是生产者，还是经营者。通过这样的小规模团队，生产过程中的每个环节都能够得到有效监控，并根据实际情况进行调整。由于每个班组都具备相对独立的运行能力，各班组之间可以根据生产经营的需求进行灵活的组合或分拆，这种灵活性不仅提升了生产效率，还增强了企业对市场需求变化的快速响应能力。

(3)最小操作单元——员工

员工作为最小的操作单元，是模拟市场模式中最基层的组成部分。每位员工都有明确的工作职责，并且通过模拟市场模式，每位员工不仅专注于自己的工作，还能够看到自己工作的经济效益。这种透明化的管理机制使得员工能够清楚地了解自己的工作对整个班组乃至项目队伍的贡献，从而提高了工作的积极性和责任感。模拟市场经营模式的一大优势在于，它让每个员工不仅成为生产过程中的一环，还能够参与到经营决策的过程中。这种参与感使得员工在工作中不再仅仅是被动的执行者，而是积极的参与者，真正成为企业经营的一部分。通过这种方式，企业能够最大限度地激发员工的潜力，提升整体生产效率。

以管网项目为例，模拟市场经营模式的灵活性得到了充分展现。管网项目的所有岗位员工都隶属于各自的模拟市场班组，而每个班组由5~8名成员组成(见图4-3)。这种结构不仅便于管理，也为生产过程中的协作提供了便利。管网队伍由三个平行的模拟市场班组构成，这种多班组并行的形式使得每个班组都能够独立运作，形成一个相对独立的经营单元。每个班组不仅负责具体的生产任务，还需要对自身的经营效益负责。

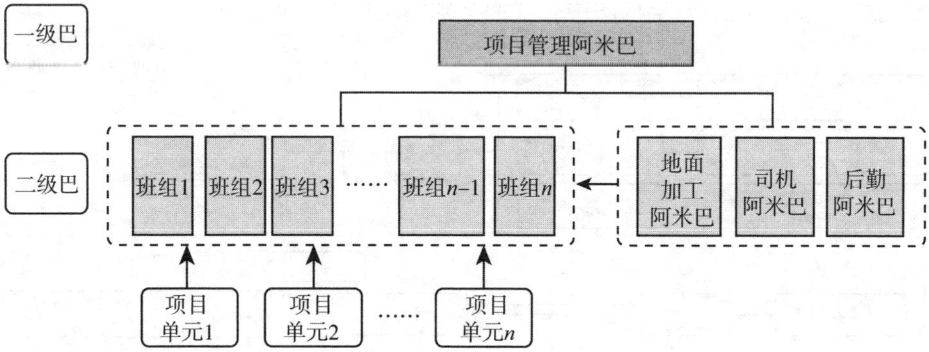

图4-3 不连沟模拟市场项目架构

在这种模式下，班组之间可以根据生产经营需求进行灵活的分拆与组合。例如，当生产任务较为复杂或工作量较大时，多个班组可以进行整合，形成更大规模的生产单元，集中资源高效完成任务。而当市场需求发生变化，任务量减少时，班组之间又可以迅速分拆，形成多个小型独立的生产单元，以应对不同的市场需求。这种高灵活性的经营模式，不仅使公司能够快速调整生产策略，还提高了资源利用率。

通过模拟市场经营模式，不连沟项目的生产组织形式变得更加灵活，能够对市场的变化做出迅速反应。由于班组和队伍的独立性，每个生产单元都具备了一定的自主决策权，这使得整个公司在面对市场波动时，可以迅速采取应对措施，而无需层层审批。这种高效的反应机制，使得公司能够在激烈的市场竞争中占据主动，快速调整生产计划，以满足市场需求的变化。

此外，班组和队伍之间的灵活组合，也为公司在进行大规模项目时提供了极大的优势。通过将不同的班组进行有效的组合，公司可以快速调动资源，集中力量攻克关键项目。同时，在项目结束后，班组又可以迅速恢复原有的独立状态，继续各自的生产任务，确保了生产经营的连续性和稳定性。

（二）组织架构升级：构建协同高效的运营体系

第二阶段模拟市场经营组织架构图是基于华电工程公司现有组织架构的重组，旨在建立一个以价值链梳理的业务流程为核心，辅以职能服务中心的组织运行平台（见图 4-4）。该平台以协同创造和满足客户需求为导向，旨在系统解决客户满意度问题。在组织架构图中，我们必须明确以下几点：

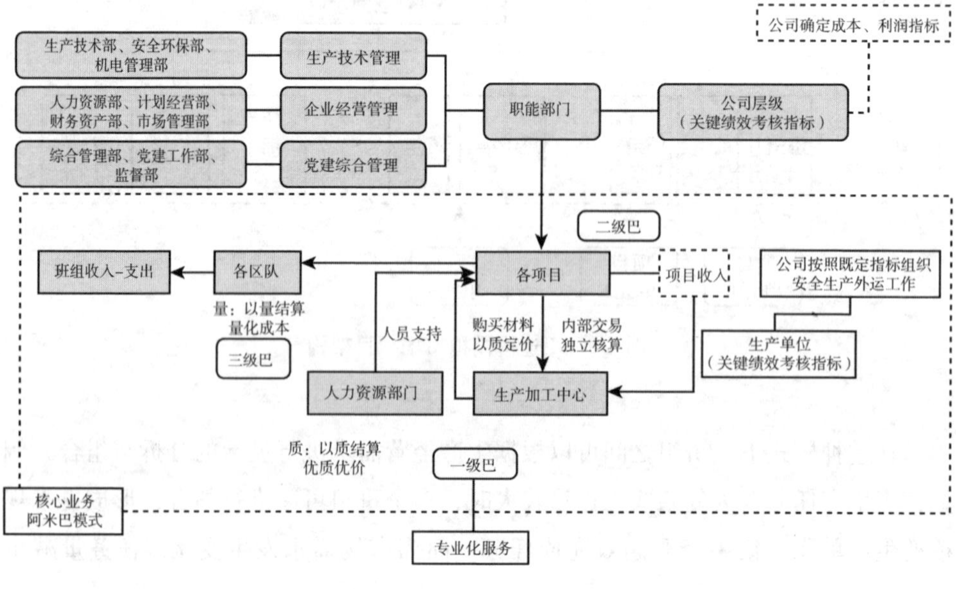

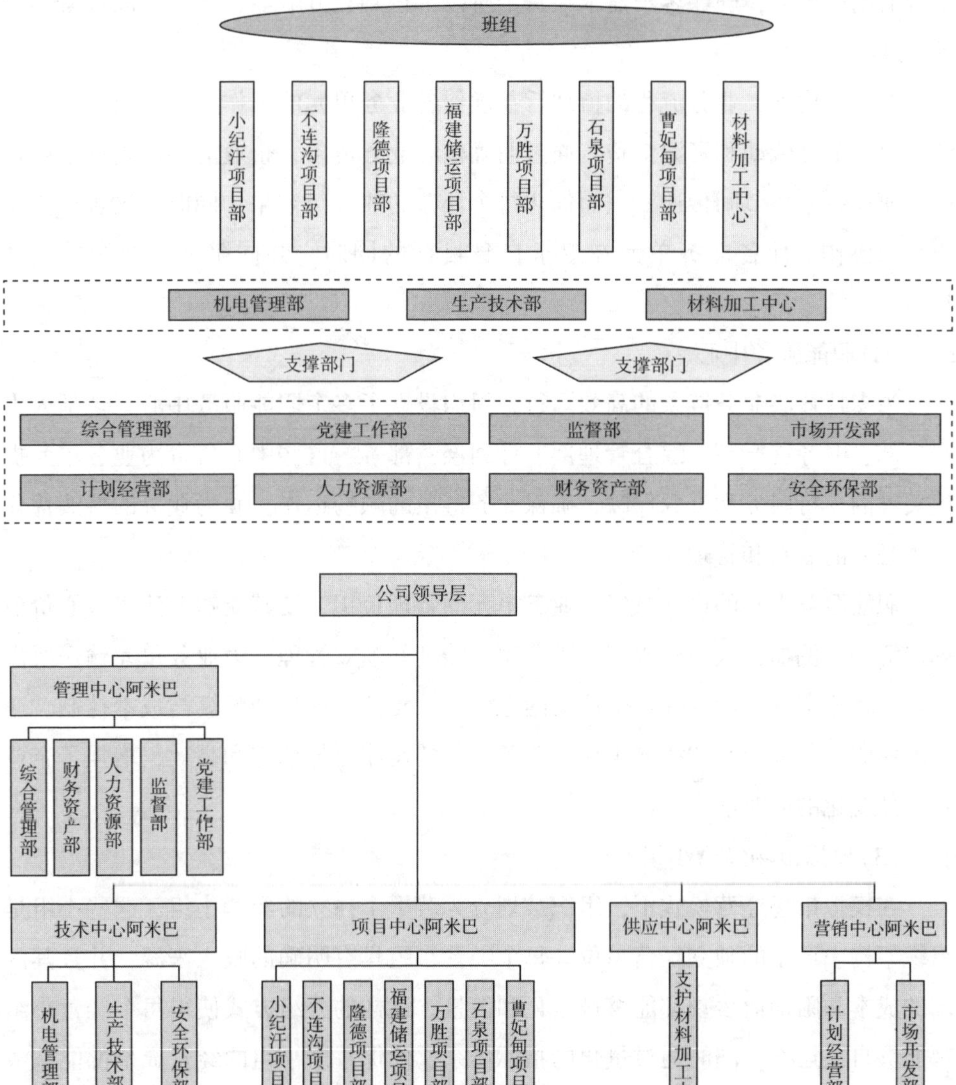

图 4-4　模拟市场经营组织架构升级示意图

(1)核心业务链条

组织架构的核心是围绕价值链梳理的业务流程，确保各个业务环节的价值创造活动始终以满足客户需求为导向。核心业务链条作为组织的主干，涵盖了从识别客户需求到最终交付服务或产品的全过程。这一链条上的每个节点都代表了一个价值创造环节，确保客户需求在每个阶段都得到充分响应，从而不断提升客户满意度。

在该架构下，业务流程的梳理旨在确保各业务单元的工作与整体目标保持一致，避免重复劳动和资源浪费。通过明确核心业务链条，企业能够清晰地了解价值如何在各个环节间传递，进而优化每个环节的效率与效果。同时，这也促进了跨部门协作，使各业务单元在追求自身目标的同时，共同服务于组织的整体目标。

(2)职能服务中心

为支持核心业务链条的高效运行，组织设立了多个职能服务中心，包括人力资源部、财务资产部、综合管理部、计划经营部等。这些中心负责为业务单元提供关键的支持服务和资源保障，确保业务链条的顺畅运作，并为业务的持续优化提供必要的后勤和管理支持。

职能服务中心的设立减轻了业务单元的管理负担，使其能够专注于核心价值创造活动。例如，人力资源部负责招聘、培训和绩效管理，为业务单元输送所需人才；财务资产部则确保资金流动的有效性，支持各项目的预算与成本控制。通过这些职能服务中心的协同工作，业务链条的运作更加稳定和高效，增强了企业对外部变化的应对能力。

(3)模拟市场经营小组

在模拟市场经营模式下，组织被划分为若干个独立的经营小组，这些小组是组织架构中最小的独立经营单位。每个经营小组具有明确的收入来源，并且其内部的成本和附加值表现都能够被量化和衡量。这样的分组方式使得每个经营小组都能够自主运作，同时通过量化的指标体系，确保每个小组的经营成果都能被清晰追踪和评估。

模拟市场经营小组的设置旨在增强各小组的自主经营能力，使其能够在市场竞争中更加灵活地应对外部变化。每个小组在拥有自己业务链条的同时，也承担独立的财务责任，确保其不仅要关注自身的收入目标，还要在控制成本的前提下，提升整体附加值表现。这种模式既增强了各小组的责任感，也促进了小组间的内部竞争与协作，为企业整体经营指标的实现作出了贡献。

(4)双重检查机制

为保障业务流转过程中的质量和安全性，组织在经营小组的上下游之间建立了双重检查机制。这一机制通过多重审查，确保业务的每个环节都能够达到预期的质量标准和风险管理要求。双重检查机制不仅是对业务流程的质量控制，也是对各经营小组在执行过程中的合规性进行监督。

通过这一机制，企业能够降低运营风险，提高各个环节的透明度和可追溯性。例如，在生产流程中，双重检查机制确保各个生产阶段的产品质量符合标准，防止质量缺陷在下游出现。在财务管理方面，这种机制可以确保财务报表和成本核算的准确性，减少财务风险。双重检查机制的实施增强了各小组的内控管理，有效提升了组织整体的风险抵御能力。

(5)组织负责人

每个模拟市场经营小组都需要配备合适的组织负责人。这些负责人不仅是管理者，更是小组的领导者，负责带领团队实现各项经营目标。组织负责人必须具备相应的专业能力和管理经验，能够在复杂多变的市场环境中做出正确的决策，并推动小组的持续发展。

负责人需要对经营小组的经营成果负责，这意味着他们必须对整个业务链条进行全面管理，从资源配置、人员管理到市场营销等各个方面，确保每个环节的高效运行。此外，负责人还需具备跨部门沟通与协调能力，能够在组织内外部架构中有效推动合作，提升整体业务的协同效应。针对负责人的考核，除了传统的经营指标外，还需关注其在团队管理、创新能力和客户满意度方面的表现。

二、绩效考核体系构建：把握变革的关键抓手

为了确保组织变革的有效实施和持续深化，华电工程公司建立了科学合理的绩效考核体系，这一体系成为了推动变革深入发展的关键抓手。该体系针对不同岗位和层级设定了差异化的考核指标，构建了一个全面、多维度的评估框架。除了关注生产效率和成本控制等硬性指标外，还特别重视安全管理、团队协作、员工满意度等软性指标，以全面衡量员工的工作表现与贡献。通过绩效考核，公司能够准确评估每位员工的工作成果与行为表现，及时发现问题并采取措施加以改进。同时，班组评比等激励机制的引入，进一步激发了员工的积极性和创造力，促进了班组间的良性竞争与合作。这种以绩效考核为核心的管理机制，不仅确保

了变革举措能够真正落地生效，还推动了企业文化的积极转变，为企业的持续发展奠定了坚实的基础。

(一)不同层级员工的绩效考核标准

(1)对于普通员工

在当前工程建设行业高质量发展的要求下，工程企业正经历着管理升级和技术创新的转型过程。为适应这一变革，公司绩效考核体系需要与时俱进，以满足现代化工程管理的需求。考虑到企业的战略目标以及施工现场的具体特点，公司针对一线施工人员的绩效考核，提出了一套符合工程企业特点的考核标准。

针对普通员工的工作特点，明确划定了三个核心考核维度：施工安全、岗位履职和职业素养。其中施工安全是最重要的考核领域，任何施工操作都必须以安全为前提。在复杂的工程作业环境下，员工对安全规范的严格执行，直接关系到项目的顺利推进和人身安全。因此，施工安全成为普通员工绩效考核的首要指标。其次，岗位履职是基础考核内容，工程企业的施工人员需要按照施工方案和技术交底要求，精准完成各项施工任务。考核将重点评估员工在施工过程中的规范操作、质量把控和问题处理能力。职业素养则涵盖了员工的工作态度、学习能力和团队意识等方面。在工程项目实施过程中，员工的职业素养不仅影响个人绩效，也关系到整个项目团队的工作效率。优秀的职业素养表现为主动学习新技术、积极配合团队工作、严格遵守施工纪律等。

在具体的绩效考核指标设定上，结合工程企业的行业特点，普通员工的考核主要围绕以下方面展开：

①施工安全维度(权重40%)。

A. 安全规范执行。

建立全员安全责任体系，重点考核井下作业安全规程执行情况，包括个人防护装备规范使用、危险作业审批流程落实及隐患排查闭环管理。安全是工程建设的生命线，严格落实安全规程是保障项目平稳推进和员工生命安全的根本要求。推行安全积分奖励机制，对主动发现重大隐患、规范执行避险措施的行为给予正向激励，旨在通过考核引导员工将安全规范内化为自觉行动，筑牢安全生产防线。

B. 应急响应能力。

强化突发事故应急处置能力评估，要求员工熟练掌握自救器使用、避灾路线等关键技能，定期组织实战化应急演练，确保井下突发情况下的快速反应与协同处置。工程作业环境复杂多变，提升应急响应能力是保障员工生命安全和降低事故损失的必要举措，也是检验员工安全意识和协作能力的重要维度。

②岗位履职维度(权重35%)。

A. 工程质量管控。

实施工程质量交接确认机制，重点考核施工工艺标准化执行、隐蔽工程验收合格率及质量缺陷整改时效性。工程质量是企业品牌的直接体现，严格把控施工工艺和隐蔽工程质量，是打造精品工程、树立行业口碑的关键，考核旨在引导员工以精益求精的态度对待每一道工序，为工程整体质量奠定坚实基础。

B. 成本精细管理。

推行材料全生命周期跟踪制度，严格管控支护材料损耗，提升设备规范操作水平与能源利用效率。在行业竞争日益激烈的背景下，成本管控能力是企业实现提质增效的重要抓手，考核员工对材料、设备的精细化管理能力，有助于强化全员成本意识，实现资源的优化配置与高效利用。

③职业素养维度(权重25%)。

A. 技能传承与创新。

依托井下实训基地开展岗位技能认证，将新技术应用能力(如探水钻机操作、通风系统优化)纳入考核。鼓励师徒结对培养，对技能传授成效显著的员工给予专项奖励。随着工程技术的不断迭代，持续提升技能水平和创新能力，是员工适应行业技术变革、实现个人价值的重要途径，考核机制旨在营造“传帮带”的良好氛围，推动技术经验的沉淀与转化。

B. 团队协作文化。

建立跨班组协作评价机制，重点考核紧急情况下的互助响应效率与合理化建议贡献度。通过“安全之星”“技术能手”等荣誉评选，强化正向行为引导。工程项目的顺利推进依赖于各环节、各班组的紧密配合，良好的团队协作是提升整体工作效能的关键，考核不仅关注员工个体表现，更注重其在团队中的协同能力和价值贡献，以促进形成团结高效的工作氛围。

(2)对于班组长

对于班组长而言，作为班组的核心领导者，他们不仅肩负着日常生产管理的任务，还承担着更为重要的组织协调、决策和人员管理的职责。每个班组长是最小经营单元的负责人，是班组的“灵魂人物”，在企业中被称为“兵头将尾”，他们直接影响到班组的整体绩效和运转效率。班组长的工作不仅限于管理工人，还包括协调班组与其他生产单元的关系、促进沟通和反馈，并确保班组的高效运营。因此，对于班组长的绩效考核，应在普通生产员工的基础上，加入更多关于领导能力、安全管理、运营优化等方面的指标，以更全面地反映他们在班组管理中的综合表现。

①生产管理能力(35%权重)。

作为施工现场最前沿的管理者，班组长需对作业进度与施工质量负首要责任。考核以“日清周结”为基础，要求班组长每日开工前明确各成员当日施工量(如钢筋工绑扎吨数、木工支模面积)，下班前通过现场实测实量确认完成情况。每周汇总形成《进度对比表》，将实际进度与计划对照，偏差超过5%需附书面分析报告。

②安全文明施工(30%权重)。

安全是班组管理的底线，班组长需将安全意识融入日常管理，构建“人人讲安全、事事重规范”的作业氛围。通过强化班前安全交底、现场隐患排查及标准化操作监督，筑牢基层安全防线。关注临时支护、通风系统等关键环节的动态管控，推动安全措施从“被动执行”向“主动预防”转变，以精细化管理守护班组安全生产生命线。

③团队建设与成本控制(25%权重)。

人员管理采用“老带新”登记表，班组长每月底手写汇报徒弟培养情况(如：张某已掌握独立放线技能)。材料控制通过“领料单-退料单”对照实现，班组长需在每批材料使用后3天内，将剩余材料归类堆放并手写退料单。机械管理实行“口头交接班”制度，操作人员变动时需当面说明设备状况，班组长在日志中简要记录异常情况。

④应急协调能力(10%权重)。

面对井下作业的复杂环境，班组长需具备快速响应与灵活协调的能力。考核重点在于突发状况下的决策效率、跨班组协作默契度及问题解决的系统性，确保停工、设备故障等异常情况得到及时妥善处理。通过日常模拟演练与实战经验总结，提升班组整体应急素养，成为施工现场稳定有序的“调节器”。重点考核突发停工事件处置时效、跨部门协作效率，建立纠纷调解与复工评估机制。优秀案例由项目经理在月例会上口头表扬并加分。

(3)项目部管理绩效指标

模拟市场化经营结算体系中，项目部作为一级单位，负责统筹管理下属的二级单位(包括各个班组和后勤部门)。项目部的管理直接影响到整个生产运营的效率和效益，因此，制定科学合理的绩效指标对于项目部的管理至关重要。这些绩效指标不仅要涵盖运营效率，还需综合考虑成本控制、安全与质量管理以及团队建设与领导力等多个方面。通过对这些关键指标的持续监控和评估，项目部管理层可以及时调整运营策略，确保生产任务的顺利完成，推动企业的长期发展。项目部绩效指标主要包括以下几个重点指标：

①生产运营效能(40%权重)。

以全周期进度管控为核心，项目部建立“计划—执行—监控—调整”的动态管理机制，确保各环节高效衔接。通过科学分解生产任务、合理配置资源、预判风险节点，实现关键工程按计划推进。关注进度预警机制的有效性，对滞后任务迅速制定补救方案，避免因局部延误影响整体工期，以系统化管理提升生产运营的节奏感与可控性。

②成本控制水平(30%权重)。

成本管控是项目部管理的重要价值点，需立足“精细化、责任化、全员化”原则，构建覆盖材料、设备、能源的全要素管控体系。针对不同作业区的特点(如采掘、通风、运输、机电)，制定差异化成本指标，引导项目部从“重生产”向“生产效益并重”转变。通过定期成本分析会，总结经验、查找漏洞，提升资源利用效率与投入产出比。

③安全质量管理(20%权重)。

安全考核依据每日下井检查记录，重点核查：瓦斯检查牌板填写及时性、超前支护距离是否符合规程、排水设备完好情况。项目部干部每月下井带班次数不少于15次(以井口考勤本为准)，每少1次扣2分。质量验收采用“现场标记法”，在巷道用油漆标注验收日期和责任人，出现质量问题可追溯。获得矿级质量标准化流动红旗的加 5 分。

④团队建设成效(10%权重)。

考核项目部班前会召开质量，由公司工会或公司安监部门采取不定期抽查方式进行，抽查重点包括：①是否开展安全提问；②是否讲解当日作业要点；③是否排查员工状态(重点关注薄弱人员)。同时，要求项目部每月至少组织 1 次由经验丰富的老工人进行的现场示范教学。未落实此项要求，扣 3 分。

(二)奖惩措施

为了在生产中有效激励基础员工提升工作效率、强化安全意识，同时兼顾企业的经济效益和生产安全，需要建立一个综合性的奖惩制度。这个奖惩制度不仅要考虑员工的工时工作表现，还要充分结合安全绩效，确保企业生产在高效的同时也符合严格的安全标准。通过合理设定工时工资标准和安全奖励机制，企业能够在保障员工收益的同时，推动安全生产文化的形成。

(1)模型构成

模型的核心在于将员工的工时工作与安全表现紧密结合，通过双重激励机制，促使员工在追求工作效率的同时，始终保持高度的安全意识。

①工时工资标准。

工时工资标准是员工薪酬体系的基础部分，直接与员工的工作时间挂钩。该标准的设定需要综合考虑多个因素，包括：

企业所在地的劳动力市场行情：当地的劳动力供需情况对工资标准的影响很大，企业需要根据市场竞争情况设定合理的工时工资，以保持对员工的吸引力。

企业的经济效益：企业的运营状况和盈利能力直接决定了可以支付给员工的薪资水平。健康的企业收益为员工提供了有竞争力的薪资保障。

员工岗位的职责和技能要求：不同的岗位对员工的技能和工作强度要求不同，因此工时工资标准也应因岗而异。

具体的公式为：

$$员工工时工资=工时\times工时工资标准$$

在此基础上，企业还可以根据员工的绩效表现对工时工资进行适当调整，例如：表现出色的员工可以获得额外的工时工资补贴，进一步提升其收入。

②安全奖励机制。

为了强化员工的安全生产意识，建立安全奖励机制至关重要。安全奖励机制可以从多个方面鼓励员工在工作中保持警惕，积极预防安全隐患，确保工作场所的安全。

安全奖金：安全奖金是对员工安全生产行为的直接激励。该机制通过对员工的安全表现进行定期考核，如按月、季度或年度进行评价，员工在一段时间内如果未发生任何安全事故或违规行为，即可获得相应的安全奖金。企业可以将安全奖金分为不同等级，以便更具激励作用：

- 一级安全奖金：适用于表现非常优秀的员工，不仅未发生任何安全事故，还积极参与了安全培训和改进。
- 二级安全奖金：员工未发生安全事故，但在安全培训或隐患报告方面参与度稍低。
- 三级安全奖金：员工的安全记录良好，但未有突出的安全行为表现。

安全奖金的等级与金额可以根据企业的实际情况进行灵活设定，具体公式为：安全奖金=奖金等级×奖金金额

安全积分：安全积分制度旨在长期激励员工保持良好的安全生产习惯。除了定期发放安全奖金外，企业还可以通过安全积分对员工的持续安全表现进行追踪和奖励。安全积分不仅奖励员工的日常安全操作，还鼓励员工在工作中积极发现和报告安全隐患，参与安全生产改进。积分的具体应用包括：

- 积分兑换：员工可以用积攒的安全积分兑换实物奖品或服务奖励，如公司福利、礼品卡等。
- 积分提升奖金等级：积累一定的安全积分可以帮助员工提升其奖金等级，从而在下一个考核周期中获得更高额的安全奖金。

这种积分机制有助于形成一种长期、持续的激励方式，鼓励员工不断关注和提升自己的安全行为。

(2)奖惩结合

奖惩制度的核心在于将工时工资与安全表现进行有机结合。通过这一模型，员工的总收入不仅取决于其工作时间和工作效率，还受到其安全表现的显著影

响。具体操作步骤如下：

每月，员工的总工资由两部分组成：

员工每月工资总额=员工工时工资+安全奖金

在这种制度下，员工只有在既保证高工时工作效率，又严格遵守安全生产要求的情况下，才能获得最高的工资收入。

处罚机制：为了强化安全生产的纪律性，奖惩制度还应设立明确的处罚机制。如果员工在工作中发生了安全事故或违反安全规定，将会扣除其相应的安全奖金，严重者还会受到更为严厉的处罚。常见的处罚措施包括：

- 扣除安全奖金：一旦发生安全事故或重大安全违规行为，员工将无法获得安全奖金，且根据情节轻重扣除部分或全部奖金。
- 罚款或降职：针对情节较为严重的安全违规行为，企业可以根据内部规定对员工处以罚款或降职。
- 解除劳动合同：如果员工因严重违规导致重大安全事故，可以依据相关法律法规解除劳动合同，保证公司生产安全的绝对底线。

晋升与评优：安全积分不仅影响员工的短期收入，还应作为员工晋升、评优的重要参考依据。企业可以根据员工的安全积分和工作表现，优先考虑安全意识强、表现优秀的员工进行晋升或评选年度优秀员工。这种长效激励机制将进一步巩固企业的安全生产文化。

(3)模型实施与调整

在奖惩制度的实施过程中，为了确保其长期有效性和公平性，企业应建立严格的监督机制，并根据实际情况对模型进行动态调整。

员工反馈机制：企业应定期收集员工对奖惩制度的反馈，了解员工对现行工时工资标准、安全奖金和积分制度的看法。如果员工普遍认为某一方面的标准过高或过低，企业应及时进行调整，以保持制度的公平性和激励效果。

安全与生产状况监测：企业应密切监测安全生产状况，并根据实际数据对奖惩模型进行优化。例如，如果在某个时间段内安全事故频发，企业可以考虑提高安全奖金或加大安全积分的奖励力度，强化员工的安全意识。同时，企业还可以通过数据分析确定工时工资标准的合理性，确保员工的劳动回报与实际工作量相匹配。

定期评估与优化：奖惩制度需要定期进行评估，以确保其持续适应煤矿企业的生产环境和员工需求。企业可以每半年或每年对模型进行全面审查，结合生产绩效、安全记录、员工反馈和市场环境，对工时工资标准、安全奖励等级和积分制度等进行合理调整。通过这种动态优化，企业可以确保奖惩制度始终保持激励作用，推动企业的长期安全发展。

(三)优秀班组评比方案

为了进一步推动班组管理的精细化，提升班组间的竞争与合作意识，激发员工的工作积极性，煤矿企业可以通过月度优秀班组评比制度，表彰先进班组，激励后进班组，促进整体工作效能的提升。此评比方案不仅强调班组之间的竞争，还注重公平性和透明性，通过数据化评比和分配机制，确保每个班组都能清楚了解自身的表现和改进方向。

(1)评选周期与目标

评选周期设定为每月一次，通过月度评选能够及时反映各班组的工作情况，并根据评选结果给予优秀班组表彰和奖金奖励。该评选旨在通过良性竞争，激励班组不断优化工作流程，提升团队协作能力和生产效率，从而促进整个企业的管理提升和业绩增长。

具体目标包括：

- 表彰表现优异的班组，树立榜样，带动其他班组提升管理水平；
- 通过公平竞争，激发各班组的工作热情和创造力；
- 促进班组之间的经验交流，形成协作共赢的工作氛围；
- 提高整体生产效率和安全水平，减少安全事故和资源浪费。

(2)评选组织与结构

为了确保评选过程的公正性和透明度，评选委员会由项目部队长担任，负责最终决策和监督评选过程。此外，班组长组成一个数据收集小组，专门负责数据的收集和整理。这一小组的主要任务是对各班组的指标进行细致的统计，确保评选数据真实、完整，并通过科学的方法进行数据处理。

评选委员会的职责包括：

- 监督数据收集过程，确保数据的准确性和公正性；
- 组织评选会议，根据数据结果确认优秀班组；
- 宣布评选结果，并负责表彰和奖金发放。

数据收集小组的职责包括：

- 定期统计各班组的各项指标(如生产效率、安全记录、成本控制等)；
- 进行数据的归一化处理，确保不同班组的绩效可以进行合理对比；
- 按照预定的权重将各项指标进行加权计算，得出最终的评选分数。

(3)评比方法与指标

①数据收集与预处理。

收集指标：定期收集各班组的关键绩效数据，包括进度完成率、成本控制和收入实现等，这些数据将用于计算利润贡献度系数。

②利润贡献度系数计算。

$$\text{利润贡献度系数}=\frac{\text{进度完成率得分}\times\text{进度完成率权重}+\text{成本控制得分}\times\text{成本控制权重}+\text{收入实现得分}\times\text{收入实现权重}}{\text{总权重}}$$

例如，假设某班组进度完成率得分为 0.9(权重 30%)，成本控制得分为 0.8(权重 40%)，收入实现得分为 0.85(权重 30%)，则：

$$\text{利润贡献度系数}=\frac{0.9\times0.3+0.8\times0.4+0.85\times0.3}{0.3+0.4+0.3}=0.83$$

根据各班组的利润贡献度系数进行排名，系数越高的班组排名越靠前。

奖金分配方案如下：

- 第一名班组：将获得奖金基数的最高比例(如 50%)，以表彰其在生产效率、安全管理、质量控制以及利润贡献等方面的卓越表现。
- 第二名班组：将获得奖金基数的次高比例(如 30%)，奖励其整体优良表现和较高的综合绩效。
- 第三名班组：将获得奖金基数的中等比例(如 20%)，认可其稳定的表现和中等水平的综合绩效。
- 第四名至以后的班组：对于未进入前三名但表现良好的班组，将剩余比例的奖金(如 10%)按一定比例或平均分配给这些班组，以表彰其积极参与和持续改进的努力。同时，鼓励这些班组继续努力，争取在未来的评比中取得更好的成绩。

如果某个班组出现了违反安全规定、重大事故等情况，该班组将被强制取消评比资格，并失去奖金。取消评比资格的班组奖金会根据排名平均分配给其他符合评比资格的班组。

(4)奖励分配机制

为了充分激励班组成员，评比方案设置了两次分配机制，既考虑到班组的整体表现，也注重个体贡献的差异性。

①奖金基数与一次分配。

每月评选结束后，将根据评比结果对班组进行奖金分配。奖金基数不仅来源于过程控制奖金，还将班组的收入和成本控制情况纳入考虑。具体奖金总额由企业根据财务状况、员工人数以及班组的利润贡献度设定。

②二次分配。

奖金下发到班组后，班组长将根据员工个人的表现进行二次分配。二次分配的标准不仅依据员工的生产表现，还要综合考虑员工的利润贡献、工作态度、团队协作能力、遵守纪律等因素。

A　二次分配的依据

在绩效奖金的"二次分配"过程中，主要对班长以及本班员工进行业绩考核打分，通过考核结果将绩效奖金"一次分配"余额进行再分配的过程。采用图尺度评价法，以定量考核为主、定性考核为辅的方式相结合，不仅能够反映出每个员工的真实绩效，还将绩效得分作为绩效奖金二次分配的依据，将绩效考核落到实处，让员工真正感受到绩效奖金分配的公平性，激励员工工作进取。

绩效奖金的二次分配是个人绩效奖的分配过程，主要考察员工个人综合业绩能力。通过绩效考核，考核员工素质、工作能力、管理能力、工作业绩等多个维度，每一个维度的总分均为 100 分，在进行总分数核算时，按素质、能力、利润贡献分别占全部考核比重 20%、40%、40%的权重进行综合计算(见表 4-1)。每个月末对生产班组员工及班长进行绩效评分，将考核分数进行从高到低的排序，作为绩效奖金二次分配后员工所得绩效奖多少的重要依据。

表 4-1　　**员工及班长绩效考核得分表**

序号	姓名	职务	权重得分			合计得分	排名
			素质（20%）	能力（40%）	利润贡献（40%）		

B. 二次分配的流程(见图 4-5)。

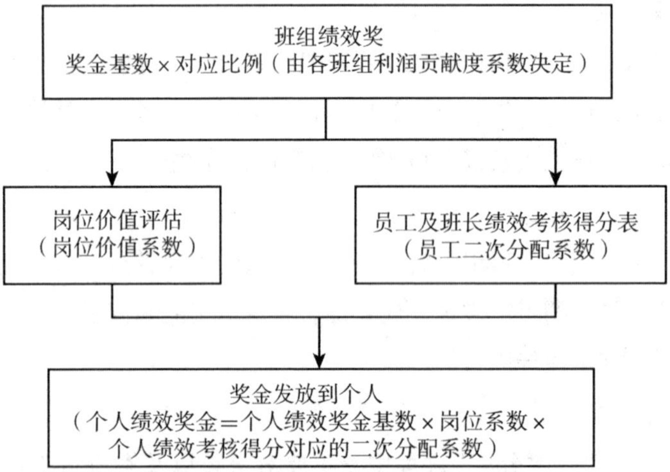

图 4-5　班组绩效奖金二次分配的流程

- 班组绩效奖金分配：

✓ 根据班组绩效评估结果，将班组绩效奖金进行分配。

✓ 将全部绩效奖金用于个人绩效奖的发放。

- 岗位价值评估：

对班组所有岗位所需员工的履职能力、职责落实、业务水平、管理影响、工作责任、相关知识、岗位所需能力、工作复杂性、创造性、心理压力、工作姿势、体力要求、工作环境、工作时间、安全风险等因素进行岗位价值评估，确定岗位系数。

- 确定二次分配中员工绩效奖系数。

个人绩效考核：对班组生产人员进行绩效考核，并计算出每个员工的绩效考核得分。将考核分数进行从高到低的排序，再利用“强制分组法”将员工考核结果分为“优秀、良好、合格、不合格”四个等级。

根据绩效考核结果，对应绩效薪酬的二次分配系数(见表 4-2)：

表 4-2　**绩效薪酬的二次分配系数**

绩效等级	二次分配系数
优秀	1.5
良好	1.2
合格	1.0
不合格	0.8

计算个人绩效奖金：

个人绩效奖金＝班组绩效奖金基数×岗位系数×个人绩效考核得分对应的二次分配系数

C. 激励效果与持续改进。

二次分配的核心目的是激励员工不断追求卓越表现。通过明确的等级划分与奖励差异，班组能够引导员工关注不仅仅是生产指标的完成，还需要在工作态度和团队协作等软性方面持续改进。这种考核体系鼓励员工综合发展，提升个人综合素质，并在未来的工作中更具竞争力。

此外，二次分配还能够帮助班组识别出潜在的优秀人才。持续获得“优”评级的员工往往具备领导才能和团队意识，适合培养成为班组中的骨干力量。通过定期的考核和二次分配，班组可以逐步建立一支优秀的生产团队，进一步提升班组的整体竞争力。

为了确保二次分配的公平性和激励效果，班组应定期对分配机制进行评估和改进。例如，通过收集员工反馈，调整评估标准，以确保评分的合理性和科学性。这样的持续改进能够确保二次分配机制保持高效，激励员工持续进步，并防止因机制僵化而导致的激励效果下降。

③强制取消评比条件。

为了维护评比的公平性和激励先进、鞭策后进的作用，制定了严格的取消评比资格的规则。以下情况将导致班组被强制取消评比资格：

- 重大安全事故：如果班组发生了重大的安全生产事故，无论在其他指标上表现如何，均取消该班组的评比资格。
- 严重违反安全规定：班组或员工若有严重违反安全规定的行为，例如擅自操作设备、违规进入危险区域等，将直接导致评比资格取消。
- 连续多次违反规定：班组在短时间内多次违反企业安全生产或其他规定，视为管理不当，取消评比资格。

④模型实施与调整。

在评比制度实施过程中，企业应定期监控并根据反馈调整方案，确保其公平性和激励效果。具体调整措施包括：

- 员工反馈机制：通过问卷调查或面对面访谈的方式，定期收集班组长和员工的反馈意见，了解他们对评比指标、权重设置以及奖金分配方案的意见和建议。
- 数据监控和分析：数据收集小组应对每月的评比数据进行详细分析，寻找各班组之间的差异和改善空间，及时向管理层报告，优化评比标准。
- 优化奖惩制度：根据评比结果和班组反馈，企业可以考虑逐步优化奖惩制度，例如调整安全管理指标的权重，或增加对成本控制的奖励，以便更加符合企业的经营目标。

三、"阳光工程"数字经营决策系统赋能：打造变革的强大支撑

在公司引入模拟市场经营结算机制的背景下，"阳光工程"数字经营决策系统作为关键的技术支撑，与项目日常运营深度融合，为组织架构的精细化改革和绩效考核的精准度提升注入了新的活力。通过该系统，公司能够实时掌握各级单元的经营状况，包括生产效率、成本控制、利润贡献等关键指标，为模拟市场经营结算提供了准确的数据支持。同时，该系统还促进了各单元之间的信息共享和协作，推动了内部市场的形成和发展，进一步增强了企业的市场竞争力和应变能力(见图 4-6)。

(1)"阳光工程"数字经营决策系统的核心功能与应用

①工时管理的全面数字化与高精度实施。

"阳光工程"数字经营决策系统在工时管理方面，实现了从传统手工记录到

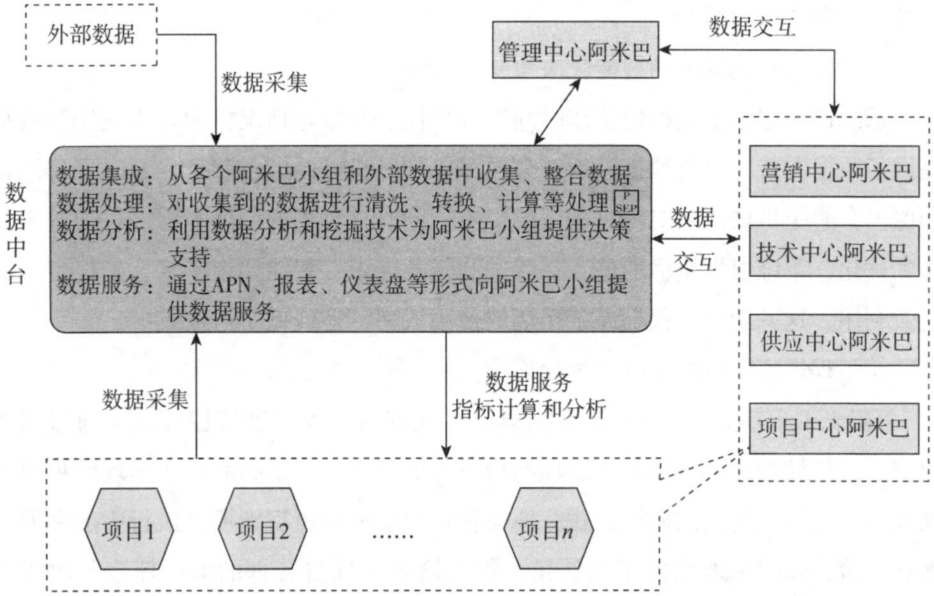

图 4-6　数据中台在模拟市场经营结算体系中的应用

全面数字化的跨越。员工需每日通过系统实时提交具体的工作起始与结束时间、出勤状态以及任务完成的详细进度，这一机制不仅极大地提升了工时记录的效率与准确性，还从根本上解决了因人为因素导致的误差问题。系统后台自动汇总这些数据，生成详尽的工时报告，为后续的绩效评估提供了无可争议的事实依据。在模拟市场经营结算体系下，工时作为衡量员工贡献度与成本效益的核心指标之一，其精确性直接关系到绩效考核的公平性与激励效果的有效性。系统通过这一功能，有力保障了绩效考核体系的科学构建与顺利实施。

②材料管理的全生命周期数字化追踪体系。

在材料管理层面，“阳光工程”数字经营决策系统构建了一套从采购需求提出到最终使用消耗的全生命周期数字化追踪系统。从最初的采购计划制定，到材料的入库验收、库存动态管理、出库领用直至最终的使用记录，每一步操作均在系统中留下不可篡改的痕迹。这种精细化管理方式，不仅极大提高了材料管理的透明度与效率，还通过大数据分析技术，智能预测材料需求趋势，优化库存结构，有效避免了材料的过度储备或短缺现象，从而显著降低了材料成本。此外，这一功能还为绩效考核中关于成本控制能力的评价提供了翔实的数据支撑，促进了员工成本意识的提升。

③机械与车辆调度的智能化决策支持系统。

系统详细记录了机械的工作时间、维护保养及故障情况，为合理使用和维护提供了数据支持。通过数据分析，公司可以预测机械的运行状态，及时安排维护和保养，避免机械故障对项目进度的影响。同时，车辆的调度与管理也通过平台得到优化，系统根据车辆的位置、状态和任务需求，智能调度车辆，确保资源的高效利用。这一功能不仅提高了车辆的使用效率，还降低了运输成本。

④工程进度监控的实时可视化展示。

“阳光工程”数字经营决策系统集成了先进的工程进度监控模块，通过实时数据上传与处理技术，将施工现场的最新进展以直观、动态的形式呈现给项目管理人员。这种实时化的监控方式，使得管理层能够迅速识别项目执行中的偏差与潜在风险，及时采取措施予以纠正，极大增强了项目管理的响应速度与决策效率。同时，工程进度数据的实时反馈也为绩效考核中关于项目进度达成率的评估提供了准确依据，促进了项目管理目标的明确与责任落实。

(2)“阳光工程”数字经营决策系统对模拟市场经营结算的支撑作用

①绩效考核精准度的显著提升。

“阳光工程”数字经营决策系统通过全面、实时的数据采集与分析，为绩效考核体系注入了前所未有的精确度与公正性。在模拟市场经营结算框架下，员工的绩效直接与其工作成果、成本控制及项目进度等关键指标挂钩。系统提供的数据支持，使得公司能够基于客观事实对员工表现进行量化评价，确保了激励与奖惩机制的公平合理，有效激发了员工的工作积极性与创造力。

②资源配置与策略调整的智能化优化。

系统生成的实时数据报告与分析结果，为公司管理层提供了宝贵的决策依据。在模拟市场经营结算过程中，管理层可以根据这些数据快速识别资源瓶颈与效率洼地，灵活调整资源配置策略，确保项目资源的高效利用与成本的有效控制。这种基于数据的决策模式，不仅提高了公司的市场响应速度与决策质量，还显著增强了其在激烈市场竞争中的适应能力与竞争力。

③组织架构精细化改革的强力驱动。

“阳光工程”数字经营决策系统的广泛应用，深刻推动了公司组织架构的精细化改革进程。系统提供的数据洞察能力，使得公司能够精准定位各部门与岗位的职责边界，优化工作流程，促进跨部门协作机制的完善。在模拟市场经营结算体系下，这种精细化的组织架构有助于提升整体运营效率，增强组织协同力，为公司的可持续发展与战略转型奠定了坚实的组织基础。

综上所述，“阳光工程”数字经营决策系统作为支撑模拟市场经营结算的核心技术系统，其工时管理、材料管理、机械与车辆调度以及工程进度监控等核心功能的深度应用，不仅极大地提升了项目管理的效率与精度，还为公司的绩效考核、资源配置、组织架构改革等关键领域带来了深远的影响，是推动企业数字化转型与高质量发展的强大引擎。

第五章　案例公司领导决策与数智化管理实施

第一节　“阳光工程”数字经营决策系统提出与论证阶段

一、“阳光工程”数字经营决策系统提出阶段

（一）提出背景

随着互联网、大数据、云计算、人工智能、区块链等技术加速创新并日益融入经济社会发展各领域全过程，数字经济已经成为重组全球要素资源、重塑全球经济结构、改变全球竞争格局的关键力量。习近平总书记指出：“发展数字经济是把握新一轮科技革命和产业变革新机遇的战略选择。”2023 年财政部与工业和信息化部共同发布文件加快企业数字化转型升级。可见，企业数字化已经成为数字经济时代企业发展的重要方向。

近年来，随着市场扩展与经营面积扩大，华电工程公司项目逐渐增多、各业务项目之间距离较远增加了管理难度、各职能部门之间协同不透明、配合效率较差、数据不统一导致公司统一核算困难等问题不断涌现。为了切实提高公司规范化管理水平，有效提高公司整体工作效率，促使生产经营和内部管理活动线上化、数据治理与数据标准化，提升管理人员的信息化管理水平，提高组织的适应性和竞争力。华电工程公司在 2023 年底启动“阳光工程”数字经营决策系统项目。

2023 年 11 月 23 日，公司领导亲率“阳光工程”推进小组到神东集团寸草塔煤矿调研公司内部市场化和信息化建设工作。小组成员听取了寸草塔煤矿关于信息化建设和内部市场化结算工作开展情况与现阶段取得的成果，对寸草塔煤矿建

设的信息化工作及内部市场化管理给予高度评价。公司领导表示，信息化建设是企业经营发展重要抓手，企业信息化是提升企业管理水平的重要途径。寸草塔煤矿是煤矿信息化管理建设和内部市场化工作的领跑者，公司“阳光工程”推进小组一要充分学习成功经验，积极请教建设过程中存在的问题；二要明确建设目标，统一底层逻辑，加强顶层设计，不可抱有妥协思想，从公司工程项目的进度、质量、产品、成本、营收等方面出发，加快信息化管理应用建设步伐；三要将企业信息化建设与内部市场化管理有机结合，优化分配机制，提升职工工作积极性，营造良好的干事创业氛围。

(二)项目意义

(1)提升企业管理效率与透明度

“阳光工程”数字经营决策系统项目通过信息化管理体系的建立，显著提升了企业的管理效率。传统的管理模式下，各部门之间信息沟通不畅，流程烦琐，导致管理效率低下。而“阳光工程”数字经营决策系统项目通过系统整合，实现了各部门之间的信息共享和协同作业，简化了管理流程，减少了人工干预，从而提高了管理效率。同时，该项目的实施还增强了企业的透明度。通过信息化平台，企业内部的各项管理流程得以公开透明，员工可以清晰地了解各项工作的进展情况和结果，减少了信息不对称现象。这种透明度的提升有助于增强员工的信任感和归属感，促进企业的稳定发展。

(2)优化资源配置与决策支持

“阳光工程”数字经营决策系统项目通过数据的集中管理和分析，为企业提供了丰富的数据资源。这些数据资源可以为企业决策提供更加准确、全面的支持。企业可以根据数据分析结果，了解各部门的运营状况，发现潜在的问题和风险，从而制定出更加科学合理的决策方案。此外，该项目还有助于优化企业的资源配置。通过数据分析，企业可以更加精准地掌握各项资源的利用情况，包括人力、物力、财力等。这有助于企业发现资源浪费和不合理配置的问题，并及时进行调整和优化，提高资源的利用效率。

(3)推动企业数字化转型与创新

“阳光工程”数字经营决策系统项目的实施是企业数字化转型的重要一步。

通过信息化管理体系的建立，企业可以更加便捷地获取、处理和分析数据，为数字化转型提供有力的支持。同时，该项目还推动了企业的创新发展。通过整合和优化管理流程，企业可以更加灵活地应对市场变化，抓住新的发展机遇。此外，该项目的实施还有助于提升企业的核心竞争力。通过信息化手段，企业可以更加高效地为客户提供服务，提高客户满意度和忠诚度。这有助于企业在激烈的市场竞争中脱颖而出，赢得更多的市场份额。

(4)加强企业风险防控与合规管理

“阳光工程”数字经营决策系统项目通过数据的集中管理和分析，有助于企业加强风险防控和合规管理。企业可以根据数据分析结果，及时发现潜在的风险点和合规问题，并采取相应的措施进行应对和防范。这有助于企业降低运营风险，保障企业的稳健发展。同时，该项目的实施还有助于提升企业的合规管理水平。通过信息化手段，企业可以更加便捷地获取和更新法律法规信息，确保企业的各项经营活动符合法律法规要求。这有助于企业树立良好的社会形象，增强企业的社会责任感和公信力。

(5)促进企业文化建设与员工成长

“阳光工程”数字经营决策系统项目的实施还有助于促进企业文化建设和员工成长。通过信息化管理体系的建立，企业可以更加便捷地传播企业文化和价值观，增强员工的认同感和归属感。同时，该项目还为员工提供了更加便捷的学习和发展机会。员工可以通过系统了解企业的各项政策和制度，学习新的知识和技能，提升个人素质和能力。

二、“阳光工程”数字经营决策系统论证阶段

2023年11月6日上午，华电工程公司组织召开“阳光工程”推进工作研讨会，公司党委书记、董事出席会议并讲话，公司党委委员、纪委书记、工会主席主持会议。会上，综合管理部介绍了低代码应用开发平台，宣读了公司《关于成立“阳光工程”推进工作领导小组的通知》。在第二批主题教育深入开展之际，公司聚焦“阳光工程”建设，以信息化建设为抓手，鼓励广大青年干部职工“立足岗位作贡献”，为公司在各项管理中加快流程、明晰责任贡献积极力量。会议强调管理制度化、制度流程化、流程表单化、表单信息化、信息数字化是企业管理的

基石，是员工行动的指南。推进"阳光工程"数字经营决策系统建设是为了通过建立信息化的管理体系和平台，实现数据的集中管理、共享和分析，进一步提高组织的管理效率效能，从而支持组织的决策和业务流程的优化。

(一)开发目标

(1)通过扎实推进管理体系信息化"阳光工程"建设工作，引导广大干部职工模范践行作风能力建设"六务必、六抵制"工作要求，实现对内营造"安全、合规、廉洁"项目管理理念，对外树立"阳光、真诚、大气"的企业形象。

(2)利用系统收集的大量数据，运用数据分析工具和算法，识别制度执行中的问题和趋势，为管理层提供科学的决策支持。通过信息系统运行发现业务管理过程的管理漏洞，倒逼管理体制机制的完善，进而优化完善制度流程体系。通过监督预警模块，对制度执行情况进行持续跟踪，及时发现偏差，并提供反馈，确保制度得到有效执行。随着外部环境和组织需求的变化，定期更新信息系统，以支持制度的持续优化和创新。

(3)充分运用信息化系统载体功能，将日常管理涉及的各项流程嵌入系统，建立信息化的管理体系和平台，实现数据的集中管理、共享和分析，进一步提高公司管理效率效能，扎实推进公司管理制度化、制度流程化、流程表单化、表单信息化、信息数字化建设。

(4)通过设立统一的系统平台，同步建立跨部门协作机制，整合分散在不同部门和业务线数据资源，实现数据的集中管理和分析，便于公司管理层能够实时监控和分析公司的运营状态，快速响应市场变化，提高决策效率和经营能力。

(二)开发思路

(1)突破了业务人员没有自主开发信息化建设瓶颈

以往信息化建设需要直接交给软件开发公司才能完成，开发人员往往不熟悉不同公司各种业务具体是如何运行的，这就要花费很大的精力去做调研，需要详细列出每个字段、每个流程、每一个界面；每个应用成熟后交给使用部门时，在实际应用过程又存在很多与实际不相符的情况，要经过多次测试调整，这要花费很多的人力、物力，开发过程相当漫长。目前的开发方式利用低代码平台工具迅速进行开发，让业务人员能更直接地参与其中，前期做好管理流程梳理，基础表单流程搭建，减少了沟通成本，软件开发团队规模相应减小；通过专业人员与业务人员交流，将需求提炼整理出来，实现更直接有效的开发过程；根本上摒弃了周期长、门槛高、成本投入和代码多的传统开发模式。

(2)赋能业务人员数字化工作方式和管理能力

坚持系统自主管理、自主开发利用，公司成立“阳光工程”推进工作领导小组，从各部门抽调一名年轻骨干人员作为青年突击手，选取4名业务骨干形成攻坚小组，学习低代码技术、专攻系统搭建、管理流程上线任务。业务人员通过对各业务板块进行全面梳理，基本确定系统开发思路、项目流程，根据公司业务需求及流程特点，在低代码开发平台中自主搭建系统平台，随搭随用，即时上线、随时修改迭代，实现了高效率、低成本、短时间内系统的建设，在实际管理使用过程中发现系统存在的缺陷，可及时自主变更调整，有效避免对外界系统开发商的依赖。

(三)明道云平台

“阳光工程”数字经营决策系统项目基于明道云平台进行开发完成。明道云是一个APaaS平台，帮助企业快速搭建个性化业务应用。用户不需要代码开发就能够搭建出用户体验上佳的销售、运营、人事、采购等核心业务应用，打通企业内部数据，也能够通过API和Webhook和其他系统对接。平台内的自动化工作流还可以实现审批、填写等控制流程和业务自动化，如果用户企业使用钉钉或企业微信，也可以将平台内搭建的应用直接对接到工作台上。除了搭建企业应用，在协作套件下还有动态、任务、日程、文件四个标准应用功能，满足企业日常的分享沟通、任务协作、日程安排、文件管理的需求。通过封装好的7个功能模块的组合来构建一个应用，7个功能模块分别为：工作表、视图、角色和权限、工作流、统计图表、自定义页面和外部门户。

工作表：用于收集和存储业务数据。想录入任何数据，都需要建立对应的工作表，例如员工表、客户表、订单表、库存表等。

视图：是业务数据的不同场景的展示页面，可以根据业务场景，操作人员展示出不同的数据。

角色和权限：控制成员对业务数据的增删改查的操作权限。

工作流：可以实现业务数据的自动化处理和自动流转。

统计图表：用于统计多种维度的数据帮您分析做决策。

自定义页面：可以放置快捷按钮，统计图表等，常用于配置仪表台，驾驶舱或工作台。

外部门户：邀请外部人员加入使用，打通内外用户，前后贯通，内外畅达。

第二节 “阳光工程”数字经营决策系统建设阶段

一、领导决策与全员参与

为了切实推进“阳光工程”数字经营决策系统项目建设，提高公司规范化管理水平，有效提高公司整体工作效率，成立“阳光工程”数字经营决策系统项目工作推进领导小组。小组成员以公司党委书记、总经理为组长，党委委员、纪委书记、工会主席为常务副组长，公司法律顾问、副总经理为副组长，小组成员包括综合管理部、计划经营部、人力资源部、财务资产部、安全环保部、工程技术管理部、机电管理部、党建工作部、监督部(纪检办公室)、材料加工中心等部门负责人。领导小组主要职责包括强化顶层设计，做好“阳光工程”建设的组织领导，研究部署工作目标并对实施情况进行指导；研究部署工作推进的管理体系、机制建设；督导公司工作推进的全过程管理，包括前期方案、过程监督、项目验收与后评价。

领导小组下设工作推进办公室，挂靠人力资源部，人力资源部负责人兼任办公室主任，监督部副主任兼任办公室副主任。成员包括公司各部门业务骨干，主要负责各自业务范围内“阳光工程”建设功能实现。办公室主要职责包括贯彻执行工作推进领导小组的有关工作部署和具体安排，负责组织工作推进讨论会；负责组织加强与相关部门及项目部(中心)在工作推进过程中的协调，提出并做好各应用模块的需求与规划，负责系统建设功能模块的组件，验收系统建设效果并提出修改建议；负责组织开展系统建设的教育培训工作，负责做好系统普及与使用工作，并及时收集使用体验及改进建议。

二、技术实施与团队协作

(一)项目启动与需求分析

项目启动阶段是整个技术实施过程的起点，也是最为关键的一步。在这一阶段，项目团队需要与组织的各个部门进行深入的沟通和交流，了解他们的实际需求和业务流程。“阳光工程”项目工作推进领导小组从各部门抽调一名年轻骨干人员作为青年突击手，选取4名业务骨干形成攻坚小组，学习低代码技术、专攻系统搭建、管理流程上线任务。

需求调研：项目团队与组织的各个部门进行需求调研，通过访谈、问卷调查、会议等方式了解他们的业务流程、数据需求、系统功能等。在需求调研的基础上，项目团队对收集到的需求进行分析和整理，形成详细的需求文档与业务流程图。

(二)系统设计与开发

在需求分析的基础上，项目团队开始进行系统的设计和开发工作。这一阶段是整个技术实施过程的核心部分，也是最为复杂和耗时的环节。鉴于“明道云”平台在快速应用开发、数据整合及自定义表单、流程自动化方面的强大能力，项目团队决定采用其作为系统开发的基础。低代码开发模式显著降低了技术门槛，使得非专业程序员也能参与到系统构建中，加速了开发周期。同时，该平台的灵活性和易用性确保了系统能够快速响应业务需求的变化，为后续的迭代优化提供了便利。

在需求明确后，团队进入系统设计阶段。首先，根据业务流程和数据流，设计了系统的整体架构，包括前端用户界面、后端数据处理、数据库设计及安全策略。利用“明道云”提供的可视化设计工具，团队快速搭建了表单、工作流、仪表盘等核心组件，实现了业务流程的数字化表达。此外，通过API接口设计，系统能够无缝对接企业现有的ERP、CRM等信息系统，实现数据的统一管理和分析。

开发阶段，团队成员利用“明道云”的低代码开发环境，通过拖拽组件、配置逻辑规则的方式，高效完成了各个模块的开发。同时，为了确保系统的稳定性和用户体验，采用了敏捷开发模式，每完成一个功能模块即进行小范围内部测试，及时发现问题并修正。通过持续集成/持续部署(CI/CD)流程，缩短了从代码提交到部署上线的时间，提高了开发效率。

(三)数据整合与迁移

数据整合与迁移是“阳光工程”数字经营决策系统实施过程中的重要环节。这一环节的目标是将分散在不同部门和业务线的数据资源进行整合，实现数据的集中管理和分析。

数据收集阶段，项目团队从各个部门和业务线收集数据，并进行数据清洗工作。数据清洗包括去除重复数据、处理缺失数据、纠正错误数据等步骤，以确保数据的准确性和完整性。

在数据清洗的基础上，项目团队将收集到的数据进行整合，包括数据格式转换、数据合并、数据关联等操作，以形成统一的数据仓库或数据中心。

数据迁移阶段，项目团队将整合后的数据迁移到新的数字经营决策系统中。这一步骤需要确保数据的完整性和一致性，同时还需要考虑数据的迁移速度和迁移过程中的安全性。

(四)系统部署与测试

系统部署与测试是“阳光工程”数字经营决策系统实施过程中的最后一步。这一步骤的目标是确保系统能够正常运行并满足组织的实际需求。

系统部署阶段，项目团队将开发完成的系统部署到服务器上，并进行相关的配置和调试工作。这一步骤需要确保系统的稳定性和安全性，同时还需要考虑系统的可扩展性和可维护性。公司委托专业云平台公司在本地架设服务器，将系统部署华电工程公司机房，并由服务厂商提供私有部署更新版本授权。

在系统部署完成后，项目团队对系统进行全面的测试工作，包括功能测试、性能测试、安全测试等，以确保系统的功能和性能满足需求。同时，还需要进行用户验收测试，以确保系统能够满足用户的实际需求和使用习惯。

(五)培训与上线

在系统部署和测试完成后，项目团队组织对用户的培训和上线工作。用户培训阶段，项目团队公司员工进行系统使用培训。培训内容包括系统的基本操作、功能使用、数据查询等。通过培训，用户可以熟悉系统的操作方法和功能特点，提高使用效率。在用户培训完成后，项目团队将系统正式上线运行。在上线初期，项目团队密切关注系统的运行情况，及时解决可能出现的问题和故障。

(六)后期维护与优化

系统维护阶段，项目团队对系统进行定期的维护和更新工作，包括修复系统漏洞、更新系统版本、优化系统性能等。通过维护工作，可以确保系统的稳定性和安全性，提高系统的运行效率。在系统运行的过程中，项目团队还根据用户的反馈和需求对系统进行优化和改进工作。如优化系统界面、增加新功能、提高数据查询速度等。通过优化工作，可以不断提升系统的性能和用户体验。

三、系统搭建与应用模块

经过一年多的精心开发，“阳光工程”数字经营决策系统现已达到初步完成阶段，其平台主界面如图5-1所示，集成了十三大核心应用模块：安全环保管理、党建工会管理、工程项目管理、纪检监督管理、领导驾驶舱、计划经营管理、综合办公管理、材料加工中心、人力资源管理、财务资产管理、市场开发管

图5-1　“阳光工程”数字经营决策系统主界面

理、机电设备管理以及工作任务高效布置。这些模块与线下业务流程紧密结合，通过线上申请与审批流程，实现了时间和人力成本的显著降低。

(1)安全环保管理

安全环保管理模块主要包括双预控管理、安全培训管理、职业卫生管理、安全专项费管理、工程安全管理五大功能。

双预控管理。主要包括风险分级管控、隐患排查治理两大部分。风险分级管控方面一是针对全年计划开展的工程项目开展年度风险辨识，对辨识出的风险进行分类、分级，便于公司领导和部门及项目部管理人员明晰自己安全管控重点；二是每项工程开工前要求项目部针对工程实施过程中可能产生的安全风险进行专项辨识，将辨识结果上传工程安全管理模块下；三是积极响应集团和煤业无监控不作业要求，针对项目部工作地点分散、零星工程多、煤矿监控覆盖不足的特点，在一些高风险工程项目和项目中的高风险环节，下发视频监控管控重点，为项目部配备了防爆执法记录仪或信息矿灯，要求管理人员现场带班时携带，对重点风险作业实施移动式视频监控，要求项目部在“阳光工程”监管平台上传视频监控资料，公司管理人员通过视频回看检查安全措施落实和人员规范作业的情况。

隐患排查治理部分主要包括安全隐患排查和人员不安全行为两部分。隐患排查治理部分实现了安全隐患的全员共查、共建，以及从隐患下发、整改回复、验收、销号全流程线上完成，并建立了隐患数据库，方便了隐患统计、分类。彻底解决了过去隐患审批费时、流转缓慢、效率低下，进度不明，而且台账容易丢失的问题。人员不安全行为管理部分包括了自主反“三违”指标下达、中高风险行为数据库、对应制度考核指标、安全帮扶教育记录等。同时不安全行为记录与员工教育培训电子档案数据关联，所有不安全行为自动计入员工教育培训档案考核记录模块下。

安全培训。主要包括员工培训教育记录、安全文件学习记录、人员证件管理三部分。安全培训教育记录包括年度培训计划、入职三级教育、人员持证培训、转岗培训、安全专项培训等，所有记录计入培训教育一人一档。安全文件学习记录实现学习文件从下发、传达、学习反馈全部在线上完成，方便了统计管理。人员证件管理部分包括了建造师证、建筑安管证、煤矿安管证、注册安全工程师证等管理人员证件以及特种设备操作人员和特种作业人员证件等行业必备证件。证件的集中线上管理能够方便管理人员准确掌握各类证件数量、证件类型、有效期限。避免证件过期和证件不全带来的不利影响。

职业卫生管理。参照国家卫生健康委员会下发的《工作场所职业卫生管理规定》，在线建立了职业病防护设施信息及配置点记录、岗位职业危害接触汇总记录、职业危害接触人员汇总记录、作业场所警示、告知牌版设置记录、员工职业健康档案等。克服了靠纸质记录易致资料混乱、丢失、难查等问题。

安全专项费管理。安全专项费用管理模块包括了安全专项费计划提报、审批、安全费提取、安全费使用、安全费统计等。通过线上管理安全费的计划与支出，实现了审批便捷高效，项目明细可查，数据自动汇总统计，为管理层及时准确掌握安全投入提供便利。

工程安全管理。模块重点统计工程安全文明施工协议签订、人员保险购买情况、入场前体检情况、工程安全技术措施制定情况、风险辨识情况等，审核安全开工必备条件。

(2)党建工会管理

党建工会管理模块主要包括党建管理、工会管理、团青管理、宣传管理等。党建管理模块主要负责党的组织建设、党员管理、党务公开等工作。通过该模块，党组织可以方便地管理党员信息，包括党员的基本资料、入党时间、职务变动等。同时，党务公开功能可以确保党的各项决策、活动、经费使用等信息公开透明，增强党员的信任感和归属感。此外，党建管理模块还提供了党员教育、学习、考核等功能，帮助党组织提高党员素质，加强党的执政能力。

工会管理模块涵盖了会员管理、劳动争议调解、员工福利管理等多个方面。通过该模块，工会可以方便地管理会员信息，包括会员的基本资料、职务、联系方式等。同时，劳动争议调解功能可以帮助职工解决工作中的矛盾和纠纷，维护职工的合法权益。此外，员工福利管理功能可以确保职工的福利待遇得到保障，提高职工的满意度和忠诚度。

团青管理模块主要负责团组织建设、团员管理、青年活动组织等工作。通过该模块，团组织可以方便地管理团员信息，包括团员的基本资料、入团时间、职务变动等。同时，青年活动组织功能可以帮助团组织策划和组织各类青年活动，丰富青年的业余生活，提高青年的综合素质。此外，团青管理模块还提供了青年人才库等功能，为团组织选拔和培养优秀青年人才提供支持。

宣传管理模块主要负责宣传策划、信息发布、舆论监测等工作。通过该模块，宣传部门可以方便地制定宣传计划，包括宣传主题、宣传渠道、宣传时间等。同时，信息发布功能可以确保各类信息及时准确地传达给职工和公众，提高信息的透明度和公信力。此外，舆论监测功能可以帮助宣传部门了解公众对组织的看法和态度，为组织提供决策支持。

(3)工程项目管理

工程项目管理模块主要包括工程进度管理、成本管理、质量管理、资料管理等。工程进度管理允许项目经理实时跟踪和监控项目的进度，确保项目按计划进行。通过设定工作分解结构、任务和里程碑，项目经理可以清晰地看到每个阶段的工作量和完成情况。系统自动生成的进度图表和报表，为项目经理提供了直观的数据支持，便于他们及时发现和解决进度延误的问题。此外，工程进度管理还支持对项目进度的动态调整，以适应实际情况的变化，确保项目能够按时交付。

成本管理是帮助项目经理准确核算项目的成本，包括人工、材料、设备等各项费用。系统支持对成本的实时追踪和监控，确保每一项费用都得到合理的控制。通过设定成本预算和成本控制目标，项目经理可以及时发现成本超支的问题，并采取相应的措施进行调整。此外，成本管理还支持对成本数据的分析和报告，为项目经理提供了决策支持，帮助他们优化成本结构，提高项目的经济效益。

质量管理是确保工程项目质量的关键环节。帮助项目经理制定质量保证计划和质量检查表，对项目执行情况进行全面的监控。系统支持对质量数据的实时采集和分析，及时发现质量问题并采取纠正措施。此外，质量管理还支持对项目质量进行定期评估和总结，为项目经理提供了改进项目质量的依据和方向。

资料管理是工程项目管理模块中的基础功能之一。它帮助项目经理对项目文档、合同、图纸等资料进行全面的管理和归档。系统支持对资料的分类存储和快速检索，提高了项目经理的工作效率。此外，资料管理还支持对资料的版本控制和权限管理，确保资料的安全性和完整性。通过资料管理功能，项目经理可以方便地获取项目所需的各种资料，为项目的顺利进行提供有力的支持。

(4)纪检监督管理

监督部(纪检办公室)目前在“阳光工程”数字经营决策系统搭建了学习之窗、督办管理、监督管理、作风建设四个应用模块，基本实现及时传达学习上级政策法规、有效督办落实整改任务、做实监督管理、强化作风建设的部门职责，各项业务实现了线上留痕管理，大大提高了工作效率，提升了管理效能。

学习之窗包含纪检任务学习模块、制度学习模块。学习模块主要推送纪检学习任务，包括学习上级党廉文件、领导讲话、纪律处分条例、典型案例、廉洁文化指引等，分类制定学习要求，组织全员进行认真学习，明确要求反馈学习记录、照片等。通过创建纪检任务学习模块，创新了党廉教育的形式，切实提高宣传教育的针对性和实效性，进一步筑牢干部职工廉洁自律和拒腐防变思想防线。通过搭建线上制度学习模块，突破了时间和空间限制，员工可利用日常碎片化时间随时学习，营造了“人人皆学、时时能学、处处可学”的浓厚氛围。通过线上反馈学习情况，能及时检验对制度的理解，提高知识掌握程度。

整改督办。通过系统录入常规巡察问题和日常审计问题台账，实时监督整改进展。建立整改督办流程，对于整改推进缓慢的部门发起督办，提醒督促部门在有效时间内完成问题整改。通过线上发起整改督办，切实提升整改质效。

监督管理。通过系统导入“五责协同”重点任务清单和“三本台账”，每季度推送业务部门填报完成情况，并上传支撑材料，层层压实全面从严治党责任，强化对“一把手”和班子成员的政治监督。为有效防范化解风险、提升企业依法合规经营水平，通过系统梳理风险来源(制度要求、巡察审计反馈问题、监督检查发现)、风险点设定(经营监督要点4个、效能监督要点11个)、风险识别(防控指令、智能识别)、风险处置(风险分级、自动预警、自动终止、分级处置、全程闭环)四个维度构建协同监督机制，提高风险防范水平，提升企业治理效能。

作风建设。通过系统录入规定动作，自选动作，搭建落实情况反馈记录，监督部根据任务完成时间，推送落实情况填报要求，业务部门按照时限要求上传支撑材料。通过线上管理，能够及时掌握业务部门相关工作开展情况，并能够实现线上留痕管理，方便年底或日后各类检查提供资料。

(5)计划经营管理

计划经营管理包括合同管理、项目预算及成本测算、核算施工产值及计划和采购管理四个功能字模块。

合同管理。合同管理不仅是确保合同顺利执行的关键环节，更是企业经营管理的重要组成部分。因此要抓好合同台账管理工作，确保合同履行的依据和记录准确无误。合同管理人员的素质直接影响到合同管理的效果，应加强对合同管理人员的培训和教育，提高专业素养和业务能力。同时利用现代信息技术手段，建立合同管理信息系统，实现合同管理的信息化和智能化。

项目预算及成本测算。工程项目预算及成本测算是项目决策的重要依据之一，帮助项目管理人员全面了解项目的成本、收益和风险情况，从而做出更加科学、合理的决策。重视预算管理团队的建设，选拔和培养专业的预算人员。明确项目目标和范围，使用专业预算工具估算各项费用，形成工程量清单计价表。根据预算分解人工、材料、机械费用预估项目成本，编制项目目标责任书，以确保项目目标的全面、精准及高效达成。

核算施工产值及计划。月度施工产值是衡量工程项目在一定时期内生产效率的重要指标，也是企业评估项目风险、调整资源配置的重要参考。生产计划则规定了工程项目在一定时期内的施工任务和施工顺序。每月根据项目部报送以及业务主管部门核实的施工量以及计划量，核算月度施工产值及生产计划，保证数据准确性，为经营决策提供依据。

采购管理。物资采购流程涵盖计划提报及实施采购两个阶段，是确保企业供应链顺畅运行的关键环节。物资采购计划是企业根据生产、经营需求，对所需物资的种类、数量、采购时间等进行预先规划和安排的过程。有了明确的采购计划，可以更有针对性地开展采购工作，提高采购效率。按月汇总各需求部门提报的物资计划，提报至煤业物资采购智能化平台。待审批完成后，按照采购计划的要求，按时、按量进行采购，建立完成物资计划、采购全过程台账。项目部提报用工计划以及实际用工工时是控制劳务成本的关键，因此，实施劳务采购以及合同签订也至关重要。

(6)综合办公管理

综合管理应用模块是综合管理部业务管理的可视化"仪表盘"，由综合管理驾驶舱及车辆管理、用印管理、公务接待、出差管理、后勤管理、办公用品管理等子模块组成，可快速了解各业务整体状况，查询、分析、导出相关业务数据，实现实时监管与监控，助力管理和决策。

车辆管理模块搭建了车辆库、外出申请审批、里程记录等操作界面，集成车辆使用状态、用车申请、还车、行驶里程、加油量、油耗、维修费等数据的记录和统计，实现车辆的有效调度和管理。公务接待模块根据业务招待管理办法，设置业务招待活动审批、实际业务招待活动清单审批和业务招待统计功能，对招待对象、事由、人数、用餐标准、费用等进行审核审批，落实“事前审批”“事后监管”，严格管控经费支出。出差管理模块将公务管理申请、审批、费用、数据分析汇总等业务场景一体化，便于管理人员直观掌握各部门出差情况及业务招待费用，实现“一人一事一标准”的精细化管控，借助数字化手段实现“用制度管人、用流程管事”，提升管理合规性。用印管理模块规范用印程序，不同印章对应不同审批流程，用印人员可通过手机、电脑端快速发起签署审批，线上留痕记录确保印章使用安全可控。办公用品管理模块全面管控采购、入库、领用环节，记录办公用品流向及领用明细，线上模式便于业务专责掌握使用情况，调整采购计划，避免浪费。后勤管理模块规范部门后勤管理中餐补、外来人员用餐接待、日常零星维护报修、验收等工作流程，使审批流程便捷高效，提升后勤管理和服务水平。

(7)材料加工中心

材料加工中心模块包括原材料管理、生产管理、产品管理、销售管理四个功能。原材料管理支持原材料的采购入库登记，包括数量、批次、供应商信息等，确保原材料信息的准确性和可追溯性。实时跟踪原材料的库存情况，包括库存数量、存放位置、保质期等，以便及时补充和调整库存。根据生产计划，系统自动生成原材料出库单，确保生产所需原材料的及时供应。对原材料进行质量检验，并记录检验结果，确保只有合格的原材料进入生产流程。

生产管理：根据销售订单和原材料库存情况，系统自动生成生产计划，包括生产数量、生产时间、所需原材料等。实时记录生产进度，包括已完成数量、未完成数量、生产异常等，以便及时调整生产计划。自动计算生产成本，包括原材料成本、人工成本、设备折旧等，为企业的成本控制和盈利分析提供依据。根据生产数据，系统自动生成各类生产报表，如生产日报、周报、月报等，便于企业管理层进行决策分析。

产品管理：支持产品信息的录入和维护，包括产品名称、规格、价格、图片等，确保产品信息的准确性和完整性。对成品进行质量检验，并记录检验结果，确保产品质量符合企业标准和客户需求。根据生产日期、批次等信息，对产品进行批次管理，便于追溯产品质量问题和进行库存管理。根据销售订单，系统自动生成发货单，确保产品按时、准确地送达客户手中。

销售管理：支持销售订单的录入、修改和查询，确保销售信息的准确性和及时性。根据历史销售数据和市场趋势，系统自动进行销售预测分析，为企业的生产计划和市场策略提供依据。支持多种销售渠道的管理，包括线上销售、线下销售等，便于企业拓展市场和提升销售额。根据销售数据，系统自动生成各类销售报表，如销售日报、周报、月报等，便于企业管理层进行业绩分析和决策制定。

(8)人力资源管理

人力资源管理模块包括人工成本管理、考评管理、培训管理、日常管理四个功能。人工成本管理。人力资源管理部每月将全员工资社保按照模板导入系统，按照领导、部门负责人及普通员工不同角色设置权限，随时查询员工年度、季度、月度收入。通过抓取项目部每月上报的工程项目产值，实现对项目部生产人员的绩效核算。还可以展示各项目部的年度、月度动态人工成本，并能够按单工程项目核算。

考评管理分为干部年度测评、专项考核与月度工作考评。干部年度测评：根据华电煤业集团有限公司及公司制度要求每年对中层干部进行一次测评。专项考核：根据领导、部门对项目部/部门/个人下达考核意见，人力资源管理部在每月工资中扣除，能够有效规范日常工作，避免同类错误再次发生，同时能够督促对存在问题的工作进行整改，此模块的建立使得各专项考核落地有声。月度工作考评：公司各部门每月填写下月工作计划及本月工作内容；通过系统将各部门填写的工作内容推送至评分人员；评分人员根据工作内容，结合实际情况进行评价打分；系统根据分值、权重，自动计算最终得分；最终考评结果通过会议研究决策，相关奖励兑现到当月工资中。实现公司的组织绩效管理，进而提升公司整体绩效，激励员工个人不断成长，实现公司和员工之间的共同发展。

培训管理。外出培训前，在系统中发起培训申请，填写培训费用预算，上传培训文件，培训结束后填写实际培训课时和发生费用，上传结业证书或培训心得，抄送档案专责进行存档。培训管理模块的建立，留存了员工培训证书，记录了员工培训课时，有效避免了过往员工培训档案丢失，培训课时记录不完整的情况。同时，通过内外部培训申请，能够直接明了地体现公司职工教育经费发生情况，人力资源管理部能够有效把控培训经费使用情况及使用进度；通过记录统计培训课时，自动生成培训审批表，可作为干部竞聘及职称申报的有力支撑材料。

日常管理分为招聘管理与人事管理。招聘管理，大致流程为部门/项目部提交部门用工计划申请，审批通过后人力资源管理部发布招聘公告，报名人员填写简历，系统自动生成公司统一格式的简历表，人力资源管理部进行简历筛选，其中体检不合格人员自动存入公司招聘黑名单。人事管理，通过录入员工基本信息、教育经历、工作履历、持证情况、家庭情况等信息形成公司全员档案，每月导出后按华电煤业集团有限公司要求报送花名册。当员工变动岗位时，系统生成岗位变动审批表，作为薪资调整依据，并自动写入简历。离职人员将自动进入招聘黑名单。

(9)财务资产管理

财务资产管理模块能够自动收集、整理并处理大量的财务数据，包括收入、成本、利润、现金流等关键指标，通过图表、报表等形式直观展现，帮助企业快速了解财务状况，把握经营趋势。系统还支持自定义财务指标，根据企业的实际需求进行灵活设置，以满足不同层级、不同部门对财务指标分析的个性化需求。同时，系统内置的智能分析引擎能够运用先进的算法模型，对财务数据进行深入挖掘和分析，揭示数据背后的规律和趋势，为企业的战略决策提供有力的数据支持。

系统能够对每个项目的预算、支出、收入等进行实时监控和追踪，确保项目财务数据的准确性和及时性。通过设定预算阈值和预警机制，系统能够在项目财务表现出现异常时，及时发出警报，提醒相关人员采取措施进行干预，有效避免财务风险。此外，系统还支持对项目财务数据进行多维度分析，如按时间、部门、项目类型等维度进行统计和比较，帮助企业更全面地了解项目的财务状况和运营效果。

系统能够自动识别和分析财务数据中的异常和偏差，如不合理的成本支出、低效的资金使用等，帮助企业准确诊断财务问题。同时，系统还能够根据诊断结果，提供针对性的解决方案和改进建议，帮助企业优化财务管理流程，提升财务管理效率。通过系统的财务诊断功能，企业能够及时发现并解决潜在的财务风险和问题，确保财务健康稳定。

(10)市场开发管理

市场开发管理主要实现应收账款登记与项目进度跟踪功能。应收账款登记和分析功能，是市场开发管理模块中的重要组成部分。它旨在帮助企业全面、准确地记录和跟踪应收账款情况，并进行深入的分析，以优化企业的财务流程和风险管理。系统允许公司录入与应收账款相关的客户信息、合同信息、发票信息等，确保数据的完整性和准确性。登记的信息包括但不限于客户名称、合同金额、发票号码、应收账款日期、到期日等。同时，系统能够自动对应收账款进行分类和汇总，生成详细的应收账款报表，如应收账款总额、账龄分析、逾期账款情况等。通过对应收账款数据的深入分析，企业可以及时发现潜在的财务风险，如逾期账款过多、坏账风险等，并采取相应的措施进行预防和解决。此外，系统还可以提供应收账款周转率、平均收账期等关键财务指标，为企业的财务决策提供有力支持。

项目进度跟踪功能能够帮助公司实时了解项目的进展情况，确保项目按计划顺利进行，从而提升企业的市场竞争力。公司可以在系统中制订详细的项目计划，包括项目的起止时间、关键任务、里程碑节点等。系统支持将项目任务分配给不同的团队成员，并设定任务的优先级和截止日期，确保每个任务都有明确的责任人和完成时间。系统能够实时显示项目的进展情况，包括已完成的任务、正在进行的任务以及待完成的任务等。通过甘特图、看板等可视化工具，企业可以直观地了解项目的整体情况和各任务的完成情况。系统还支持对项目进度的预警和提醒功能，当项目进度出现延误或即将达到关键节点时，系统会自动向相关人员发出提醒，确保项目能够按计划顺利进行。

(11)机电设备管理

机电设备管理模块包括机电设备检修项目管理模块、运维服务项目管理模块、设备租赁管理模块三个子功能模块。机电设备检修项目管理模块：机电设备检修项目管理模块的作用十分关键且多面。它主要由检修项目管理中心、检修项目记录管理和检修项目结算管理三个核心部分组成，各自发挥着不可替代的作用。首先，检修项目管理中心是整个模块的"大脑"，它集中展示了项目的核心信息，如项目名称、合同状态、项目状态、合同金额和服务周期等。这些信息对于项目的整体把控至关重要，它们能让管理者一目了然地了解项目的全貌，及时发现问题并进行调整，确保项目能够按照既定的计划和目标顺利推进。其次，检修项目记录管理则是项目的"记忆库"。它详细记录了检修项目的完成情况，包括所消耗的材料、使用的人工以及相关的费用等。这些数据对于项目的成本控制和效率提升至关重要。通过对比和分析这些数据，管理者可以找出潜在的浪费点，优化工作流程，降低成本，提高整体效率。最后，检修项目结算管理则是项目的"财务管家"。它负责处理项目的进度结算统计和发票开具申请，详细记录了检修项目的结算明细、验收单、发票金额、发票开具情况以及已回款(未回款)信息。这些信息对于项目的资金管理和风险控制至关重要。管理者可以通过这些信息实时监控项目的资金流动情况，确保资金的安全和有效利用，同时及时发现并处理潜在的风险点，保障项目的顺利进行。

运维服务项目管理模块：运维服务项目管理模块在管理运维服务项目中扮演着至关重要的角色，其主要作用体现在以下几个方面：首先，运维服务项目管理中心作为整个模块的信息中枢，集中展示了项目的核心信息，如项目名称、合同状态、项目状态、合同金额和服务周期等。这些信息为管理者提供了全面而直观的项目概览，有助于他们及时了解项目的整体情况和进展，从而做出更为准确的决策和调整。其次，运维服务项目记录管理模块通过实时追踪和统计运维服务工作的完成情况，确保了服务品质的一致性和稳定性。这一功能不仅有助于管理者对运维服务过程进行全面监控，还能及时发现并纠正服务中的偏差和问题，从而提升客户满意度和运维服务的质量。最后，运维服务项目结算管理模块则负责处理运维服务项目的进度结算统计和发票开具申请。它详细记录了运维服务项目的明细、验收单、发票金额、发票开具情况以及已回款(未回款)信息，为管理者提供了准确的财务数据支持。这些信息不仅有助于管理者对项目的资金流动进行实时监控，还能及时发现并处理潜在的财务风险，确保项目的财务安全和有效运行。

设备租赁管理模块：设备租赁管理模块在公司运营中扮演着举足轻重的角

色，特别是在矿务工程和地面土建工程等领域，它对于成套机械设备的高效管理和租赁费用的精准结算至关重要。该模块的作用具体体现在以下几个方面：首先，设备租赁管理中心是整个模块的“信息中心”，它集中展示了设备租赁合同的关键信息，如合同名称、合同状态、合同金额和合同明细等。这些信息为管理者提供了全面的合同概览，帮助他们快速了解租赁业务的整体情况，确保合同的合规性和有效性。其次，设备租赁使用申请管理模块是连接工程项目与设备租赁的桥梁。它负责收集各工程项目对租赁设备的需求，包括设备类型、数量、使用时间等，并根据实际需求进行合理调配。这一功能不仅提高了设备的利用率，还确保了工程项目的顺利进行，避免了因设备短缺或调配不当而导致的延误和损失。再者，设备租赁进场管理模块确保了租赁设备进场的准确性和规范性。它负责对进场的设备进行数量核对和质量检查，确保设备符合工程项目的需求和质量标准。这一环节的有效管理，有助于提升工程项目的质量和安全水平，减少因设备问题而引发的风险和损失。最后，设备租赁结算管理模块是设备租赁费用管理的核心。它负责设备租赁费用的进度结算统计和申请审批工作，包含了设备租赁合同信息、结算明细、结算金额、台班原始考勤记录、施工日志等详细信息。这些信息为管理者提供了准确的财务数据支持，帮助他们实时监控租赁费用的支出情况，确保费用的合理性和合规性。同时，该模块还支持审批流程，提高了结算效率，降低了财务风险。

(12)领导驾驶舱

领导驾驶舱通过图形化的方式，如仪表盘、折线图、柱状图等，实时展示企业的关键业务数据，如营收、利润、成本等，使高层领导能够迅速把握企业的整体运营状况。它支持跨部门的数据整合，将来自不同部门和业务领域的数据进行汇总和分析，为领导层提供一个全面的组织性能视图。这有助于领导层更好地了解各部门之间的协同效应，以及企业在市场中的竞争地位。

领导驾驶舱提供个性化的数据定制服务，根据领导层的需求和关注点，呈现与其工作职责密切相关的关键指标。这种个性化的数据展示方式，使领导层能够更专注于自己关心的业务领域，提高决策效率。此外，领导驾驶舱还具备强大的预警功能。通过对关键业务指标的实时监控和分析，系统能够及时发现潜在的风险和问题，并向领导层发出预警信号。这有助于领导层及时采取措施，避免问题的进一步恶化，确保企业的稳健运营。

领导驾驶舱还支持多种终端设备的接入，如智慧屏、手机、电脑等，使领导层能够随时随地掌握企业的经营情况。无论是在办公室、会议室还是在外出途中，领导层都能通过领导驾驶舱获取所需的数据和信息，为企业的决策和发展提供有力的支持。

(13)工作任务高效布置

工作任务高效布置模块通过高度集成和智能化的任务规划与分配功能，允许用户轻松创建、编辑并分配工作任务。用户只需在系统中设定任务的基本信息，如名称、描述、优先级和截止日期，系统便能自动将任务分配给最合适的团队成员或部门。此外，系统还支持批量创建任务和智能分配功能，能够根据团队成员的技能、经验和当前工作负荷，自动优化任务分配方案，确保资源得到最合理的利用。这种智能化的任务分配方式，不仅大幅提高了工作效率，还确保了每个任务都能得到及时、专业的处理。

同时，该模块还具备强大的任务进度跟踪与监控功能。通过实时进度更新和可视化监控工具，管理者可以随时随地了解任务的最新进展和团队成员的工作状态。当任务进度出现延误或即将达到截止日期时，系统会自动向相关人员发出预警和提醒，确保任务能够按时完成。此外，团队成员还能在系统中进行实时协作和沟通，共同解决任务执行过程中遇到的问题。这种高度协同的工作方式，不仅提高了团队协作效率，还增强了团队成员之间的信任和默契。最终，通过该模块的任务绩效评估与总结功能，企业可以对团队成员的工作表现进行客观评价，为后续的改进和优化提供有力支持。

“阳光工程”数字经营决策系统的界面设计简洁直观，操作流畅简便，确保所有员工都能迅速掌握使用流程，无需复杂的培训即可轻松上手。平台集成的多样化功能模块不仅各自独立高效，而且相互之间实现了无缝衔接，极大地促进了不同部门员工之间的协同合作，有效打破了信息孤岛，实现了资源的共享和流程的顺畅对接。在数据处理方面，“阳光工程”数字经营决策系统展现了卓越的能力，它能够高效地收集、精准地管理并深入分析各类业务数据，为公司领导层提供了全面、实时、准确的项目动态信息。这一功能不仅使公司领导能够随时随地掌握项目进展，而且能够基于数据洞察快速做出科学、合理的决策，为企业的持续发展和战略目标的实现提供了强有力的支持。

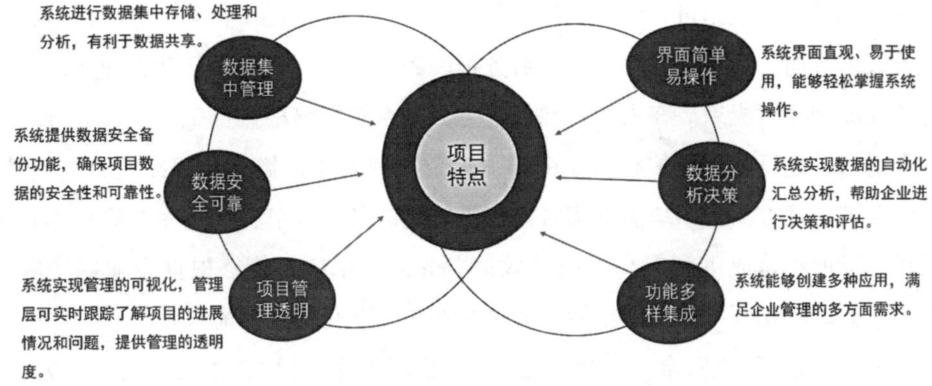

图 5-2 “阳光工程”数字经营决策系统特点

第三节 “阳光工程”数字经营决策系统应用阶段

一、数智化全流程管理实践

“阳光工程”数字经营决策系统作为管理的重要工具，其数智化全流程管理实践在提升企业运营效率、降低管理成本、增强市场竞争力方面发挥着至关重要的作用。首先，“阳光工程”数字经营决策系统通过数智化手段，实现了企业运营全流程的透明化、可视化与智能化管理。从市场需求分析、项目立项、资源调配、生产执行到产品销售、客户服务等各个环节，系统都能够提供全方位、多层次的数据支持和管理服务。在市场需求分析阶段，系统能够利用大数据和人工智能技术，对市场趋势进行精准预测，帮助企业把握市场机遇。在项目立项阶段，系统能够根据企业的战略目标和资源状况，智能推荐合适的项目方案，并自动进行项目风险评估和效益预测。在生产执行阶段，系统能够实时监控生产进度、设备状态和物料消耗等关键指标，确保生产过程的稳定性和高效性。在产品销售和客户服务阶段，系统能够分析客户行为和需求，提供个性化的营销策略和客户服务方案，提升客户满意度和忠诚度。

其次，“阳光工程”数字经营决策系统的数智化全流程管理实践还体现在对数据的深度挖掘和分析上。系统能够整合企业内外部的海量数据资源，运用先进的算法和模型对数据进行深度挖掘和分析，为企业决策提供科学依据。例如，在财务管理方面，系统能够自动生成财务报表和数据分析报告，帮助企业实时掌握财务状况和经营成果。在人力资源管理方面，系统能够根据员工的工作表现、能力和潜力，进行智能评估和人才推荐，为企业的人才选拔和培养提供有力支持。在供应链管理方面，系统能够实时监控供应链的各个环节，优化库存管理和物流配送，降低运营成本和提高供应链效率。此外，系统还能够根据企业的实际需求，进行定制化开发和功能拓展，满足企业不断变化的业务需求。

最后，为打造“安全、合规、廉洁”的管理理念，树立“阳光、真诚、大气”的企业形象，公司认真落实国家数字化转型战略，紧跟中国华电集团有限公司、华电煤业集团有限公司数字化转型工作要求，充分总结近年来在基础管理、项目实施、物资采购及招投标等领域存在的管理短板，积极主动探索数业融合、不断提升业务效能、创新管理思路。在公司党委高度重视、各部门的共同努力下，“阳光工程”数字经营决策系统建设取得了阶段性成果。2024 年 10 月 27 日，公司成功举办了“聚智聚力、数业融合”打造一流施工企业管理创新主题竞赛。比赛共计 15 个部门参加，比赛以聚合各部门员工智慧为出发点，以促进低代码平台数字化工具与部门业务有效融合，激发公司各级员工，特别是项目部一线员工积极参与创新创造、勇于表现自我、提升管理能力为目标。赛前公司领导为本次活动致辞，并分享了到改革开放最前沿—深圳研修之行的感悟，指出一是要拥有勇于表现自我的勇气，通过比赛不断拓宽工作思路。二是要积极拥抱科技创新的变革，借用数字工具提升工作效能。三是要坚定聚焦主责主业的步伐，持续安全合规推动高质发展。四是要养成持续充电学习的习惯，保持自身工作能力常变常青。比赛中 15 名选手群雄逐鹿，通过 PPT 演讲+系统使用来呈现比赛内容，把部门工作中遇到的痛点、难点问题，针对问题创新出哪些数字化系统应用，应用后带来哪些成效，以及使用经验、下一步优化建议等方面进行了详细的展示汇报。

总体而言，“阳光工程”数字经营决策系统的建设不仅得到了行业内相关单位的高度认可，而且以“新、实、大、快”的行动展现了突出的工作成效。它对公司的合规化经营、数智化管理起到了积极的推动作用，为华电煤业集团有限公司工程板块的高质量发展奠定了坚实的基础。

二、系统迭代与优化升级

(一)系统应用存在的问题

①模块之间信息共享不充分。在“阳光工程”数字经营决策系统中，各个模块之间的信息共享是确保系统高效运行的关键。然而，虽然各个管理模块内部功能完善，但模块之间的信息共享不充分问题依然存在。如不同模块之间的数据接口不兼容，导致数据无法顺畅传输；系统缺乏统一的数据标准和规范，使得不同模块之间的数据难以进行有效整合；业务流程设计不合理，导致某些关键数据在传输过程中被遗漏或误处理。这些问题不仅影响了系统的运行效率，还可能导致决策失误或资源浪费。

②数据同步延迟。数据同步延迟是另一个影响“阳光工程”数字经营决策系统性能的关键因素。在多用户协作或实时数据更新的场景中，数据同步的及时性至关重要。然而，由于网络延迟、数据处理速度或系统架构设计等方面的原因，有时会出现数据同步延迟的情况。数据同步延迟的具体表现包括：用户在不同模块之间切换时，数据无法实时更新；系统在处理大量数据时，响应速度变慢，导致数据同步延迟；由于系统架构设计不合理，数据在传输过程中产生瓶颈，导致同步速度受限。这些问题不仅影响了用户的使用体验，还可能影响决策的准确性和及时性。

③模块功能未能覆盖所有业务需求。尽管“阳光工程”数字经营决策系统已经包含了多个功能模块，但仍有可能未能完全覆盖企业的所有业务需求。这可能是因为企业的业务流程复杂多样，而系统的功能模块设计相对固定，无法完全适应所有情况。例如，在设备租赁管理模块中，可能缺乏对租赁设备性能监控和远程故障诊断的功能，这会影响设备的及时维修和调配效率。

④操作界面过于复杂。在“阳光工程”数字经营决策系统中，如果操作界面过于复杂，增加用户的学习成本和使用难度，从而降低系统的易用性和用户满意度。操作界面过于复杂的具体表现包括：界面布局混乱，功能按钮和菜单过

多且难以区分；操作流程烦琐，需要用户进行多次点击和输入才能完成某项任务；系统缺乏明确的引导和提示信息，使得用户在使用过程中容易迷失方向或产生困惑。这些问题不仅影响了用户的使用体验，还可能降低用户的工作效率。由于系统操作复杂，员工需要花费大量时间进行培训和熟悉，增加了企业的运营成本。

⑤安全性与稳定性问题。在"阳光工程"数字经营决策系统中，由于数据存储、传输和处理过程中的各种因素，系统可能面临数据泄露的风险。数据泄露风险的具体表现包括：系统存在安全漏洞或弱密码策略，使得黑客能够轻易入侵系统并窃取数据；系统在传输数据时未采用加密技术或加密强度不足，导致数据在传输过程中被截获或篡改；系统缺乏完善的数据备份和恢复机制，一旦数据丢失或损坏将无法恢复。这些问题不仅可能导致企业的敏感信息被非法获取和利用，还可能给企业带来严重的经济损失和声誉损害。

⑥缺乏深入的数据分析功能。在数字化时代，数据分析已经成为企业决策的重要依据。然而，"阳光工程"数字经营决策系统在数据分析功能方面可能还存在不足。缺乏深入的数据分析功能的具体表现包括：系统提供的数据分析工具和方法相对简单，无法满足企业对复杂数据关系的挖掘和分析需求；系统可能无法根据历史数据和实时数据为管理者提供智能化的决策建议。这些问题不仅限制了系统的应用范围和价值发挥，还可能影响企业的决策质量和竞争力。

（二）系统的优化升级

①优化应首先着眼于强化模块间的数据交互与共享，通过采用统一的数据标准和接口协议，打破数据孤岛，确保信息的实时流通与整合。同时，优化数据传输与处理机制，减少数据同步延迟，提升系统响应速度，保障决策时效性。

②在功能设计上，需紧密贴合公司当前实际需求，增强系统的灵活性与可扩展性，定期迭代更新，确保功能全面覆盖且满足个性化定制要求。

③简化操作界面，优化布局与交互逻辑，提供清晰的引导与反馈，降低用户学习成本，提升用户体验。在数据安全方面，加强系统安全防护，采用高级加密技术，完善访问控制与权限管理机制，构建多层次的防御体系，确保数据安全无虞。

④深化数据分析功能，引入先进的数据挖掘与智能分析技术，实现数据的实时监测与深度洞察，为决策提供精准、全面的数据支持。

通过这些综合优化措施，“阳光工程”数字经营决策系统将更加高效、安全、易用，为企业数字化转型提供强有力的支撑，助力企业在激烈的市场竞争中脱颖而出。

第六章 “阳光工程”数字经营决策系统应用案例

第一节 安全管理系统的应用案例

一、以往安全管理中存在的痛点与难点

(1)公司项目部呈现出的“多、散、远”的显著特征，致使安全管理深陷重重困境。现场安全管理因地理距离的阻隔而鞭长莫及，管理力量分散薄弱，安全监督的及时性与有效性大打折扣，事故隐患由此滋生。

(2)传统的线下学员培训档案存在建立不全，培训情况缺乏监管不及时，培训档案管理主要以纸质版为主，长期以来纸质版资料越来越多，需要的储存空间也越来越大，而且纸质版文件若不能妥善处理，容易出现磨损、损坏和污染，导致档案室信息丢失。

(3)以往的公司企业人员变动，人员的基础档案信息、线下培训及取证信息、汇总统计，让人工管理工作变得更加烦琐，使安全管理中资料收集、输出非常困难。传统纸质档案主导的管理模式，在信息存储、检索与更新环节弊端尽显，资源占用庞大，数据易损失真，管理效率极为低下。

(4)以往安全检查出隐患问题汇总下发、整改反馈都是通过线下纸质版流转，线下审批费时、流转慢，销号支撑材料需要人为盯催收集，工作效率低，检查、整改问题进度不清楚，台账易丢失。以往各项目部安管人员配备防爆执法记录仪，视频记录没有实现在线共享，管理人员无法及时对监控记录进行回看检查，现场作业规范情况、存在的问题不能及时掌握。

(5)以往安全管理很多业务流程和管理规定，通常需要多个项目部数据，由于项目部在位置分布上非常分散，就很难收集相关数据资源，很难通过有效的数据汇总分析用于安全管理决策和风险隐患预警方面，不能将安全生产关口前移。

(6)以往传统方式安全管理模式高度依赖人工经验与纸质记录，流程烦琐且信息传递滞后。这不仅导致风险识别被动、准确性欠佳，更缺乏实时监测与预警能力，面对复杂项目环境和严格安全要求时显得力不从心。

二、安全管理解决方案

(1)安全管理应用通过利用低代码平台为企业构建安全信息共享、安全管理标准化、安全流程规范化、支撑安全决策的数字化安全管理平台。利用系统数据的联动性、自动化审批、自定义构建等能力驱动安全监管、审批、记录的闭环管理，作业全程可视、可追溯。满足企业安全要求逐步提高、安全作业标准细化、安全知识再利用，安全决策分析等目标。

(2)以低代码平台为核心构建安全管理系统，重塑安全生态。风险防控上，全面识别评估风险，制定防控策略并实时监控。隐患治理时，全流程数字化跟踪，从发现到整改验收紧密相连。人员管理涵盖资质、培训与绩效，确保人员胜任岗位。决策支持整合多环节数据，为管理层提供直观洞察。各维度协同交互，数据互联互通，风险防控引导隐患治理，其结果反馈优化风险防控，人员管理提供人力支撑，决策支持统筹全局，形成闭环强化安全管理效能。

(3)利用信息化安全监管平台打破传统局限，重塑安全管理思维。通过整合多源安全数据，深度分析挖掘，为管理提供精准依据。同时，搭建起协同共享桥梁，各部门实时互通安全信息，打破信息孤岛，提升协作效率，为安全管理注入创新活力，开启高效精准管理新篇章。

(4)安全管理监管平台覆盖安全管理八大模块，包括教育培训、隐患管理、风险管控、职业卫生、证件管理、安全奖罚、项目安全资料、安全审批、数据分析等。

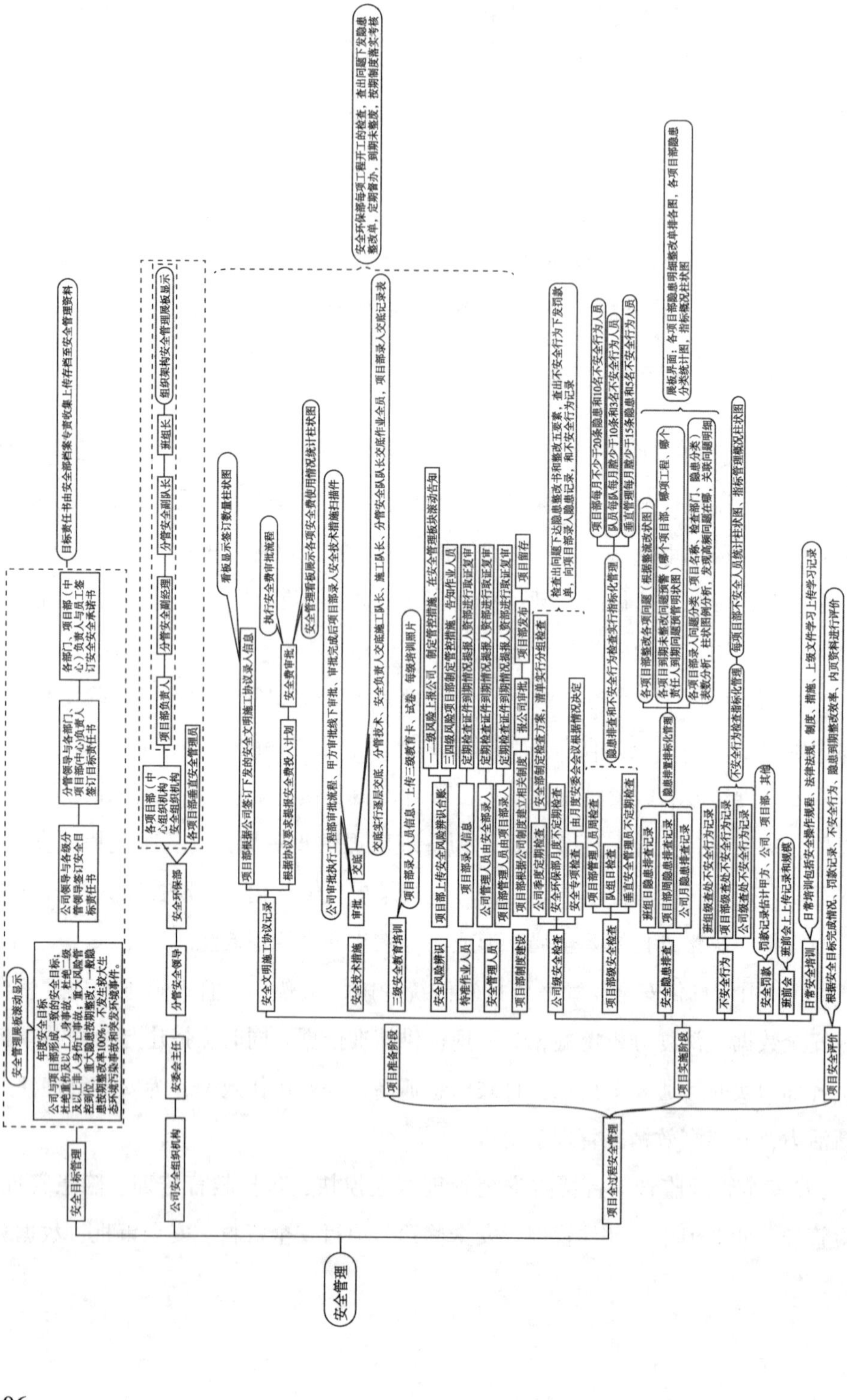

图6-1 安全管理系统建设思维导图

三、安全管理具体应用

(一)安全管理驾驶舱：安全管理的精准导航仪

安全管理驾驶舱是企业安全环保管理工作的核心枢纽，它将各类安全环保相关数据进行深度整合与可视化呈现，为企业提供了一个直观、动态、全面的管理工具，极大地提升了企业安全环保管理的效率和决策的科学性。

(1)安全态势全景洞察。安全管理驾驶舱借助直观可视化图表，从两个方面助力企业安全管理。一方面，通过展示年度风险辨识、月度查出隐患及各部门隐患整改情况统计图，让企业管理层实时掌握风险分布与变化趋势，及时发现隐患治理瓶颈，督促加快整改，降低安全事故概率。另一方面，呈现安全费用月度使用及计划额与实际额对比统计，使企业了解费用投入、效率及预算偏差，经精细化分析，科学评估成本效益，合理调整分配策略，优化资源配置，为安全管理提供资金与资源保障。

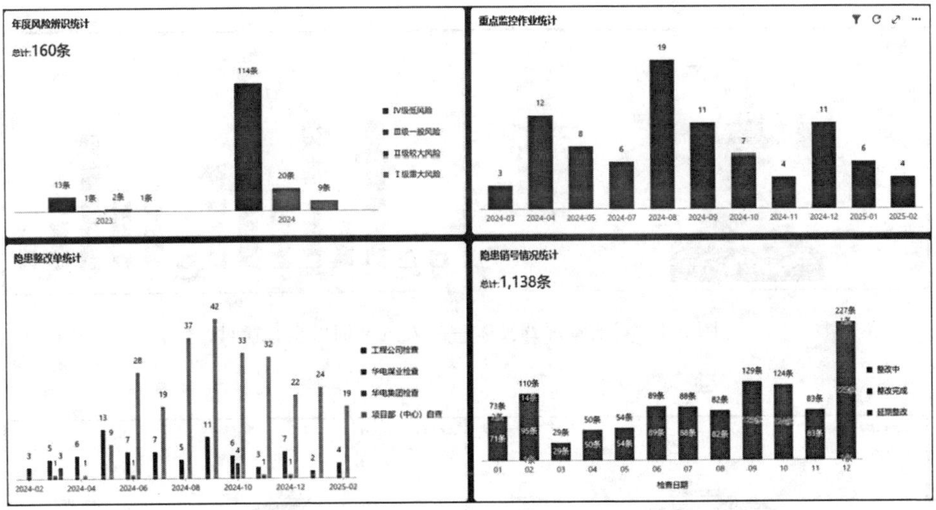

图 6-2　安全管理驾驶舱——风险与隐患可视化统计

(2)安全行为导航仪。安全管理驾驶舱从两个方面强化管理。在安全文化培育与知识传播方面，通过统计学习文件类型、数量及各部门学习情况，梳理分析

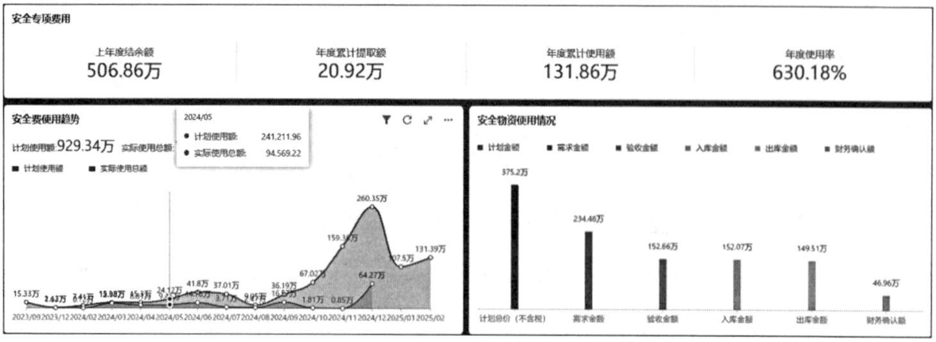

图 6-3 安全管理驾驶舱——安全费用可视化统计

文件，为员工提供全面精准的学习资源，发现文化传播薄弱点，灵活调整培训，激发员工学习热情，营造全员安全文化氛围。在人员资质监管与行为约束方面，借助统计管理人员、特种作业人员证件及各部门罚款情况，掌控人员资质，杜绝资质不符隐患，以罚款数据警示约束不安全行为，规范员工操作，降低经济损失与减少生产风险。

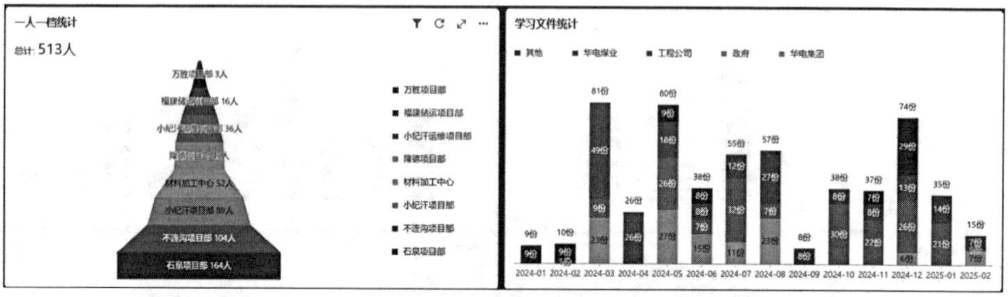

图 6-4 安全管理驾驶舱——人员培训可视化统计

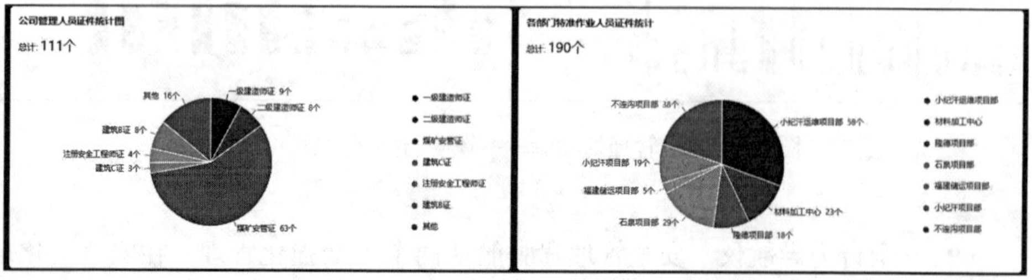

图 6-5 安全管理驾驶舱——人员证件可视化统计

(二)双预控管理：企业安全管理的前瞻护盾

双预控管理是企业安全管理的重要战略举措，通过对风险辨识评估与隐患排查治理，构建起坚固的安全防线，确保企业生产经营活动在安全可控的环境下高效开展，为企业可持续发展提供坚实保障。

(1)风险防控精准施策。通过详细记录安全风险辨识评估过程，形成风险辨识评估清单，明确各级风险要素，为针对性防控提供依据；依据风险等级下达重点监控作业任务并记录监控视频，确保高风险作业处于严格监控之下，实现对风险的精准分级管理，将有限资源集中投入关键风险防控环节，提高风险防控效率与效果。实现风险识别的全面性与精准性，使风险防控措施与风险等级相匹配，提升企业风险应对能力，降低事故发生概率，保障生产运营活动安全有序进行。

图 6-6　风险分级管控——重点监控作业视频记录

(2)安全隐患闭环管理。安全环保隐患录入记录确保隐患发现及时准确，整改销号记录实现隐患治理闭环跟踪，保证整改措施有效落实；不安全指标任务下达与人员不安全行为记录有助于从源头上纠正员工不安全行为，预防事故发生；

安全奖罚记录和月度项目安全奖罚则通过激励与约束机制，增强员工安全意识，推动安全管理责任落实，营造全员参与安全管理的良好氛围。构建完善的隐患排查治理体系，实现隐患发现、整改、预防的全过程管理，强化安全管理责任落实，减少不安全行为，降低事故风险，提升企业安全管理水平与绩效。

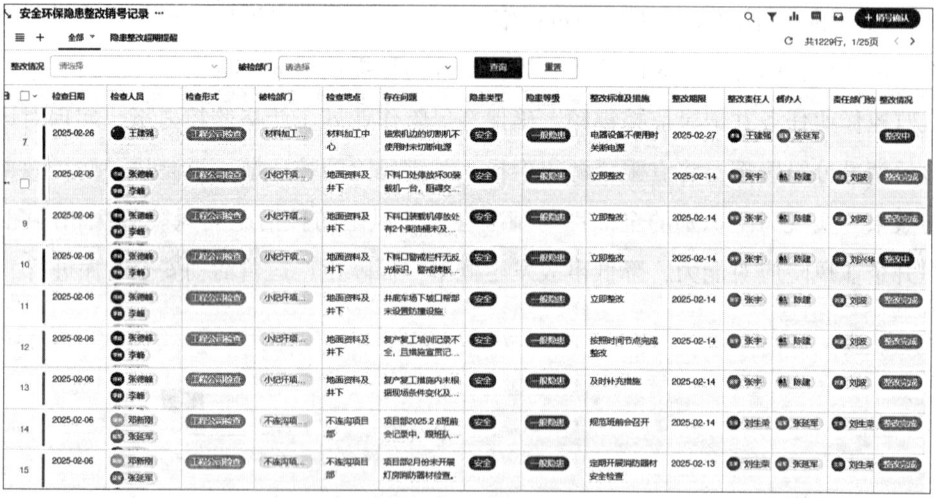

图 6-7 隐患排查治理——安全环保隐患整改销号记录

(三)教育培训管理：企业安全素养培育的智慧引擎

教育培训管理是企业打造高素质员工队伍、强化安全文化建设的关键路径，通过系统规划培训体系、精细管理培训档案与创新优化学习模式，全面提升员工安全意识、知识技能与应急能力，为企业安全生产筑牢人才根基，推动企业安全管理水平持续进阶。

(1)安全培训智能蓝图。年度培训计划模块涵盖培训类型、对象、完成情况及附件上传功能，将传统纸质培训资料全面数字化；便于资料长期保存与快速检索，实现培训计划的动态管理与实时跟踪；可根据实际需求灵活调整培训策略，确保培训工作紧密贴合企业发展战略与员工成长需求，为员工提供精准、及时的安全知识与技能培训。借助数字化手段优化培训计划流程，提高计划制定的科学性与灵活性，增强培训工作的可操作性与可追溯性，确保培训计划高效执行，提升企业安全培训资源配置效率。

	年度	培训时间	部门	培训类型	培训对象	培训名称	完成情况	附件
···	2025	2025-02-07	石泉项目部	安全生产培训	全部人员	2025年复工复产培训	已完成	
2	2024	2024-12-17	不连沟项目部	安全专项培训	项目部相关人员	不连沟项目部四季度安全生产教育培训	已完成	
3	2025	2025-11-30	安全环保部	法律法规	全部人员	安全生产法	未完成	
4	2025	2025-11-30	安全环保部	规章制度	全部人员	安全管理制度培训	未完成	
5	2025	2025-01-14	小纪汗运维…	安全生产知识培训	项目部相关人员	高处作业	已完成	
6	2025	2025-02-05	小纪汗运维…	安全生产培训	全部人员	节后复工复产安全生产知识培训	已完成	
7	2025	2025-03-31	小纪汗运维…	全员安全操作规程考试	全部人员	安全操作规程学习	未完成	
8	2025	2025-02-20	不连沟项目部	取证复训	项目部相关人员	煤矿企业其他从业人员复训四期	未完成	
9	2025	2025-07-14	不连沟项目部	规章制度	全部人员	项目部安全生产责任制度岗位责任制度培训	未完成	
10	2025	2025-06-01	不连沟项目部	法律法规	全部人员	安全生产法律法规	未完成	
11	2025	2025-01-07	福建储运项…	安全技能	项目部相关人员	厂区电器设备安全知识培训	已完成	
12	2025	2025-03-10	福建储运项…	岗位操作规程	项目部相关人员	一岗三述岗位技能知识培训	未完成	
13	2025	2025-06-17	福建储运项…	应急管理	项目部相关人员	防台应急专项知识培训	未完成	
14	2025	2025-07-07	福建储运项…	专项培训	项目部相关人员	职业病危害防治安全知识培训	未完成	
15	2025	2025-08-10	福建储运项…	专项培训	项目部相关人员	危险源辨识及管控培训	未完成	
16	2025	2025-09-03	福建储运项…	安全技能	项目部相关人员	车辆交通安全教育培训	未完成	
17	2025	2025-11-11	福建储运项…	安全技能	项目部相关人员	正确使用消防设备与防护用品培训	未完成	

图 6-8　年度培训计划

(2)员工成长安全档案库。员工一人一档详细记录基本信息、履历及各类安全培训记录，为员工安全成长提供完整轨迹；三级教育培训板块聚焦新员工入职关键期，通过登记卡、培训记录与考试详情，助力新员工快速融入企业安全文化，掌握必备安全知识技能；人员证件培训模块精准管理部门报名资料与培训清单，确保员工持证上岗率与证件有效性。转岗教育培训针对员工岗位变动，及时更新安全知识技能储备；安全专项培训与应急管理培训则根据企业安全管理重点与应急需求，为员工提供专业化、针对性培训，提升员工应对特定安全风险与突发事件的能力。以精细化档案管理为员工安全素养提升提供个性化支持，确保员工在不同职业发展阶段接受适宜的安全培训，促进员工安全意识与技能持续提升，同时为企业人才选拔与安全管理决策提供数据依据。

(3)安全知识的共享平台。安全文件学习任务下发功能实现学习任务一键推送至各部门，明确学习要求与文件内容，并实时展示学习状态与接收成员，确保学习任务精准传达，同时，要求上传学习记录，便于企业监督学习效果，实现从任务下发到学习反馈的全流程管理；安全文件学习教育记录则进一步规范学习过程记录，包括下发与结束时间、学习文件及记录上传，促进学习成果沉淀与共

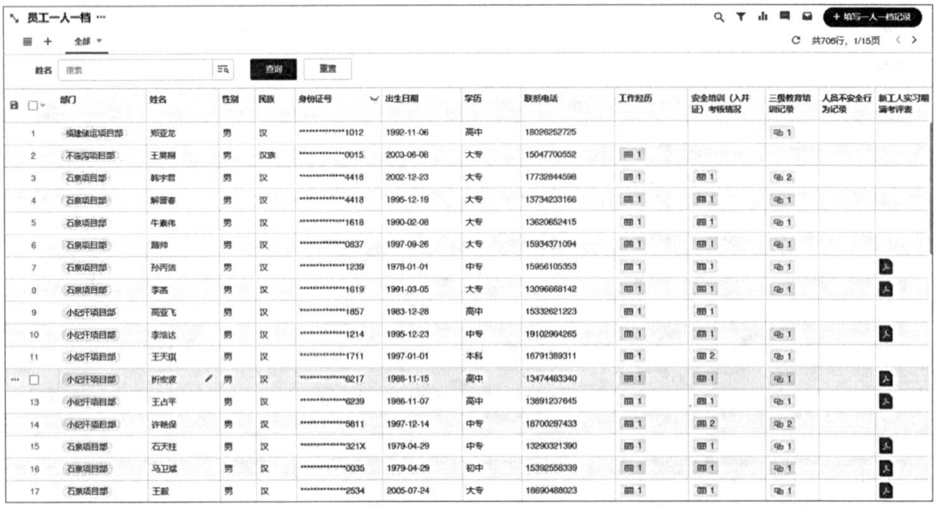

员工一人一档

全部

姓名 搜索 查询 重置

共706行，1/15页

	部门	姓名	性别	民族	身份证号	出生日期	学历	联系电话	工作经历	安全培训（入井证）考核情况	三级教育培训记录	人员不安全行为记录	新工人实习期满考评表
1	榆建储运项目部	郑亚龙	男	汉	**************1012	1992-11-06	高中	18026252725			1		
2	不连沟项目部	王昊桐	男	汉族	**************0015	2003-06-08	大专	15047700552	1				
3	石泉项目部	韩宇君	男	汉	**************4418	2002-12-23	大专	17732844598	1	1	2		
4	石泉项目部	解晋春	男	汉	**************4418	1995-12-19	大专	13734233166	1	1	1		
5	石泉项目部	牛素伟	男	汉	**************1618	1990-02-08	大专	13620652415	1	1	1		
6	石泉项目部	路帅	男	汉	**************0837	1997-09-26	大专	15934371094	1	1	1		
7	石泉项目部	孙丙洁	男	汉	**************1239	1978-01-01	中专	15956105353	1	1	1		
8	石泉项目部	李嵩	男	汉	**************1619	1991-03-05	大专	13096668142	1	1	1		
9	小纪汗项目部	高亚飞	男	汉	**************1857	1983-12-28	高中	15332621223	1	1			
10	小纪汗项目部	李浩达	男	汉	**************1214	1995-12-23	中专	19102964265	1	1	1		
11	小纪汗项目部	王天琪	男	汉	**************1711	1997-01-01	本科	16791389311	1	2	1		
···	小纪汗项目部	折宏波	男	汉	**************6217	1988-11-15	高中	13474483340	1	1	1		
13	小纪汗项目部	王占平	男	汉	**************6239	1986-11-07	高中	13891237645	1	1	1		
14	小纪汗项目部	许艳保	男	汉	**************5811	1997-12-14	中专	18700297433	1	2	2		
15	石泉项目部	石天柱	男	汉	**************321X	1979-04-29	中专	13290321390	1	1	1		
16	石泉项目部	马卫斌	男	汉	**************0035	1979-04-29	初中	15392558339	1	1	1		
17	石泉项目部	王毅	男	汉	**************2534	2005-07-24	大专	18690488023	1	1	1		

图 6-9　一人一档员工档案

享，构建企业安全知识学习共同体。通过网络化学习模式打破时间与空间限制，促进安全知识在企业内部快速传播与共享，增强员工学习积极性与互动性，提升企业整体安全文化氛围与员工安全素养。

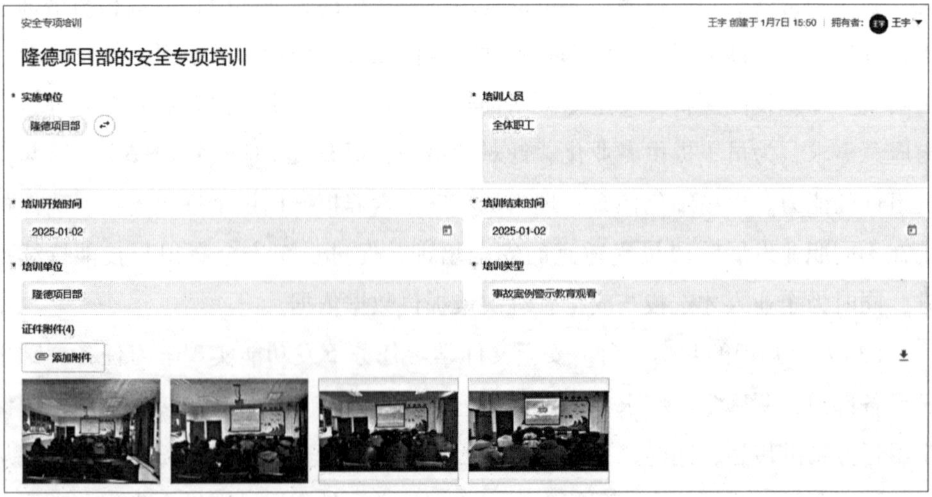

图 6-10　某部门安全专项培训

(四)人员证件管理：企业安全资质的智能管家

人员证件管理是企业确保安全生产、合规运营的关键环节，通过对安全管理人员和特种作业人员证件的精细化管理，实现对人员资质的全面掌控与动态监控，有效防范因人员资质问题引发的安全风险，为企业安全生产提供坚实的人力资源保障。

(1)构建企业人员资质全景图。系统全面整合安全管理人员和特种作业人员证件的详细信息，形成条理清晰、内容完备的证件明细表。涵盖持证人员基本信息、证件类型编号、发证及复审时间、有效期等核心要素，并支持相关附件上传，确保企业能够精准掌握每一位关键岗位人员的资质情况。这不仅为企业日常生产运营中的人员调配提供了准确依据，确保各岗位人员资质与工作要求高度匹配，保障生产活动依法依规进行，还为企业在应对内外部审核、评估时提供了有力的数据支撑，增强了企业合规运营的信心与能力。

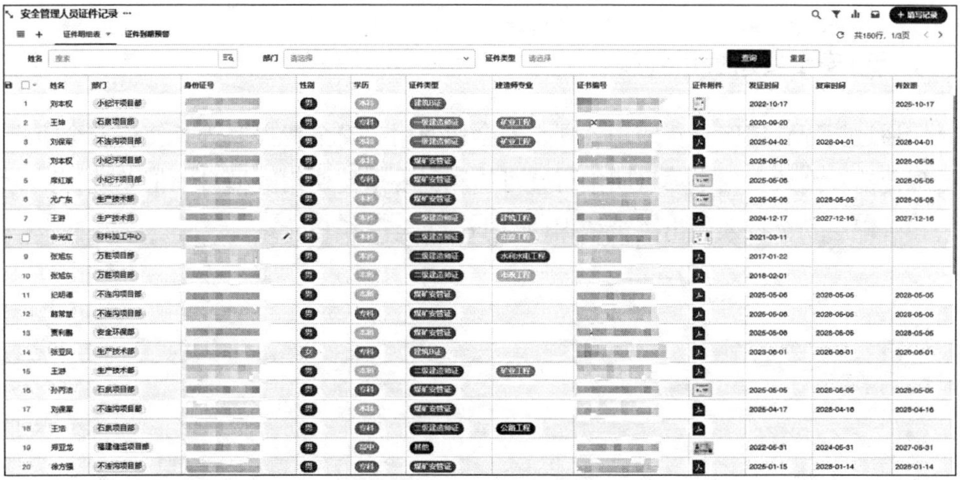
安全管理人员证件记录 ···
证件明细表　证件到期预警
共150行，1/3页
姓名 搜索　部门 请选择　证件类型 请选择　查询　重置

	姓名	部门	身份证号	性别	学历	证件类型	建造师专业	证书编号	证件附件	发证时间	复审时间	有效期
1	刘本权	小纪汗项目部	[illegible]	男	本科	建筑B证		[illegible]		2022-10-17		2025-10-17
2	王坤	石泉项目部	[illegible]	男	专科	一级建造师证	矿业工程	[illegible]		2020-09-20		
3	刘保军	不连沟项目部	[illegible]	男	本科	一级建造师证	矿业工程	[illegible]		2025-04-02	2028-04-01	2028-04-01
4	刘本权	小纪汗项目部	[illegible]	男	本科	煤矿安管证		[illegible]		2025-05-06		2028-05-05
5	席红溪	小纪汗项目部	[illegible]	男	专科	煤矿安管证		[illegible]		2025-05-06		2028-05-05
6	尤广东	生产技术部	[illegible]	男	本科	煤矿安管证		[illegible]		2025-05-06	2028-05-05	2028-05-05
7	王游	生产技术部	[illegible]	男	本科	一级建造师证	建筑工程	[illegible]		2024-12-17	2027-12-16	2027-12-16
8	幸光红	材料加工中心	[illegible]	男	本科	二级建造师证	市政工程	[illegible]		2021-03-11		
9	张旭东	万胜项目部	[illegible]	男	本科	二级建造师证	水利水电工程	[illegible]		2017-01-22		
10	张旭东	万胜项目部	[illegible]	男	本科	二级建造师证	市政工程	[illegible]		2018-02-01		
11	纪胡德	不连沟项目部	[illegible]	男	本科	煤矿安管证		[illegible]		2025-05-06	2028-05-05	2028-05-05
12	韩常慧	不连沟项目部	[illegible]	男	专科	煤矿安管证		[illegible]		2025-05-06	2028-05-05	2028-05-05
13	贾利鹏	安全环保部	[illegible]	男	本科	煤矿安管证		[illegible]		2025-05-06	2028-05-05	2028-05-05
14	张亚凤	生产技术部	[illegible]	女	专科	建筑B证		[illegible]		2023-06-01	2026-06-01	2026-06-01
15	王游	生产技术部	[illegible]	男	本科	二级建造师证	矿业工程	[illegible]				
16	孙丙浩	石泉项目部	[illegible]	男	专科	煤矿安管证		[illegible]		2025-05-05	2028-05-05	2028-05-05
17	刘保军	不连沟项目部	[illegible]	男	本科	煤矿安管证		[illegible]		2025-04-17	2028-04-16	2028-04-16
18	王浩	石泉项目部	[illegible]	男	专科	二级建造师证	公路工程	[illegible]				
19	郑亚龙	福建德运项目部	[illegible]	男	高中	其他		[illegible]		2022-05-31	2024-05-31	2027-05-31
20	徐方强	不连沟项目部	[illegible]	男	专科	煤矿安管证		[illegible]		2025-01-15	2028-01-14	2028-01-14

图 6-11　安全管理人员证件明细

(2)筑牢企业安全生产防线。证件到期预警功能作为系统的核心亮点，通过实时动态计算证件距离有效期的时长，及时向企业发出预警信号。这一机制有效杜绝了因证件过期导致员工无证上岗的安全隐患，确保关键岗位人员资质的无缝衔接与持续有效；从风险管理角度看，此功能显著降低了企业因人员资质问题引发安全事故的风险概率，保障了企业生产活动的连续性与稳定性，避免因停工停产造成的经济损失和声誉损害。同时，预警功能的存在促使企业形成前瞻性的人力资源管理思维，能够更加合理地规划员工培训计划与工作安排，实现人力资源的优化配置，进一步提升企业整体运营效率与市场竞争力。

图 6-12 证件到期预警

(五)安全费用使用管理

通过流程管理安全费使用计划、安全费使用、安全费提取等，使得安全审批流程便捷、高效，安全项目明细可查可追溯，安全费使用数据自动汇总统计，为公司管理层安全投入做出决策依据(见图 6-13 至图 6-15)。

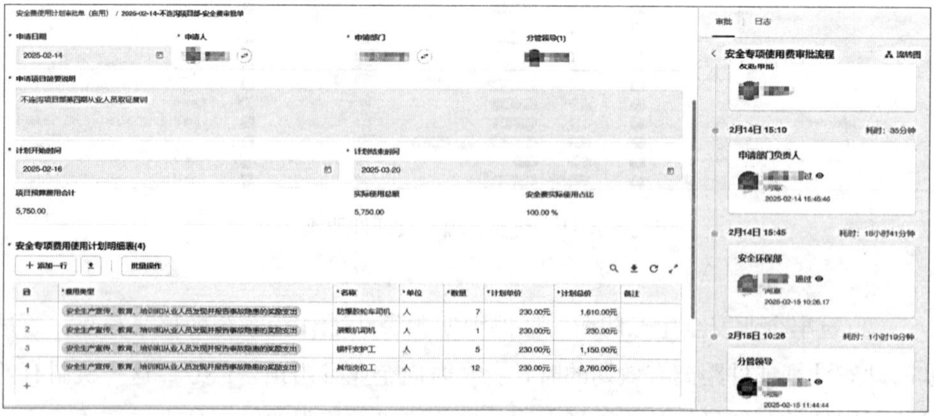

图 6-13 安全费使用审批

2025-02-14-不连沟项目部-安全费审批单

申请日期	2025-02-14	申请人	[redacted]	申请部门	[redacted]	分管领导	[redacted]
申请项目简要说明	[redacted]						
计划开始时间	2025-02-16			计划结束时间	2025-03-20		
项目预算费用合计	5,750.00						

安全专项费用使用计划明细表

序号	费用类型	名称	单位	数量	计划单价	计划总价
1	安全生产宣传、教育、培训和从业人员发现并报告事故隐患的奖励支出	防爆胶轮车司机	人	7	230.00元	1,610.00元
2	安全生产宣传、教育、培训和从业人员发现并报告事故隐患的奖励支出	装载机司机	人	1	230.00元	230.00元
3	安全生产宣传、教育、培训和从业人员发现并报告事故隐患的奖励支出	锚杆支护工	人	5	230.00元	1,150.00元
4	安全生产宣传、教育、培训和从业人员发现并报告事故隐患的奖励支出	其他岗位工	人	12	230.00元	2,760.00元

安全费使用

序号	确认日期	实际使用金额
1	2025-03-04	5,750.00元

申请人签字	申请部门负责人签字	安全环保部负责人签字	分管安全领导签字
[redacted]	[redacted]	[redacted]	[redacted]

图 6-14 安全费使用审批表

四、安全管理系统应用效果

（一）提升管理效率与决策科学性

通过系统自动汇总与分析安全管理数据，直观展示现场管控情况，管理层能够快速、准确地掌握安全态势，从而有针对性地制定管控措施。系统还通过设置

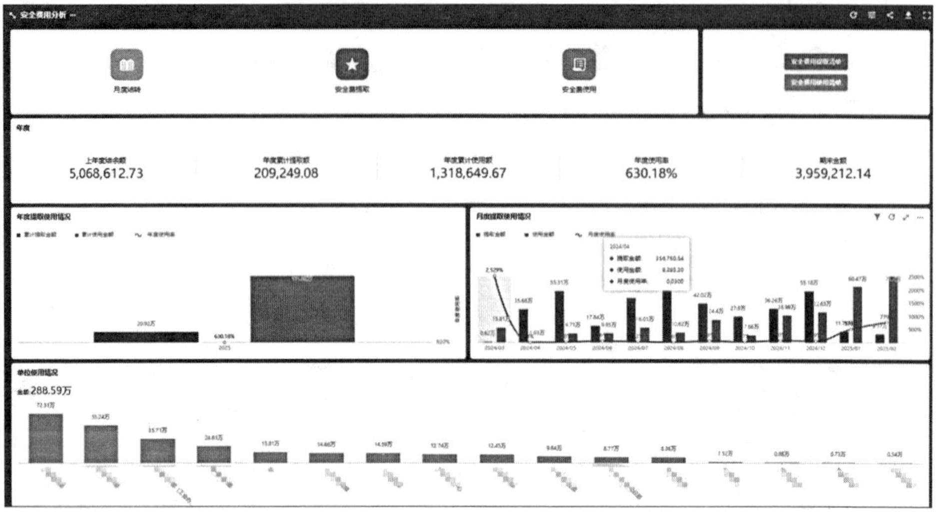

图 6-15 安全费使用统计分析

安全管理指标，自动采集和分析数据，对异常情况进行预警分析和处置，进一步优化管理体制机制，提高公司的整体安全管理水平。

(二)强化风险防控与隐患治理

系统实现了精准风险评估与隐患治理，通过数字化手段对生产全过程进行跟踪监控，实时掌握安全数据、预测风险，降低突发事件的概率。同时，系统整合视频监控等功能，强化作业安全，确保设备、人员与环境的安全，提升安全保障水平。

(三)优化流程与规范人员行为

通过平台优化流程，规范人员行为，使安全措施更加科学合理。系统集中分析共享数据，统一管理报告与应急措施，确保防控措施高效执行，降低安全事件发生率。同时，借助精准数据分析与决策支持，能够及时整改隐患，减少事故频率。

(四)降低运营成本与提升经济效益

通过平台的统一信息管理功能，对安全管理流程进行了深度优化，极大减少了传统人工巡查的频次以及不必要的物资消耗，降低了运营成本的支出。在费用管理方面，安全费用管理和奖罚机制双管齐下，一方面保障安全投入的合理规划，另一方面通过奖励激励员工积极参与安全管理，督促员工遵守安全规范，全面增强全员安全意识和执行力，从侧面促进经济效益的提升。

（五）增强人员资质管理与培训效果

系统通过精细化管理安全管理人员和特种作业人员的证件信息，实现对人员资质的全面掌控与动态监控，有效防范因人员资质问题引发的安全风险。同时，系统通过智能化培训管理，确保员工在不同职业发展阶段接受适宜的安全培训，提升员工的安全意识与技能，为企业安全生产提供坚实的人力资源保障。

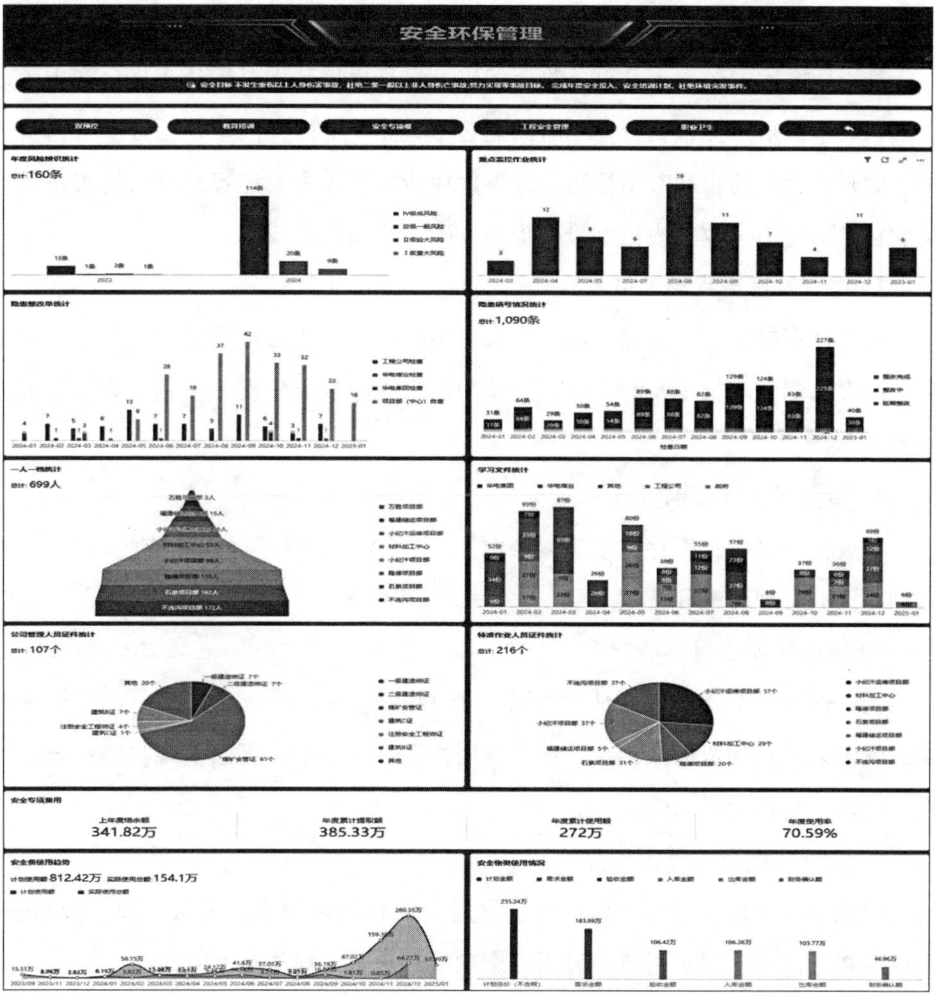

图 6-16　安全管理驾驶舱

第二节 物资管理系统的应用案例

一、以往物资管理中存在的痛点与难点

1. 物资计划提报缺乏精准性

物资计划提报存在盲目性，容易出现重复提报和需求数量不准确的情况。采购数量把控不当，导致材料重复采购、库存积压，进而造成经济损失。

2. 物资基础档案管理混乱

物资档案库中包含十几万条物资编码，每月提报计划时需从表格台账中手动搜索，效率低下。提报物资计划时需通过查询 Excel 物资档案，无法实现物资名称、编码等信息的自动带出填写。这不仅耗费大量人力，还容易导致提报物品与采购物品信息不一致，规格型号提报不准确，增加管理成本。

3. 物资管理流程烦琐低效

物资计划提报、需求提报以及出入库审批流程仍依赖纸质文件，线下签字烦琐，报表繁多且上报不及时，导致先使用后入库等现象频发，不利于物资管理的规范化。

4. 物资库存管理困难

物资种类繁多，库存数量难以实时更新，容易出现库存积压或短缺的情况，影响物资的合理调配和使用。

5. 物资管理账目不清

物资管理环节多，经手人员复杂，账目登记不及时、不完整，容易出现漏洞。管理人员对物资的品种、数量及领用情况掌握不清，无法实现材料的合理调度，增加了材料消耗风险。

6. 物资数据分析能力不足

缺乏完整的物资管理数据台账，物资盘点和核算困难，无法快速生成报表。难以对物资使用情况进行有效分析，影响管理决策的科学性和及时性。

二、物资管理解决方案

1. 构建物资统一管理平台

基于明道云平台，建立覆盖物资全生命周期的管理系统。该系统包含物资基础档案、采购计划、需求计划、采购管理、到货验收、入库记录、出库记录、库存记录、消耗记录、结算管理、成本统计等多个模块。通过信息化手段，实现对各类物资的集中管理和报表汇总，同时对物资使用情况进行深度分析。系统旨在减少重复性工作，实现数据闭环管理，促进公司与项目部之间的信息自由流通。公司能够通过平台实时掌握项目物资的使用情况，从而灵活调整战略和优化物资调度。

2. 优化物资审批流程

将物资审批管理全面线上化，借助自动报表和数据分析功能，实时监控物资各环节的使用情况。这一举措能够有效提升管理人员的工作效率，降低材料费用，实现对物资的精准管控，进而降低工程成本。

3. 核心业务模块

物资档案库管理：建立完善的物资档案库，确保物资信息的准确性和完整性。

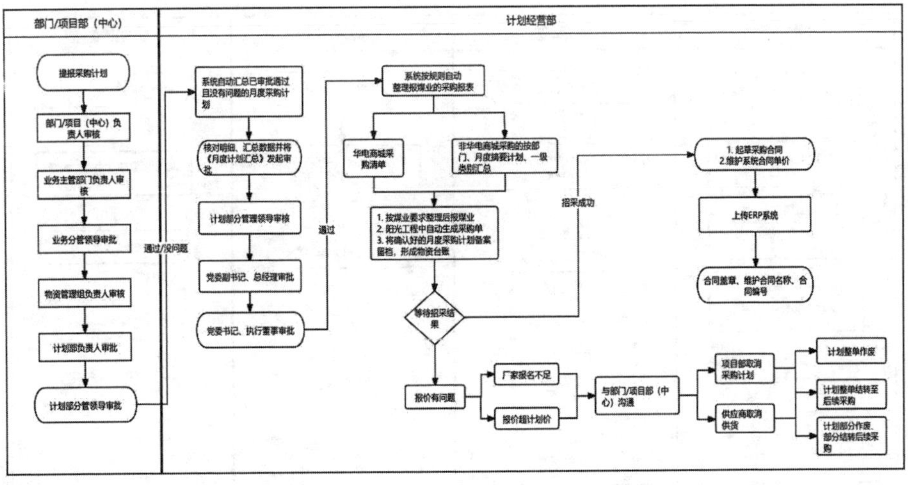

图 6-17　月度货物采购计划管理流程图

物资采购管理：优化采购流程，确保采购计划的科学性和合理性。

全流程单据记录：对物资管理的各个环节进行全流程单据记录，确保数据的可追溯性。

统计数据分析：通过数据分析功能，实时掌握物资库存、使用情况和成本变化，为管理决策提供科学依据。

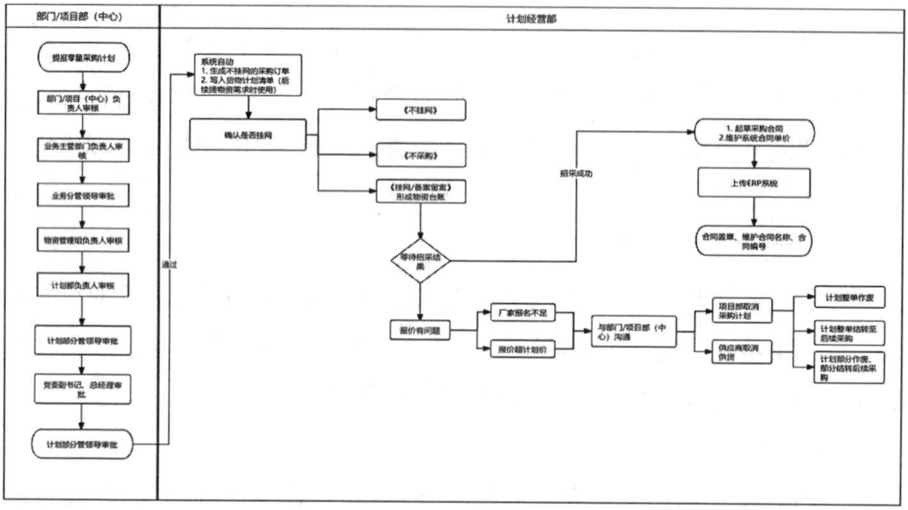

图 6-18 月度零星采购计划管理流程图

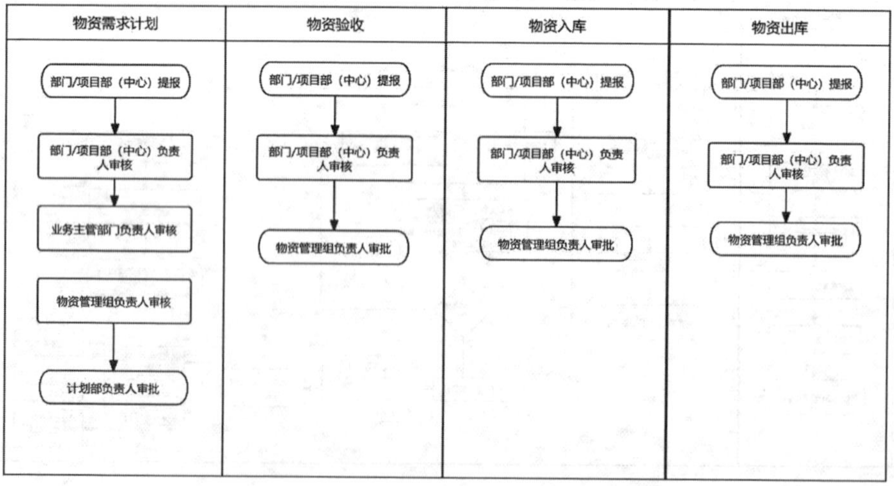

图 6-19 库存物资管理流程图

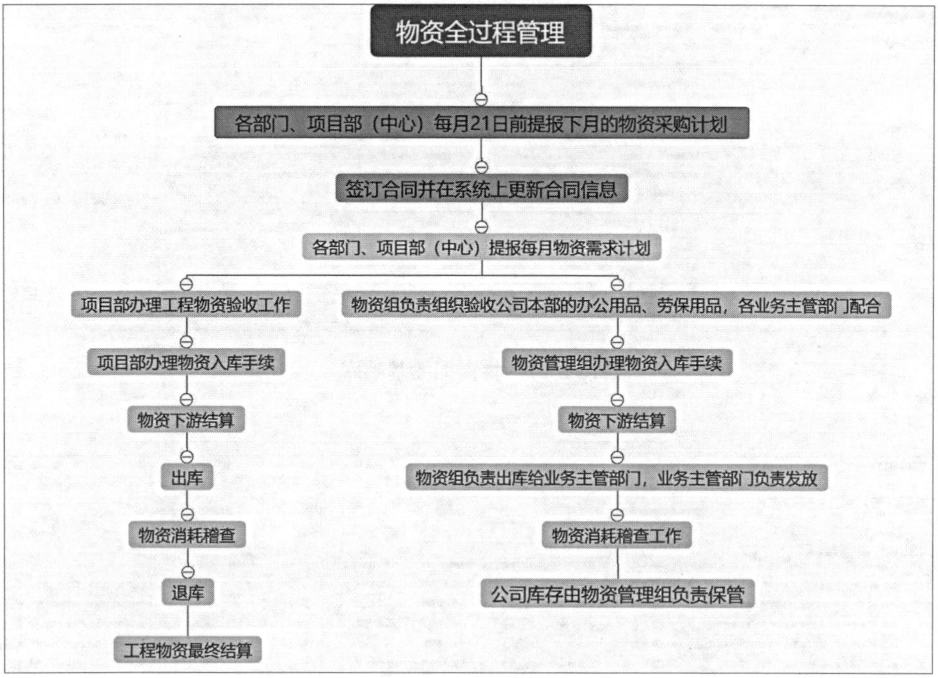

图 6-20 物资全过程管理流程图

三、物资管理具体应用

(一) 物资采购管理

(1) 建立线上电子物资档案库。档案库可以有效地将施工现场日常使用材料的名称、规格、型号进行标准化、电子化统一管理，使每一个物资都拥有自己的唯一标识，形成了 10 万多条物资信息，同时可以随时增减物资信息，方便了后期填报物资计划快速查取和填报，同时避免手工填写物资信息易出错，降低了劳动强度，也节约了办公时间，提高了工作效率。

(2) 建立物资提报计划单。提报物资计划时可以通过模糊搜索，迅速找出物资，相关信息自动带出，只需要填写存量、使用量、月用量即可。物资采购计划线上审批，解决了异地纸质审批不及时、效率不高等问题。

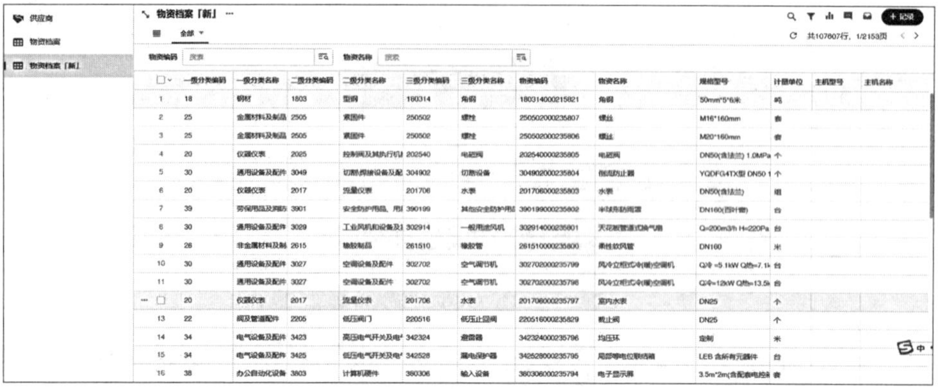

图 6-21 物资档案基础库

图 6-22 物资线上提报

(3)建立物资计划自动分包单。按规则将通过审批且没有问题的计划单进行汇总。汇总规则分两种，华电商城和非华电商城。华电商城分包数据取数规则为计划清单中华电商城编码不为空的数据，按序取数汇总。非华电商城汇总规则为按部门、月工作计划摘要、一级大类等取数汇总。每月底根据采购结果，上传采购完成合同信息、未采购物资筛选后自动计算采购完成率。

(4)建立物资采购合同台账。物资采购完成后确认报价结果、上传起草合同信息、上传 ERP 信息、录入合同信息。

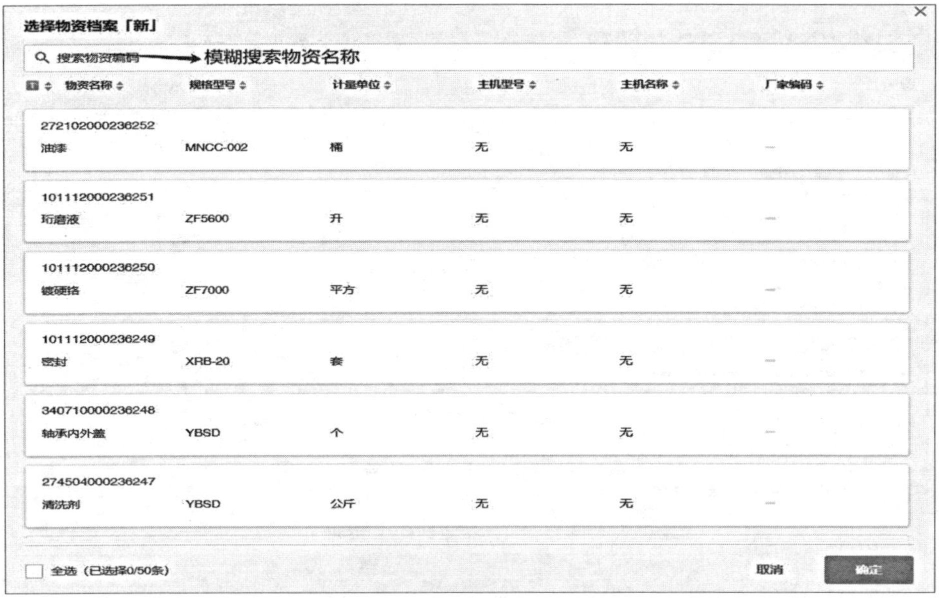

图 6-23　搜索物资档案

图 6-24　物资计划填报

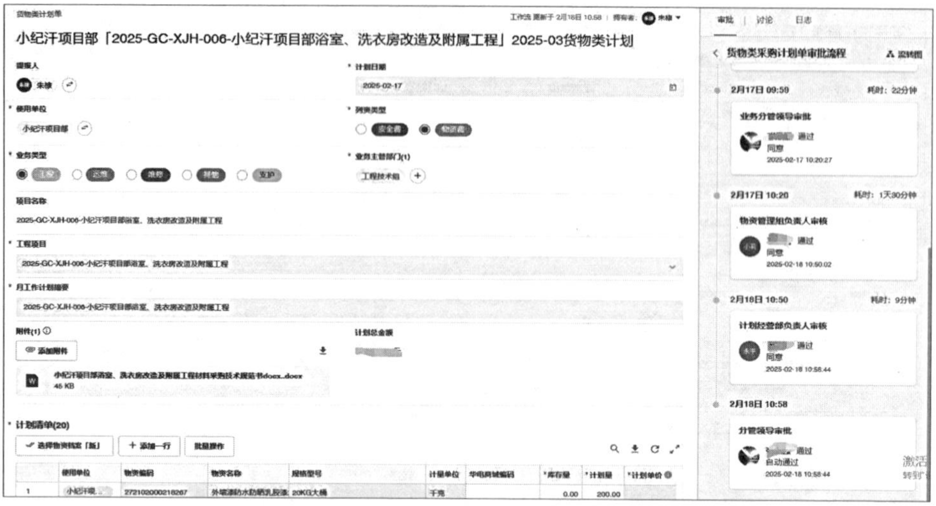

图 6-25　物资计划线上审批

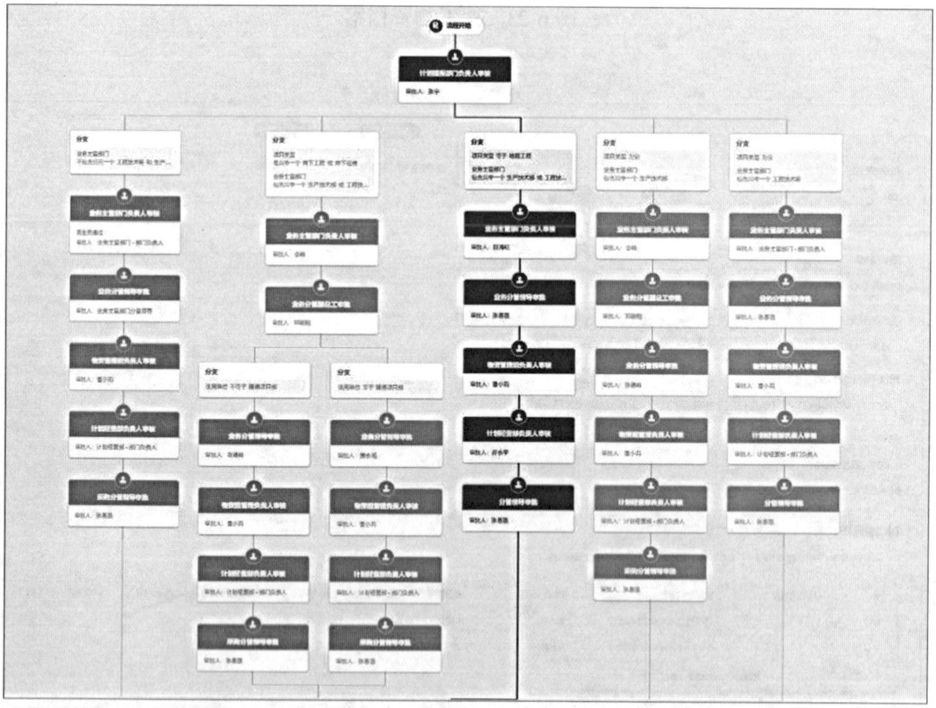

图 6-26　各种物资分类审批流程

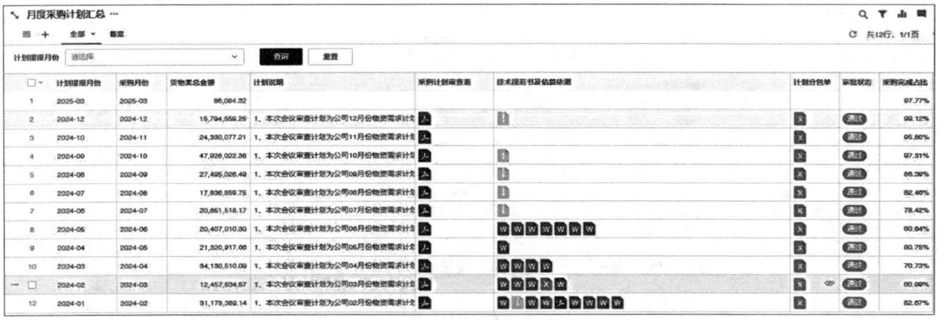

图 6-27　月度采购计划自动汇总与自动分包

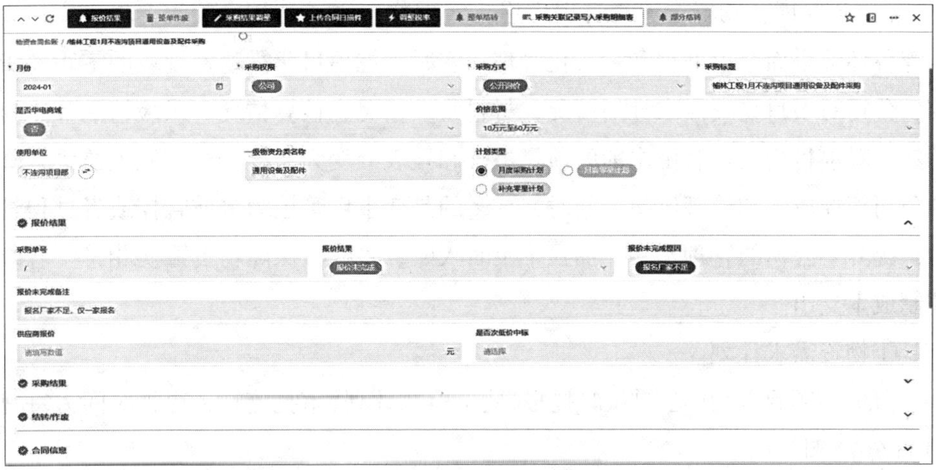

图 6-28　物资采购结果记录

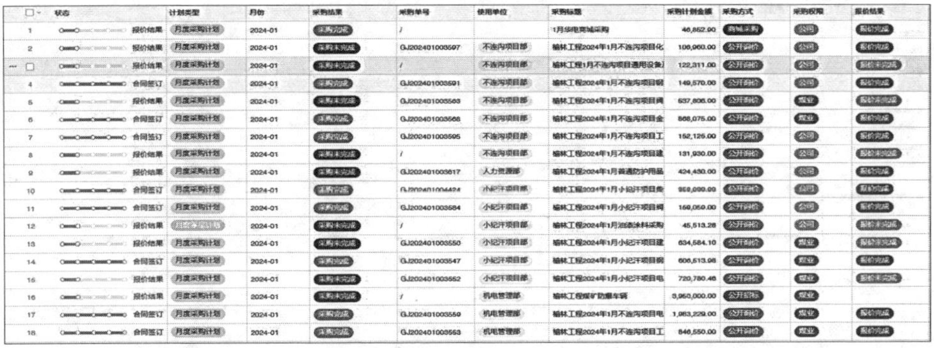

图 6-29　物资采购记录明细

图 6-30 采购结果调整、物资合同基础信息记录

(二)库存物资管理

(1)建立库存物资全流程管理应用。实现物资需求计划、验收、出入库、使用等各环节全面线上办理和精益化管理。实时掌握项目所需物资现场的零距离管控，公司对项目物资需求计划情况、材料收发情况、核算情况、风险情况等一目了然。对项目物资监管由之前的项目检查和报表上变为系统分析和线上监管，降低公司管控成本和管理风险的同时，更多的是变事后管控为事前管控或者过程管控，提升了公司的管理水平，加强了及时入账、验收，保障物资账实相符，有效控制成本支出。

①物资需求计划。

[部门/项目部(中心)]按时提报《物资需求计划》审批流程；提报时间为每月10 日至 25 日。

[物资管理组]收到各部门提报的物资需求计划后，与供应商联系供货。

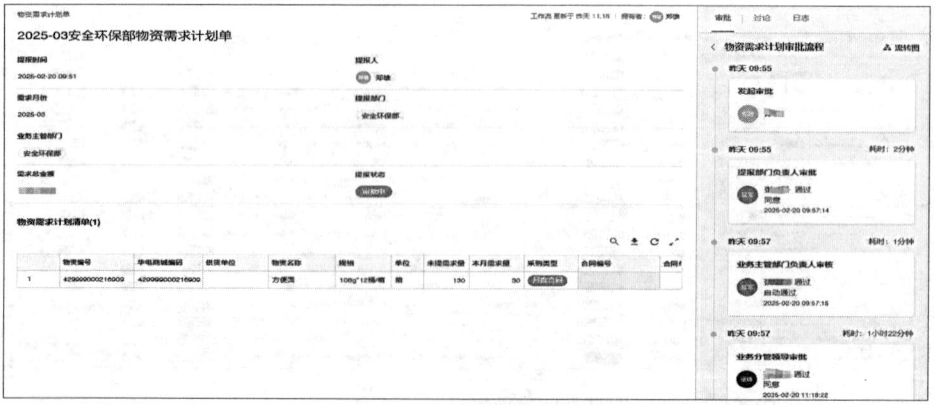

图 6-31 填写物资需求计划单

提报人	提报部门	需求月份	业务主管部门	业务类型	项目名称	需求总金额	物资需求计划清单	提报状态	流程状态
叶明辉	不连沟项目部	2025-02	生产技术部	工程	2024-GC-BLG-011-不连沟煤矿大巷延伸管路安装工程	106,258.00元	6	审批完成	通过
叶明辉	不连沟项目部	2025-02	不连沟项...	工程	2024-GC-BLG-002-不连沟煤矿采空区永久封闭工程	3,398.85元	1	审批完成	通过
朱棣	不连沟项目部	2025-02	工程技术组	工程	2024-GC-BLG-005-不连沟公司地面土建、安装修缮工程	179,644.36元	24	审批完成	通过
李斌	小纪汗项目部	2025-02	生产技术部	工程	2025-GC-XJH-003-小纪汗煤矿2煤西翼二号辅助运输大巷开拓工程	27,120.00元	1	审批中	业务分管领导审
李斌	小纪汗项目部	2025-02	生产技术部	工程	2023-GC-XJH-019-小纪汗煤矿综采工作面采空区密闭施工等工程	6,780.00元	2	审批完成	通过
李斌	小纪汗项目部	2025-02	生产技术部	工程	2023-GC-XJH-018-小纪汗煤矿顺槽综合管网安装及回撤工程	18,920.00元	1	审批中	发起审批
李斌	小纪汗项目部	2025-02	生产技术部	工程	2025-GC-XJH-003-小纪汗煤矿2煤西翼二号辅助运输大巷开拓工程	21,250.00元	1	审批完成	通过
李斌	小纪汗项目部	2025-02	生产技术部	工程	2023-GC-XJH-019-小纪汗煤矿综采工作面采空区密闭施工等工程	43,634.00元	1	审批中	物资管理组负责
李斌	小纪汗项目部	2025-02	小纪汗项...	工程	2023-GC-XJH-019-小纪汗煤矿综采工作面采空区密闭施工等工程	16,215.15元	10	审批完成	通过
李斌	小纪汗项目部	2025-02	生产技术部	工程	2023-GC-XJH-019-小纪汗煤矿综采工作面采空区密闭施工等工程	8,405.00元	2	审批完成	通过
李斌	小纪汗项目部	2025-02	生产技术部	工程	2025-GC-XJH-003-小纪汗煤矿2煤西翼二号辅助运输大巷开拓工程	40,680.00元	1	审批完成	通过
李斌	小纪汗项目部	2025-02	生产技术部	工程	2024-GC-XJH-034-小纪汗煤矿2024年中央水仓、临时水仓、盘区水仓	28,255.60元	13	审批完成	通过
李斌	小纪汗项目部	2025-02	生产技术部	工程	2024-GC-XJH-034-小纪汗煤矿2024年中央水仓、临时水仓、盘区水仓	468.40元	1	审批完成	通过
朱棣	不连沟项目部	2025-01	工程技术组	工程	2024-GC-BLG-003-不连沟汽车服务区改造宿舍工程（二期）	27,157.44元	6	审批完成	通过
朱棣	不连沟项目部	2025-01	工程技术组	工程	2024-GC-BLG-008-不连沟煤矿培训中心室内走廊粉刷涂料、外墙真石漆	3,504.60元	1	审批完成	通过
朱棣	不连沟项目部	2025-01	工程技术组	工程	2024-GC-BLG-004-不连沟公司华泰新村房屋装修改造工程	65,222.94元	13	审批完成	通过
朱棣	不连沟项目部	2025-01	工程技术组	工程	2024-GC-BLG-003-不连沟汽车服务区改造宿舍工程（二期）	89,315.43元	7	审批完成	通过
朱棣	不连沟项目部	2025-01	工程技术组	工程	2024-GC-BLG-004-不连沟公司华泰新村房屋装修改造工程	92,929.80元	2	审批完成	通过
叶明辉	不连沟项目部	2025-01	生产技术部	工程	2024-GC-BLG-002-不连沟煤矿采空区永久封闭工程	70,115.00元	4	审批中	物资管理组负责
叶明辉	不连沟项目部	2025-01	生产技术部	工程	2023-GC-BLG-016-不连沟煤矿F6301等工作面与大巷风桥工程	3,900.00元	1	审批中	物资管理组负责

图 6-32　物资需求记录明细

②物资验收。

［部门/项目部(中心)］供应商送货到目的地后，部门/项目部(中心)验收货物后，提报物资验收单，走《物资验收》审批流程。

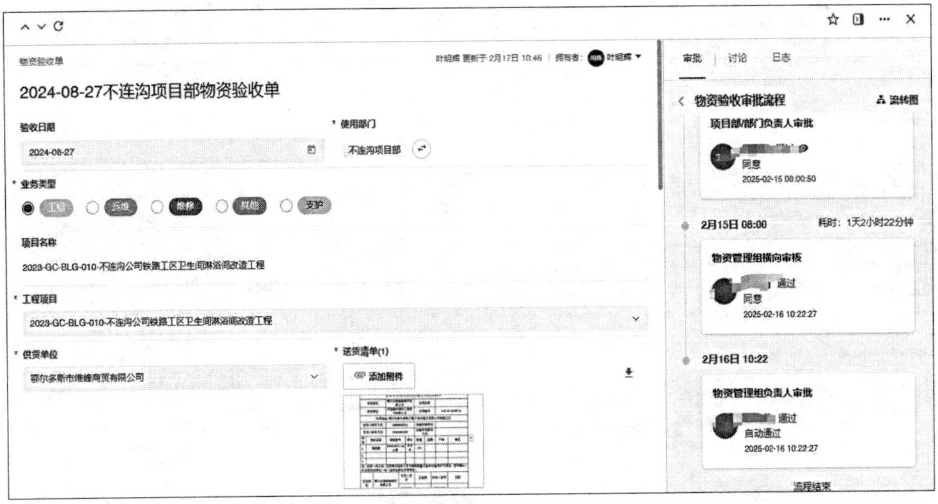

图 6-33　填写物资验收单

验收日期	使用部门	业务类型	项目名称	供货单位	验收数量	验收金额（元）	验收清单	送货清单	物资技术参数	现场验收影像资料
2025-02-17	小纪汗项目部	工程	2023-GC-XJH-019-小纪汗煤矿综采工作面采空区密闭施工等	榆林国达创思机械制造有限公司	100	205.00元	1			
2025-01-23	小纪汗项目部	工程	2025-GC-XJH-003-小纪汗煤矿2煤西翼二号辅助运输大巷开拓	榆林国达创思机械制造有限公司	1	2,077.51元	1			
2024-12-24	综合管理部			莆田市建萍能源科技有限公司	7	10,707.94元	4			
2025-02-16	不连沟项目部	工程	2023-GC-BLG-016-不连沟煤矿F6301等工作面与大巷风桥工	准格尔旗科达商贸有限责任公司	200	2,600.00元	1			
2025-02-16	材料加工中心	其他		陕西中正鑫泰机电设备有限公司	16.47	81,177.38元	1			
2025-02-16	材料加工中心	其他		陕西中正鑫泰机电设备有限公司	18.24	96,693.38元	1			
2025-02-15	材料加工中心	其他		陕西中邦众晨机电科技有限责任公司	35.05	163,124.45元	1			
2025-02-15	材料加工中心	其他		陕西中邦众晨机电科技有限责任公司	35.25	162,280.78元	1			
2025-02-14	安全环保部			广博集团股份有限公司	70	3,283.80元	1			
2025-02-14	石泉项目部	工程	2024-GC-SQ-010-瓦斯抽放管路安装工程	山西迅通工贸有限公司	1,356	41,941.68元	20			
2025-01-20	小纪汗项目部	工程	2023-GC-XJH-019-小纪汗煤矿综采工作面采空区密闭施工等	陕西鹏源实业有限公司	1,068.7	364,435.96元	22			
2024-10-27	小纪汗项目部	工程	2023-GC-XJH-019-小纪汗煤矿综采工作面采空区密闭施工等	内蒙古方合圆商贸有限公司	1	234,513.27元	1			
2025-02-14	材料加工中心	其他		陕西鼎华合创机械设备有限公司	33.86	177,765.00元	1			
2025-02-14	材料加工中心	其他		陕西中邦众晨机电科技有限责任公司	2.58	11,877.57元	1			
2025-02-14	材料加工中心	其他		陕西中邦众晨机电科技有限责任公司	33.16	152,659.02元	1			
2025-02-14	材料加工中心	其他		陕西中邦众晨机电科技有限责任公司	34.39	158,321.59元	1			
2025-02-14	材料加工中心	其他		陕西中正鑫泰机电设备有限公司	1,625	428,477.70元	17			
2024-08-27	不连沟项目部	工程	2023-GC-BLG-010-不连沟公司铁路工区卫生间淋浴间改造工	鄂尔多斯市隆峰商贸有限公司	270	28,671.30元	1			
2024-11-04	材料加工中心	其他		陕西中邦众晨机电科技有限责任公司	9.19	42,308.09元	1			
2025-02-13	小纪汗项目部	工程	2023-GC-XJH-021-小纪汗煤矿2023年中央水仓、临时水仓、	陕西省鸿阳商贸有限公司	9.7	117,630.25元	1			

图 6-34 物资验收明细

③物资入库。

[部门/项目部(中心)]验收完成入库后，提报物资入库，走《物资入库》审批流程。

[物资管理组]核查数据，打印入库数据后，上传至财务系统。

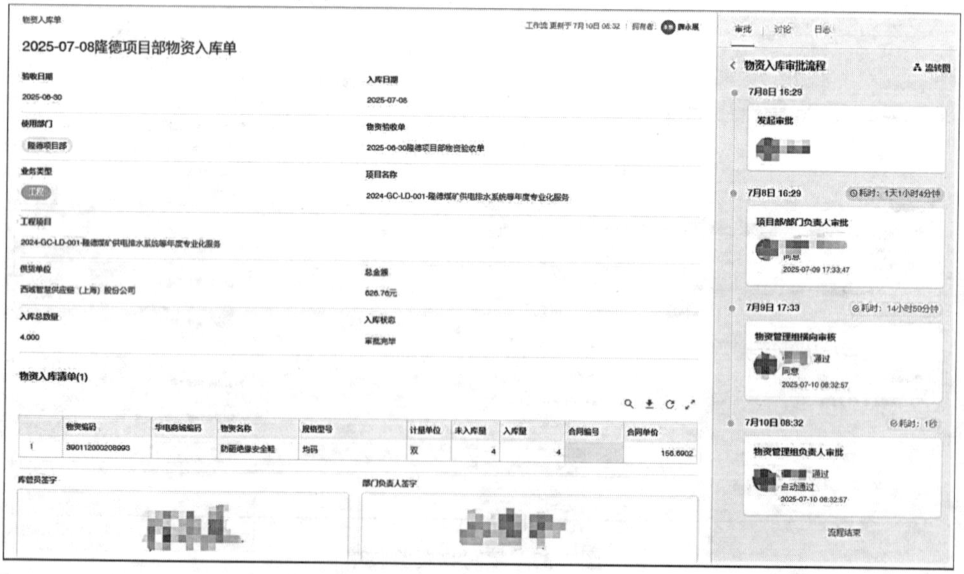

物资入库单

工作流 更新于 7月10日 08:32 ｜ 拥有者：

2025-07-08隆德项目部物资入库单

验收日期
2025-06-30

入库日期
2025-07-08

使用部门
隆德项目部

物资验收单
2025-06-30隆德项目部物资验收单

业务类型
工程

项目名称
2024-GC-LD-001-隆德煤矿供电排水系统等年度专业化服务

工程项目
2024-GC-LD-001-隆德煤矿供电排水系统等年度专业化服务

供货单位
西域智慧供应链（上海）股份公司

总金额
626.76元

入库总数量
4.000

入库状态
审批完毕

物资入库清单(1)

	物资编码	华电商城编码	物资名称	规格型号	计量单位	未入库量	入库量	合同编号	合同单价
1	390112000208993		防砸绝缘安全鞋	均码	双	4	4		156.6902

库管员签字

部门负责人签字

审批 ｜ 讨论 日志

物资入库审批流程 流转图

7月8日 16:29
发起审批

7月8日 16:29 耗时：1天1小时4分钟
项目部/部门负责人审批
同意
2025-07-09 17:33:47

7月9日 17:33 耗时：14小时59分钟
物资管理组横向审核
通过
同意
2025-07-10 08:32:57

7月10日 08:32 耗时：1秒
物资管理组负责人审批
通过
自动通过
2025-07-10 08:32:57

流程结束

图 6-35 填写物资入库单

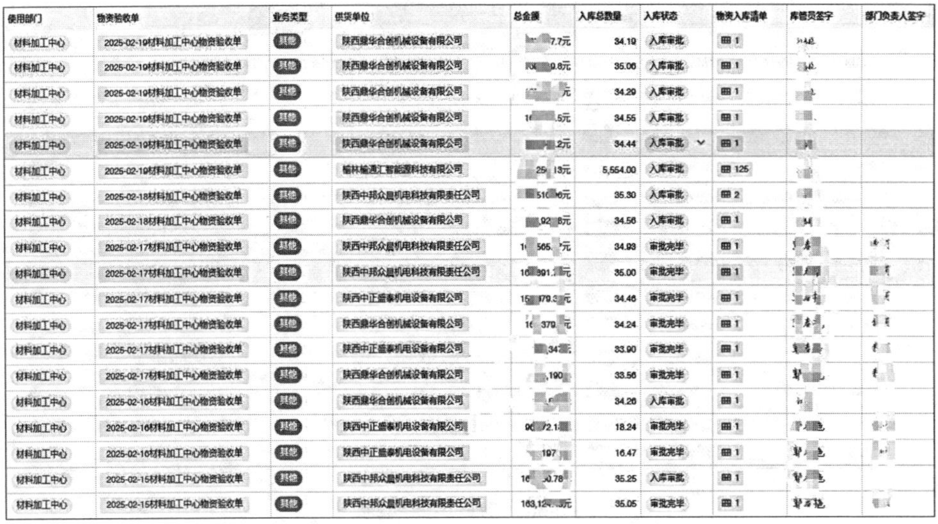

使用部门	物资验收单	业务类型	供货单位	总金额	入库总数量	入库状态	物资入库清单	库管员签字	部门负责人签字
材料加工中心	2025-02-19材料加工中心物资验收单	其他	陕西鼎华合创机械设备有限公司	[illegible]	34.19	入库审批	1	[illegible]	
材料加工中心	2025-02-19材料加工中心物资验收单	其他	陕西鼎华合创机械设备有限公司	[illegible]	35.06	入库审批	1	[illegible]	
材料加工中心	2025-02-19材料加工中心物资验收单	其他	陕西鼎华合创机械设备有限公司	[illegible]	34.29	入库审批	1	[illegible]	
材料加工中心	2025-02-19材料加工中心物资验收单	其他	陕西鼎华合创机械设备有限公司	[illegible]	34.55	入库审批	1	[illegible]	
材料加工中心	2025-02-19材料加工中心物资验收单	其他	陕西鼎华合创机械设备有限公司	[illegible]	34.44	入库审批	1	[illegible]	
材料加工中心	2025-02-19材料加工中心物资验收单	其他	榆林榆通汇智能源科技有限公司	[illegible]	5,554.00	入库审批	125	[illegible]	
材料加工中心	2025-02-18材料加工中心物资验收单	其他	陕西中邦众晨机电科技有限责任公司	[illegible]	35.30	入库审批	2	[illegible]	
材料加工中心	2025-02-18材料加工中心物资验收单	其他	陕西鼎华合创机械设备有限公司	[illegible]	34.56	入库审批	1	[illegible]	
材料加工中心	2025-02-17材料加工中心物资验收单	其他	陕西中邦众晨机电科技有限责任公司	[illegible]	34.93	审批完毕	1	[illegible]	[illegible]
材料加工中心	2025-02-17材料加工中心物资验收单	其他	陕西中邦众晨机电科技有限责任公司	[illegible]	35.00	审批完毕	1	[illegible]	[illegible]
材料加工中心	2025-02-17材料加工中心物资验收单	其他	陕西中正盛泰机电设备有限公司	[illegible]	34.46	审批完毕	1	[illegible]	[illegible]
材料加工中心	2025-02-17材料加工中心物资验收单	其他	陕西鼎华合创机械设备有限公司	[illegible]	34.24	审批完毕	1	[illegible]	[illegible]
材料加工中心	2025-02-17材料加工中心物资验收单	其他	陕西中正盛泰机电设备有限公司	[illegible]	33.90	审批完毕	1	[illegible]	[illegible]
材料加工中心	2025-02-17材料加工中心物资验收单	其他	陕西鼎华合创机械设备有限公司	[illegible]	33.56	审批完毕	1	[illegible]	[illegible]
材料加工中心	2025-02-16材料加工中心物资验收单	其他	陕西鼎华合创机械设备有限公司	[illegible]	34.26	入库审批	1	[illegible]	
材料加工中心	2025-02-16材料加工中心物资验收单	其他	陕西中正盛泰机电设备有限公司	[illegible]	18.24	审批完毕	1	[illegible]	[illegible]
材料加工中心	2025-02-16材料加工中心物资验收单	其他	陕西中正盛泰机电设备有限公司	[illegible]	16.47	审批完毕	1	[illegible]	[illegible]
材料加工中心	2025-02-15材料加工中心物资验收单	其他	陕西中邦众晨机电科技有限责任公司	[illegible]	35.25	入库审批	1	[illegible]	
材料加工中心	2025-02-15材料加工中心物资验收单	其他	陕西中邦众晨机电科技有限责任公司	[illegible]	35.05	审批完毕	1	[illegible]	[illegible]

图 6-36　物资入库明细

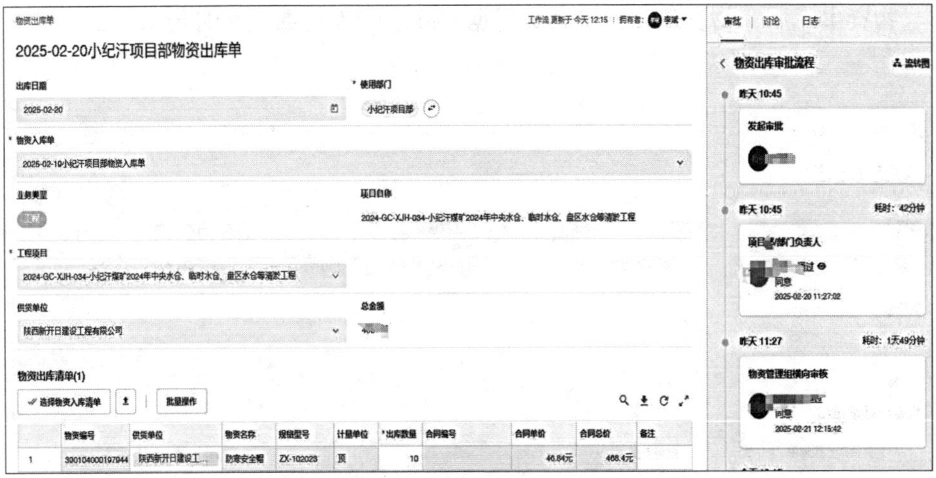

图 6-37　物资出库单

④物资出库。

［部门/项目部(中心)］领用物资时，由负责人提报出库单，领用人、材料员签字确认后，走《物资出库》审批流程。

［物资管理组］核查数据，打印出库数据后，上传至财务系统。

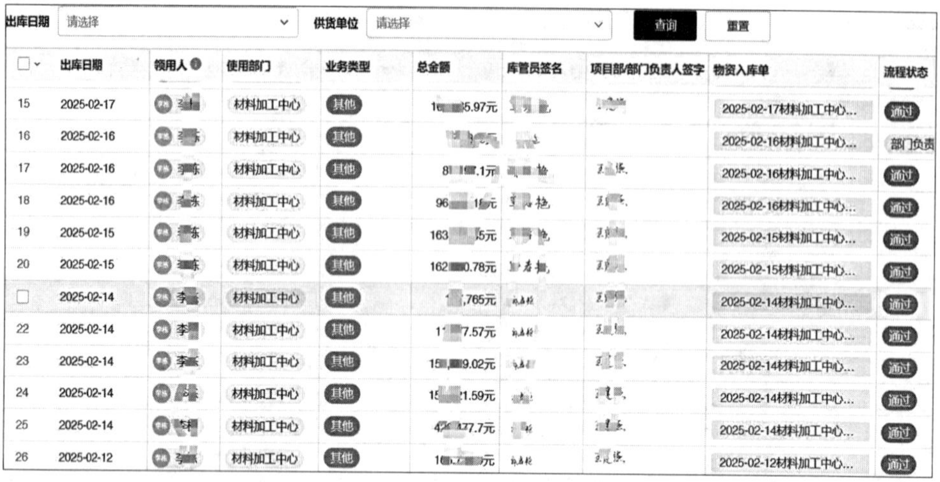

出库日期 请选择 供货单位 请选择 查询 重置

	出库日期	领用人	使用部门	业务类型	总金额	库管员签名	项目部/部门负责人签字	物资入库单	流程状态
15	2025-02-17	[redacted]	材料加工中心	其他	1[redacted]5.97元	[redacted]	[redacted]	2025-02-17材料加工中心...	通过
16	2025-02-16	[redacted]	材料加工中心	其他	[redacted]	[redacted]		2025-02-16材料加工中心...	部门负责
17	2025-02-16	[redacted]	材料加工中心	其他	8[redacted].1元	[redacted]	[redacted]	2025-02-16材料加工中心...	通过
18	2025-02-16	[redacted]	材料加工中心	其他	96[redacted]1[redacted]元	[redacted]	[redacted]	2025-02-16材料加工中心...	通过
19	2025-02-15	[redacted]	材料加工中心	其他	163[redacted]5元	[redacted]	[redacted]	2025-02-15材料加工中心...	通过
20	2025-02-15	[redacted]	材料加工中心	其他	162[redacted]0.78元	[redacted]	[redacted]	2025-02-15材料加工中心...	通过
	2025-02-14	[redacted]	材料加工中心	其他	[redacted],765元	[redacted]	[redacted]	2025-02-14材料加工中心...	通过
22	2025-02-14	[redacted]	材料加工中心	其他	1[redacted]7.57元	[redacted]	[redacted]	2025-02-14材料加工中心...	通过
23	2025-02-14	[redacted]	材料加工中心	其他	15[redacted]9.02元	[redacted]	[redacted]	2025-02-14材料加工中心...	通过
24	2025-02-14	[redacted]	材料加工中心	其他	1[redacted]1.59元	[redacted]	[redacted]	2025-02-14材料加工中心...	通过
25	2025-02-14	[redacted]	材料加工中心	其他	4[redacted]7.7元	[redacted]	[redacted]	2025-02-14材料加工中心...	通过
26	2025-02-12	[redacted]	材料加工中心	其他	1[redacted]元	[redacted]	[redacted]	2025-02-12材料加工中心...	通过

图 6-38 物资出库明细

⑤物资消耗。

物资出库后，物资消耗记录人员根据实际生产消耗数量定时记录。

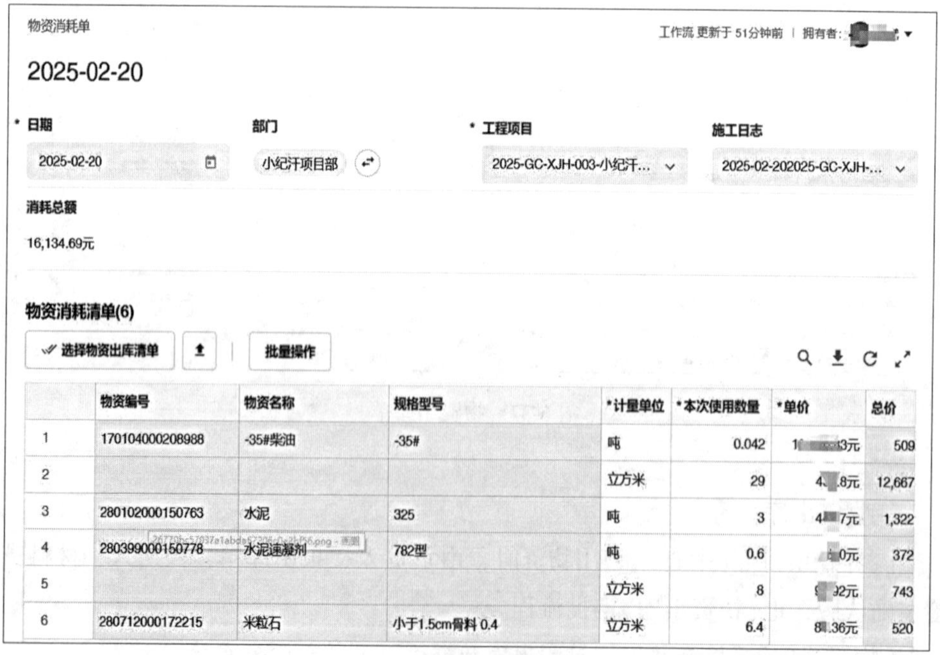

物资消耗单

工作流 更新于 51分钟前 | 拥有者：[redacted]

2025-02-20

* 日期 2025-02-20

部门 小纪汗项目部

* 工程项目 2025-GC-XJH-003-小纪汗...

施工日志 2025-02-202025-GC-XJH-...

消耗总额 16,134.69元

物资消耗清单(6)

选择物资出库清单 批量操作

	物资编号	物资名称	规格型号	*计量单位	*本次使用数量	*单价	总价
1	170104000208988	-35#柴油	-35#	吨	0.042	1[redacted]3元	509
2				立方米	29	4[redacted].8元	12,667
3	280102000150763	水泥	325	吨	3	4[redacted]7元	1,322
4	280399000150778	水泥速凝剂	782型	吨	0.6	[redacted]0元	372
5				立方米	8	[redacted]2元	743
6	280712000172215	米粒石	小于1.5cm骨料 0.4	立方米	6.4	8[redacted].36元	520

图 6-39 物资消耗单

日期 请选择　物资名称规格 搜索　原材料类别 请选择

查询　重置　^ 收起

	期	部门	原材料类别	物资编号	物资名称	规格型号	计量单位	原材料重量/根	本次使用数量
1	25-02-20	材料加工中心	W钢带卷	180704000209689	钢带	材质 Q235 厚度=3.0mm	吨	0.00720	2.808
2	25-02-20	材料加工中心	钢绞线	250118000209687	钢绞线	φ21.8mm 1*19s	吨	0.00250	13.7
3	25-02-20	材料加工中心	铁丝	250112000214306	镀锌铁丝	Q195 4.0mm (8#)	吨	0.00400	5.141
4	25-02-20	材料加工中心	铁丝	250112000214306	镀锌铁丝	Q195 4.0mm (8#)	吨	0.00470	2.914
5	25-02-20	材料加工中心	冷拔丝	180502000209867	冷拔丝	材质：　Q195 直径=6.5mm	吨	0.00450	6.122
6	25-02-20	材料加工中心	冷拔丝	180502000209867	冷拔丝	材质：　Q195 直径=6.5mm	吨	0.00565	5.248
7	25-02-20	材料加工中心	托盘钢板	180702000209690	托盘钢板	材质 Q235 厚度=16mm 规格300m	吨	0.01134	4.434
8	25-02-20	材料加工中心	托盘钢板	180702000209695	托盘钢板	材质 Q235 厚度=8mm 规格150m	吨	0.00141	1.833
9	25-02-20	材料加工中心	托盘钢板	180702000209694	托盘钢板	材质 Q235 厚度=10mm 规格150m	吨	0.00177	2.275
10	25-02-20	材料加工中心	托盘钢板	180702000209694	托盘钢板	材质 Q235 厚度=10mm 规格150m	吨	0.00210	3.845
...	25-02-20	材料加工中心	锚杆钢	180324000209696	左旋无纵肋锚杆钢	材质：　MG500 直径=22mm	吨	0.00715	11.905

图 6-40　物资消耗明细

⑥物资稽查。

物资管理部门定期对各部门、各项目库存物资、消耗物资进行稽查。通过查看物资消耗、库存盘点，核实物资使用情况、做实物资管理。通过系统物资稽查比对统计单，利用系统钻取功能核查每条记录。

物资消耗稽查单 / 2024-08-212023-GC-BLG-014-不连沟煤矿主井锅炉与选煤厂锅炉供热管网连通工程物资稽查单

11		26999900115326	保温棉包扎专用沥青布	黑色 22CM*9M/卷	
12	YLGC-WZ-202402-02	28250200043743	岩棉管壳	内径DN300、厚50mm	
13	YLGC-WZ-202402-02	28250200043742	岩棉管壳	内径DN150、厚50mm	
14	YLGC-WZ-202404-01	28031000632234	商品混凝土	C30	
15	YLGC-WZ-202404-01	28031000632234	商品混凝土	C30	
16	YLGC-WZ-202404-01	28031000632234	商品混凝土	C30	
17	YLGC-WZ-202404-01	28031000632234	商品混凝土	C30	
...	YLGC-WZ-202404-01	28031000632234	商品混凝土	C30	
19	YLGC-WZ-202403-05	28031000641608	商品混凝土	C15	
20	YLGC-WZ-202404-01	28031000632234	商品混凝土	C30	

出库量	出库金额
[redacted]	[redacted]
消耗量	消耗金额
[redacted]	[redacted]
存货量	存货金额
[redacted]	[redacted]

图 6-41　物资稽查单

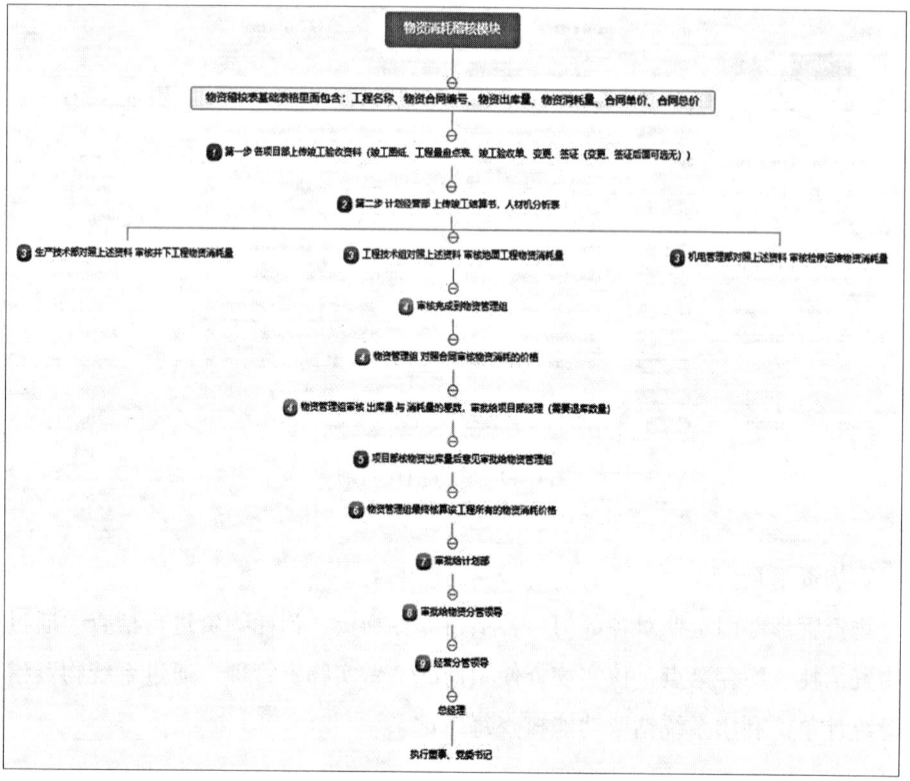

图 6-42　物资稽查流程

合同编号 搜索　工程项目 请选择　查询　重置

合同物资查看

合同编号	项目名称	物资编码	物资名称	规格型号	计量单位	合同单价	合同总价	合同量	已验收量	入库数量	出库数量	消耗量
		272122000175548	聚氨酯防水涂料	水泥色10斤	桶	129.950000000000元	2,858.9	22				
		281904000172597	红砖	240*115*53mm	块	0.70000000000000元	14,033.6	20,048	20,048	20,048	20,048	
		250728000193397	铝扣板	300*300*1.0mm厚	平方米	101.700000000000元	4,474.8	44	44	44	44	

图 6-43　物资稽查统计单

(2)建立物资管理智慧报表。通过系统提供的数据分析和报表功能，为物资管理决策提供有力支持，实现物资管理的科学化和精细化。

通过系统自动核算生成的需求总计划表、采购申请表、采购询价表、入库表、出库表、调拨表、库存汇总表、采购总量分析表及调拨核对表等智能报表，帮助财务人员节省核算时间，让公司高层领导者能够轻松了解项目成本。

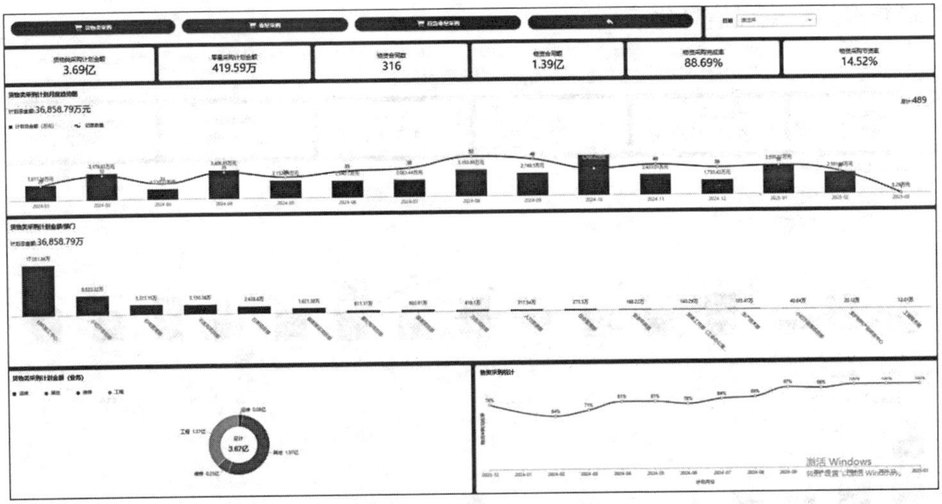

图 6-44　物资采购统计图

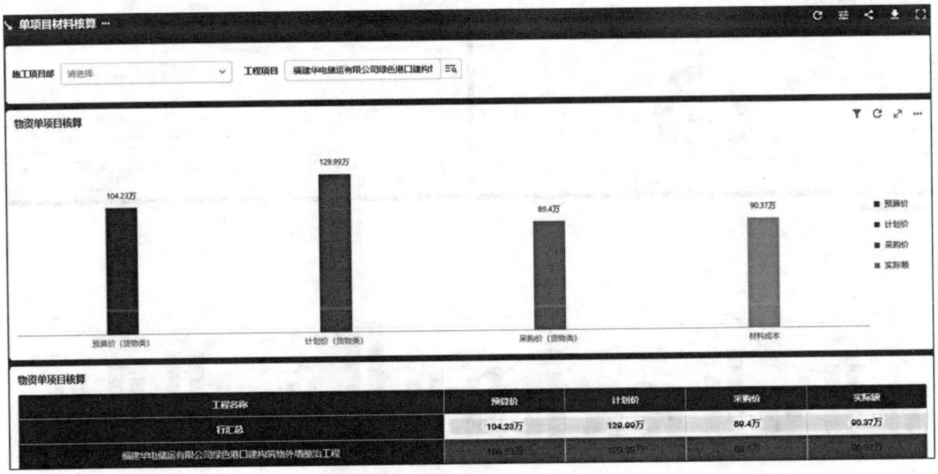

图 6-45　单项工程物资统计图

四、物资管理系统应用效果

（一）实现物资全生命周期的信息化管理

系统覆盖了物资从计划采购、需求提出、到货验收、入库、出库、库存盘点直至报废处置的全过程，确保每个环节都能在系统中清晰记录并高效流转，实现物资管理的全流程信息化。

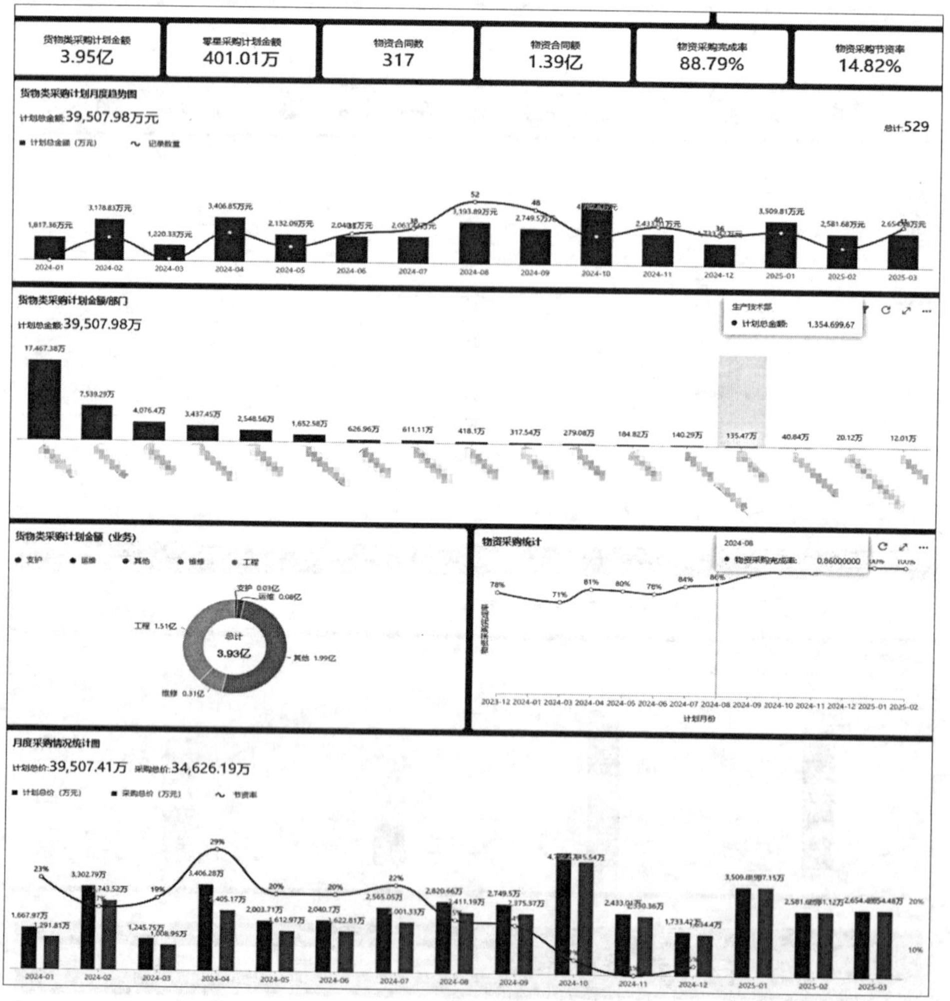

图 6-46　物资管理驾驶舱

(二)提高物资管理的透明度与准确性，提升管理效率

通过系统的优化与自动化操作，大幅减少人工干预和烦琐流程，有效提高物资管理的透明度和准确性。这不仅提升了工作效率，还节省了时间和人力成本，使物资管理更加高效便捷。

(三)提升物资管理水平

系统内置的数据分析和报表功能，能够实时呈现物资库存状况、采购进度等关键信息，为物资管理决策提供科学依据。同时，通过优化库存管理策略，有效减少物资积压和短缺现象，降低库存成本，全面提升物资管理的质量和水平。

(四)增强物资管理的透明度与可控性

系统对物资管理各环节进行详细记录和实时监控，使物资管理工作更加透明、可控。这不仅便于管理层对物资管理工作的监督，还能通过系统报表和数据分析功能，实时获取每项工程的物资使用成本，为管理决策提供有力支持，推动物资管理向科学化、精细化方向发展。

第三节　项目管理系统的应用案例

一、以往项目管理中存在的痛点与难点

(1)施工现场管理不清：由于缺乏统一的施工现场管理平台，施工信息分散，没有统一的施工记录台账，日常作业情况难以清晰掌握。

(2)进度管理不畅：项目进度数据难以及时汇总，在项目执行过程中，如果监控和记录不及时，就难以判断工作是否按照计划顺利进行，对于及时调整和优化项目产生困难，导致项目进度滞后，影响整体工期。

(3)成本控制效果不佳：工程成本核算涉及人、材、机、管理费用等多项成本，没有有效的数据记录自动核算平台，各项成本难以实时监控，成本超支现象时有发生，严重影响项目盈利能力。

(4)部门协同效率低：项目管理是一项高度依赖跨部门协同的系统工程，涵

盖合同、物资、进度、质量、安全及经营核算等多个维度，几乎涉及公司内部的所有职能部门。倘若缺乏统一、高效的信息平台，大量任务便只能依靠人工反复沟通和现场协调，不仅耗时耗力，还会导致流程迟滞、整体效率低下。

(5)项目数据统计难：项目管理中不同管理层级需要不同汇总数据，受文件大小限制不可能体现在一个文件内，采用逐层汇总方式，每层需花费大量时间进行收集、统计整理，由于数据分散，无法快速统计和分析，数据准确性也经常受到影响，不同部门日常及突发报表需要的数据字段普遍存在一定重复，不必要的复制粘贴、重复填写占用较多工作时间，极大影响公司管理决策，也降低项目管理的科学性。

(6)工程资料分散：工程资料分散存储，资料整理和查询就非常困难，线下存储资料极易损坏，一旦人员变动、资料就会极易出现丢失，严重影响竣工结算、工程审计。

二、项目管理解决方案

(1)项目管理应用通过全时间段的流程动态监控及界面化管理的形式，实现对项目前期阶段、实施阶段、验收阶段、结算阶段各阶段统计分析的全生命周期管理，以流程为枢纽，自动化项目进度反馈，将项目所有信息统一到管理平台，让管理者对项目“知进度、控成本、防风险”，确保整个项目得到有效的管理落实。

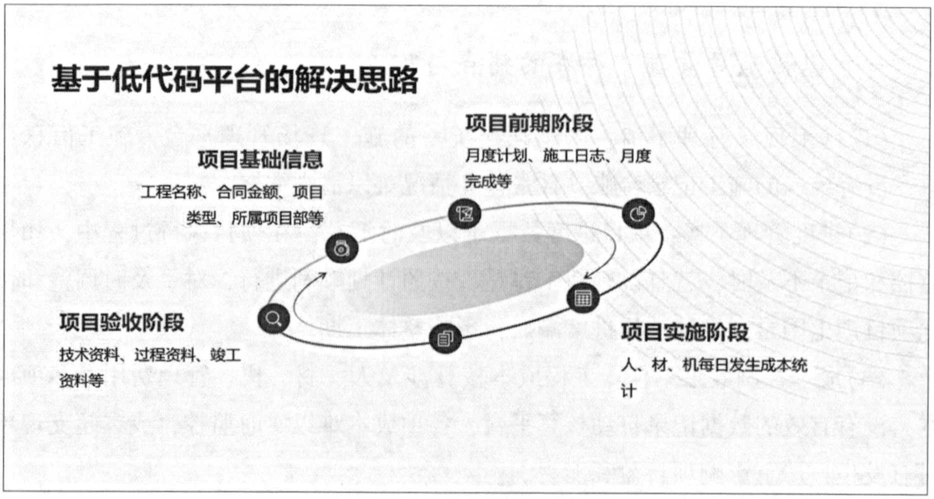

图 6-47 项目管理系统建设思路

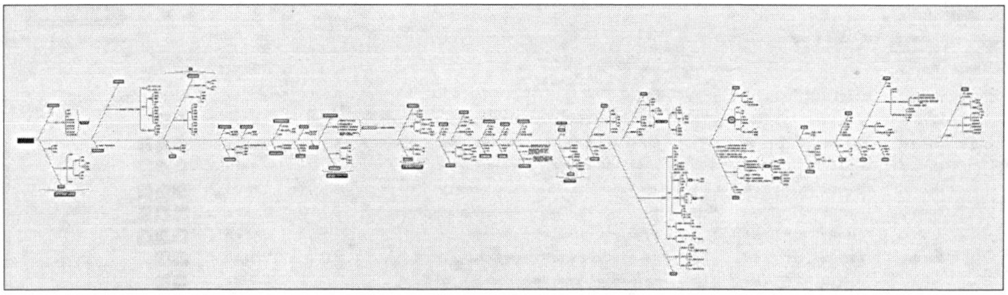

图 6-48　项目管理系统建设思维导图

(2)项目管理核心业务模块：项目合同管理、项目资料管理、项目进度管理、项目质量管理、项目成本管理、项目安全管理、项目验收管理。

三、项目管理具体应用

(一)项目承揽管理

(1)项目技术文件、商务文件审核。

项目前期信息获取后，线上提报技术、商务文件相关部门提交后，走相应的审批流程，存储相关文件。

	提交日期	提交部门	提交人	业务类型	项目名称	客户名称	响应文件（技术）
1	2024-12-26	计划经营部	王新雨	运维	陕西华电榆横煤电有限责任公司锅炉及地面管网运行维护（2024.11.29—2025.11月28日）-YLGC-FW-202412	榆横煤电	
2	2024-12-26	计划经营部	王新雨	维修	陕西华电榆横煤电有限责任公司小纪汗煤矿带式输送机滚筒维修项目	榆横煤电	
3	2024-12-26	计划经营部	王新雨	工程	2024-GC-XJH-002-小纪汗煤矿矿山应急救援消防训练实操基地建设工程	榆横煤电	
4	2024-12-26	计划经营部	王新雨	工程	2024-GC-XJH-034-小纪汗煤矿2024年中央水仓、临时水仓、盘区水仓等清淤工程	榆横煤电	
5	2024-12-26	计划经营部	王新雨	工程	2024-GC-XJH-006-小纪汗煤矿变、配电站安全维护工程	榆横煤电	
6	2024-12-26	计划经营部	王新雨	工程	2024-GC-XJH-005-小纪汗煤矿新建南大门及附属工程	榆横煤电	
7	2024-12-26	计划经营部	王新雨	工程	-甜水堡煤矿二号井2024年度生活区生产区场地零星工程	万胜矿业	
8	2024-12-26	计划经营部	王新雨	工程	2024-GC-WS-001-甜水堡二矿联合建筑改造项目	万胜矿业	
9	2024-12-26	计划经营部	王新雨	运维	山西石泉煤业有限责任公司生活污水、井下水处理、雨污分流设施外委项目-YLGC-FW-202406-01	石泉煤业	
10	2024-12-26	计划经营部	王新雨	工程	2024-GC-SQ-020-石泉煤矿厂区建筑物零星修缮改造工程项目	石泉煤业	
11	2024-12-26	计划经营部	王新雨	工程	2024-GC-SQ-001-石泉煤矿外委施工瓦斯抽采钻孔工程	石泉煤业	
12	2024-12-26	计划经营部	王新雨	工程	2024-GC-SQ-003-石泉煤矿301盘区大巷标准化工程项目	石泉煤业	
13	2024-12-26	计划经营部	王新雨	工程	2024-GC-SQ-010-瓦斯抽放管路安装工程	石泉煤业	
14	2024-12-26	计划经营部	王新雨	工程	2024-GC-SQ-015-石泉煤矿多功能会议厅后台改造等零星修缮工程	石泉煤业	
15	2024-12-26	计划经营部	王新雨	工程	2024-GC-SQ-008-石泉临时排矸场地生态治理项目	石泉煤业	
16	2024-12-26	计划经营部	王新雨	工程	2024-GC-SQ-007-石泉煤矿矿区绿化工程	石泉煤业	
17	2024-12-26	计划经营部	王新雨	工程	2024-GC-SQ-019-石泉煤矿厂区建筑物修缮等零星工程	石泉煤业	
18	2024-12-26	计划经营部	王新雨	工程	2024-GC-SQ-005-石泉煤矿原煤筒仓维修改造工程	石泉煤业	

图 6-49　项目技术文件提报记录

图 6-50　项目商务文件提报记录

图 6-51　项目招投标记录

(2)项目招投标记录。

主要记录各项目的成交价、谈判阶段、单一来源委托日期、物资公司挂网日期、挂网截止日期、单一来源委托批复纪要、谈判结果批复纪要；相关人员根据实际情况更新各项进度，便于相关负责人、公司领导及时查看项目情况。谈判过程作为项目生命周期中必不可少的环节，在新增或修改时会同时汇总更新至项目概况的基础信息中。

图 6-52　项目谈判记录明细

(二)项目合同管理

项目合同台账详细记录合同编号、合同金额、合同签订日期、合同期限、质保期、分部分项工程清单，便于日常合同查询，用于工程项目每月产值填报时关联选取已完成分部分项，同时对到期合同进行及时预警提醒。

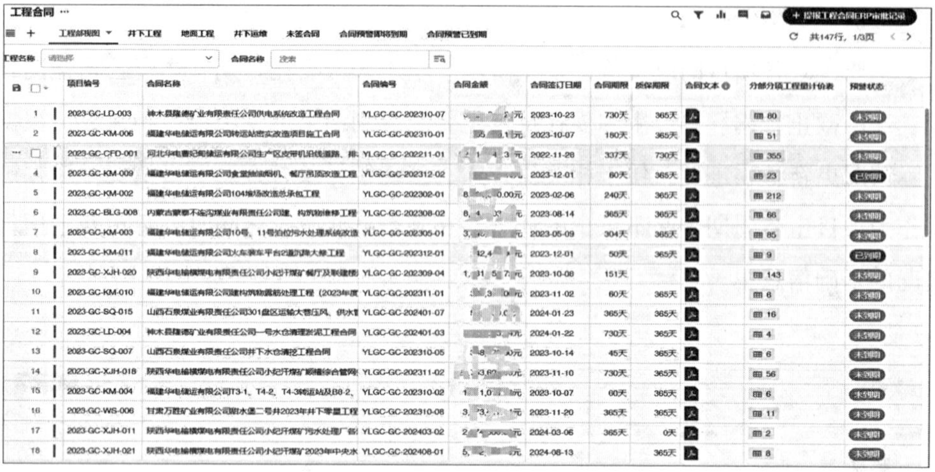

图 6-53 项目合同记录明细

（三）项目成本测算管理

每项工程招采后，由计划经营管理部门与项目主管部门、项目部统一测算制定项目利润指标。含合同金额、合同预算成本（人、材、机、税费、管理费）、预算利率等各方面进行整体预算，经过审批后下发至项目经理签署《项目目标责

图 6-54 项目合同详细信息

任书》，在项目前期就从上至下全面了解项目基本情况，做好成本的控制，保证能达到预期利润。作为项目生命周期中必不可少的环节，在新增或修改时会同时汇总更新至项目概况总览中。

图 6-55　项目成本测算线上下达

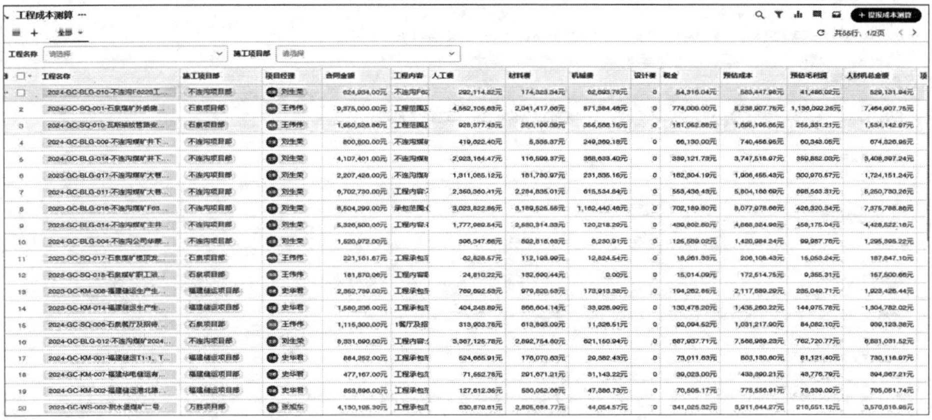
工程成本测算

共56行，1/2页

	工程名称	施工项目部	项目经理	合同金额	工程内容	人工费	材料费	机械费	设计费	税金	预估成本	预估毛利润	人材机总金额
1	2024-GC-BLG-010-不连沟F6223工...	不连沟项目部	刘生荣	624,934.00元	不连沟F62	292,114.82元	174,323.34元	62,693.78元	0	54,316.04元	583,447.98元	41,486.02元	529,131.94元
2	2024-GC-SQ-001-石泉煤矿外委维...	石泉项目部	王伟伟	9,375,000.00元	工程范围及	4,552,105.63元	2,041,417.66元	871,384.46元	0	774,000.00元	8,238,907.75元	1,136,092.25元	7,464,907.75元
3	2024-GC-SQ-010-瓦斯抽放管路安...	石泉项目部	王伟伟	1,950,526.86元	工程范围及	928,377.43元	250,199.39元	355,566.15元	0	161,062.68元	1,695,195.65元	255,331.21元	1,534,142.97元
4	2024-GC-BLG-009-不连沟煤矿井下...	不连沟项目部	刘生荣	800,800.00元	不连沟煤矿	419,622.40元	5,335.37元	249,369.18元	0	66,130.00元	740,456.95元	60,343.05元	674,326.95元
5	2024-GC-BLG-014-不连沟煤矿井下...	不连沟项目部	刘生荣	4,107,401.00元	不连沟煤矿	2,923,164.47元	116,599.37元	368,633.40元	0	339,121.73元	3,747,518.97元	359,882.03元	3,408,397.24元
6	2023-GC-BLG-017-不连沟煤矿大巷...	不连沟项目部	刘生荣	2,207,426.00元	不连沟煤矿	1,311,065.12元	181,730.97元	231,335.16元	0	182,304.19元	1,906,455.43元	300,970.57元	1,724,151.24元
7	2024-GC-BLG-011-不连沟煤矿大巷...	不连沟项目部	刘生荣	6,702,730.00元	工程内容:	2,360,360.41元	2,284,835.01元	615,534.84元	0	553,436.43元	5,804,166.69元	898,563.31元	5,250,730.26元
8	2023-GC-BLG-016-不连沟煤矿F63...	不连沟项目部	刘生荣	8,504,299.00元	承包范围:	3,023,822.86元	3,189,525.55元	1,162,440.46元	0	702,189.80元	8,077,978.66元	426,320.34元	7,375,788.86元
9	2023-GC-BLG-014-不连沟煤矿主井...	不连沟项目部	刘生荣	5,326,500.00元	工程内容:	1,777,989.54元	2,530,314.33元	120,218.29元	0	439,802.60元	4,868,324.96元	458,175.04元	4,428,522.16元
10	2024-GC-BLG-004-不连沟公司华...	不连沟项目部	刘生荣	1,520,972.00元		396,347.66元	892,816.63元	6,230.91元	0	125,589.02元	1,420,984.24元	99,987.76元	1,295,395.22元
11	2023-GC-SQ-017-石泉煤矿楼顶发...	石泉项目部	王伟伟	221,161.67元	工程承包范	62,828.57元	112,193.99元	12,824.54元	0	18,261.33元	206,108.43元	15,053.24元	187,847.10元
12	2023-GC-SQ-018-石泉煤矿职工浴...	石泉项目部	王伟伟	181,870.06元	工程内容:	24,810.22元	182,690.44元	0.00元	0	15,014.09元	172,514.75元	9,355.31元	167,500.66元
13	2023-GC-KM-008-福建储运生产生...	福建储运项目部	史华君	2,352,739.00元	工程承包范	769,692.53元	979,820.53元	173,913.38元	0	194,262.85元	2,117,689.29元	235,049.71元	1,923,426.44元
14	2023-GC-KM-014-福建储运生产生...	福建储运项目部	史华君	1,580,236.00元	工程承包范	404,248.89元	866,604.14元	33,928.99元	0	130,478.20元	1,435,260.22元	144,975.78元	1,304,782.02元
15	2024-GC-SQ-006-石泉餐厅及招待...	石泉项目部	王伟伟	1,115,300.00元	1餐厅及招	313,903.78元	613,893.09元	11,326.51元	0	92,094.52元	1,031,217.90元	84,082.10元	939,123.38元
16	2024-GC-BLG-012-不连沟煤矿2024...	不连沟项目部	刘生荣	8,331,690.00元	工程内容:	3,367,125.78元	2,892,754.60元	621,150.94元	0	687,937.71元	7,568,969.23元	762,720.77元	6,881,031.52元
17	2024-GC-KM-001-福建储运T1-1、T...	福建储运项目部	史华君	884,252.00元	工程承包范	524,665.91元	176,070.63元	29,382.43元	0	73,011.63元	803,130.60元	81,121.40元	730,118.97元
18	2024-GC-KM-007-福建华电储运有...	福建储运项目部	史华君	477,167.00元	工程承包范	71,552.78元	291,671.21元	31,143.22元	0	39,023.00元	433,390.21元	43,776.79元	394,367.21元
19	2024-GC-KM-002-福建储运港北路...	福建储运项目部	史华君	853,896.00元	工程承包范	127,612.36元	530,052.66元	47,386.73元	0	70,505.17元	775,556.91元	78,339.09元	705,051.74元
20	2023-GC-WS-002-甜水堡煤矿二号...	万胜项目部	张旭东	4,130,195.39元	工程承包范	630,879.61元	2,895,684.77元	44,054.57元	0	341,025.32元	3,911,644.27元	218,551.12元	3,570,618.95元

图 6-56　项目成本测算明细

(四)项目施工阶段管理

(1)项目基础信息录入。项目招采完成后，由项目主管部门将项目基础信息录入系统，系统自动关联项目合同信息，项目部将开工前相关资料上传系统后，开始办理开工申请并进入施工阶段。

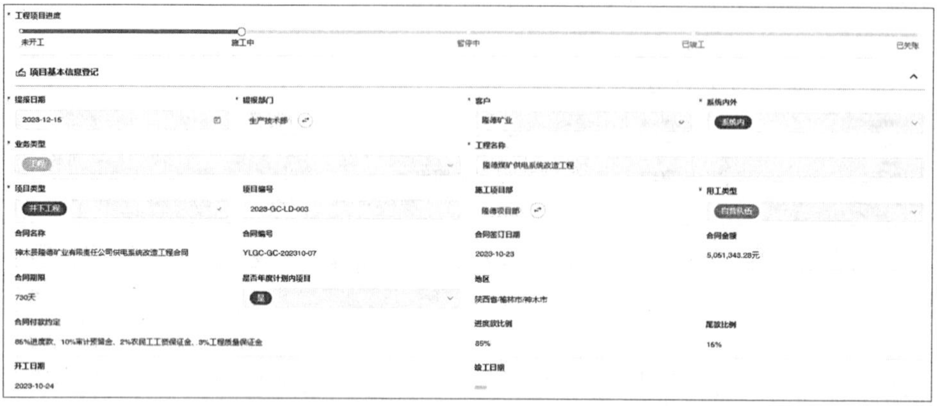

图 6-57 项目基础信息

(2)项目开工前资料录入、审核。

图 6-58 项目开工前资料

(3)项目开工后下达月度计划：每月定时由项目部提报月度产值计划，经审核汇总至月度产值完成情况，对比月度完成情况。

图 6-59　项目月度计划提报、审批

(4)项目施工日志记录：按日由相关人员如实记录各工程项目的施工日志，含日期、天气状态，现场影响资料、出勤人员情况、材料使用情况、租赁设备使用情况等；项目部选择系统中劳务合同、材料计划、租赁合同中相关清单，人、材、机使用成本会自动汇总至工程成本中，并作为劳务结算、材料结算、租赁设备结算的依据。同时施工日志汇总成每日安全生产日报，自动计算工程进度，便于管理层直接查阅。

图 6-60 施工日志记录、审批

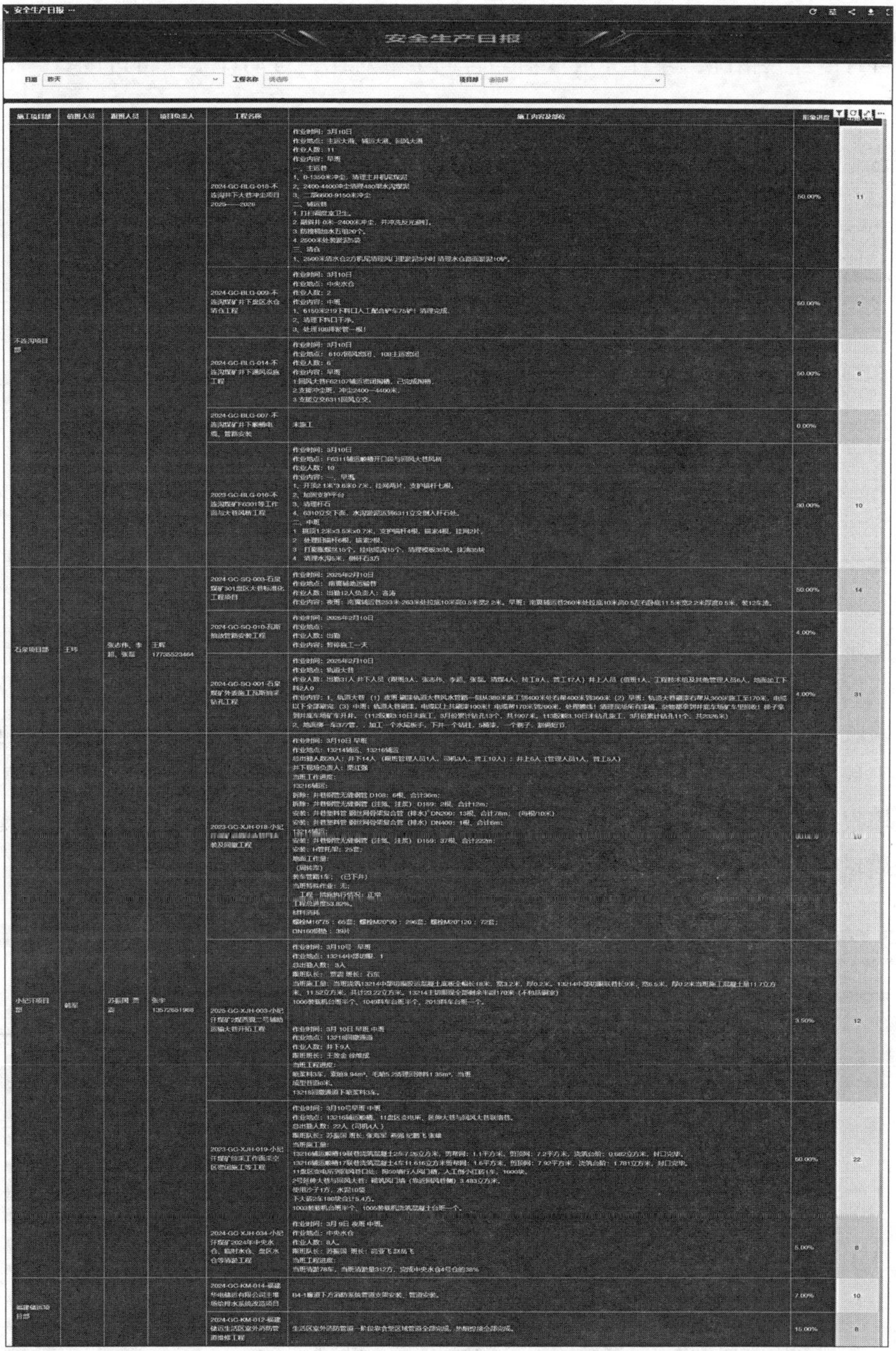
安全生产日报
日期
昨天
工程名称
项目部
施工项目部
值班人员
跟班人员
项目负责人
工程名称
施工内容及部位
形象进度

图 6-61　安全生产日报

(5)项目月度产值提报、审核：每月定时上报月度完成产值；提报后汇总至项目月度经营情况，累计完成产值与合同金额对比，自动计算项目进度。

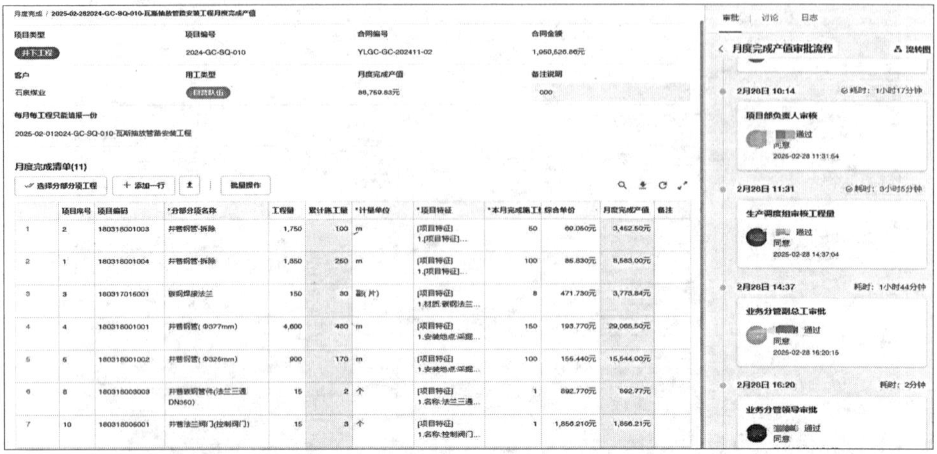

图 6-62 项目月度产值提报、审核

(6)项目质量管理：工程开工前梳理罗列具体工程中相关的质量关键点及隐蔽验收环节关联相关工程及工程所属项目部人员，通过系统提前提醒相关人员。当工程施工至质量关键点及隐蔽验收环节时，要求项目部人员及时将验收相关情况填报至对应模块内，并将验收相关文件及影像资料上传系统备查，最终实现工程质量管理超前化、系统化、可视化。

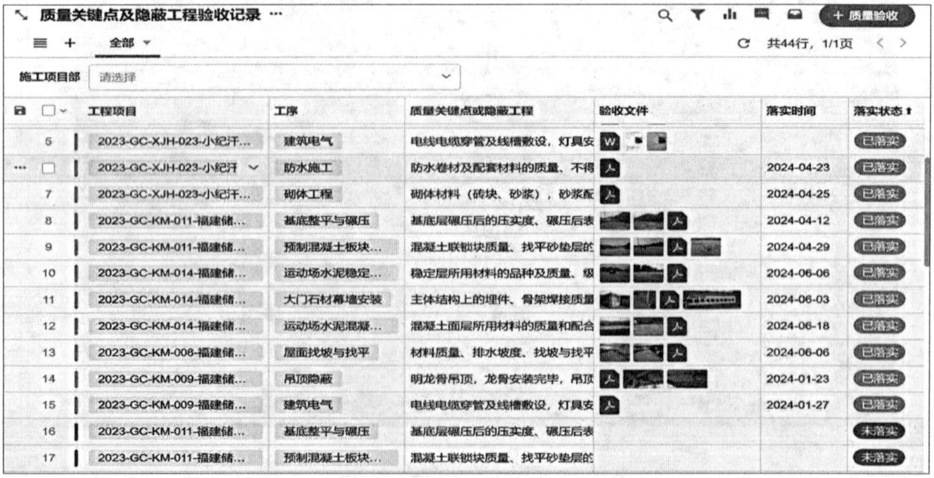

图 6-63 项目关键点、隐蔽工程验收记录

图 6-64　项目检验批验收记录

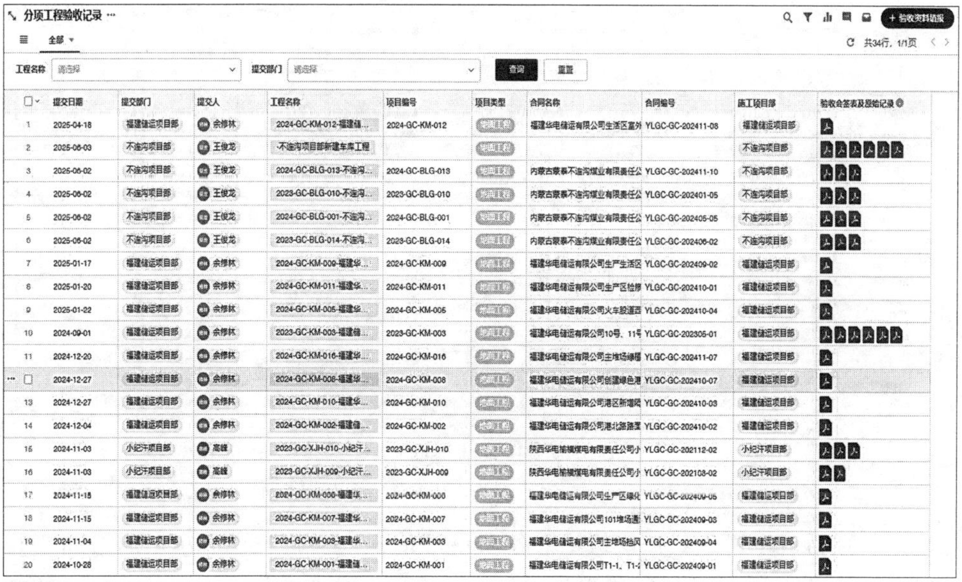

图 6-65　项目分项工程验收记录

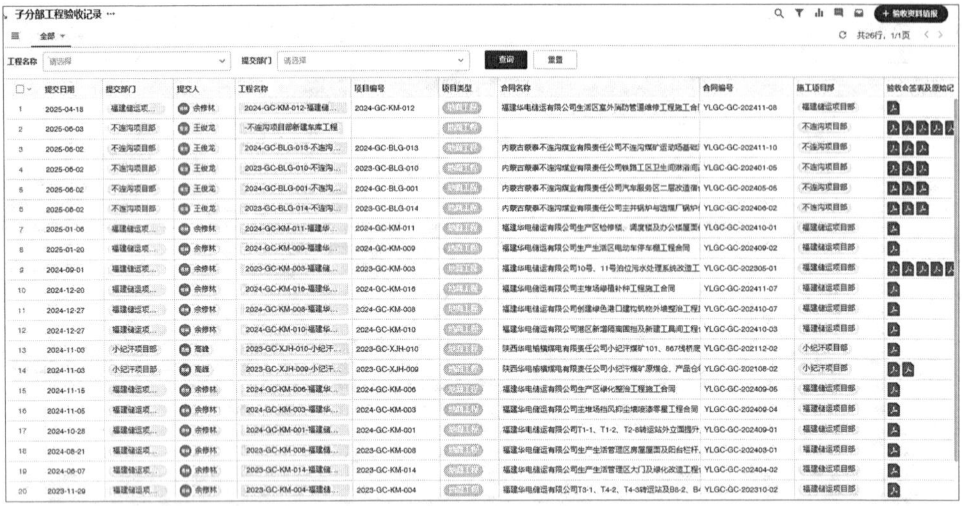

图 6-66 项目子分部工程验收记录

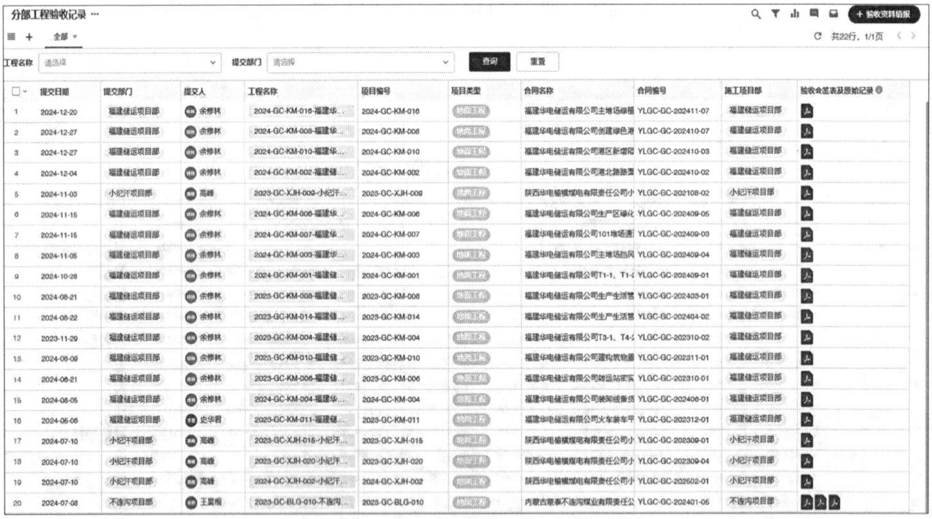

图 6-67 项目分部工程验收记录

(7)项目成本管理：按层级汇总各项目产值，人、材、机成本、通过间接管理费用汇总分摊自动计算归集实际成本，解决项目成本控制不准确的问题，数字化管理系统能够实时收集和更新项目成本数据，让管理者随时了解成本的发生情况。一旦出现偏差或异常，能够及时采取措施进行调整和纠正，确保成本始终处于可控范围内。数字化管理自动计算和处理数据，大大降低了人为误差的可能性，提高成本数据的准确性和可靠性，数字化管理提供了直观、清晰的成本数据和分析报告，为项目决策提供了有力支持，管理者能够快速做出基于数据的决策，及时调整项目策略，以达到成本控制的目标。数字化记录使得项目成本的来源和去向都有清晰的痕迹，方便在需要时进行成本追溯和审计，有助于发现问题的根源并总结经验教训。

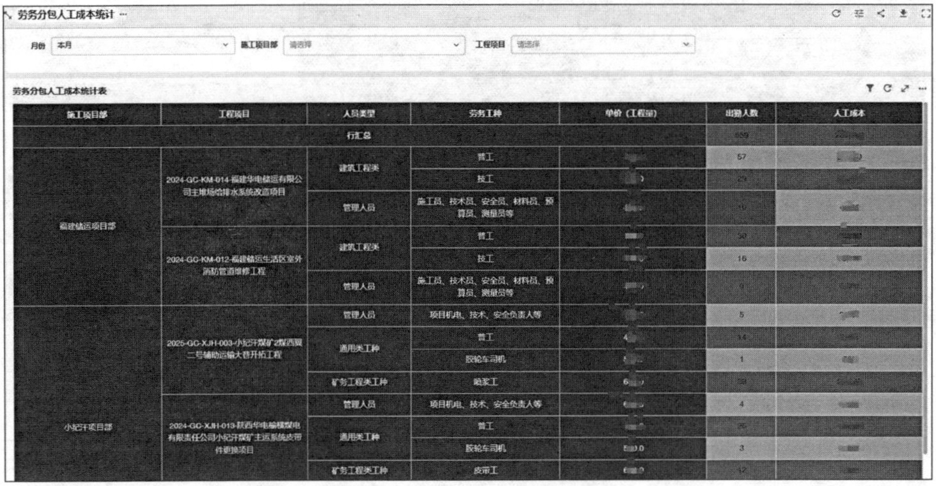
劳务分包人工成本统计 ···

月份 本月　施工项目部 请选择　工程项目 请选择

劳务分包人工成本统计表

施工项目部	工程项目	人员类型	劳务工种	单价（工程量）	出勤人数	人工成本
行汇总					[illegible]	[illegible]
福建储运项目部	2024-GC-KM-014-福建华电储运有限公司主堆场给排水系统改造项目	建筑工程类	普工	[illegible]	57	[illegible]
			技工	[illegible]	29	[illegible]
		管理人员	施工员、技术员、安全员、材料员、预算员、测量员等	[illegible]	10	[illegible]
	2024-GC-KM-012-福建储运生活区室外消防管道维修工程	建筑工程类	普工	[illegible]	30	[illegible]
			技工	[illegible]	16	[illegible]
		管理人员	施工员、技术员、安全员、材料员、预算员、测量员等	[illegible]	9	[illegible]
小纪汗项目部	2025-GC-XJH-003-小纪汗煤矿2煤西翼二号辅助运输大巷开拓工程	管理人员	项目机电、技术、安全负责人等	[illegible]	5	[illegible]
		通用类工种	普工	[illegible]	14	[illegible]
			胶轮车司机	[illegible]	1	[illegible]
		矿务工程类工种	喷浆工	[illegible]	[illegible]	[illegible]
	2024-GC-XJH-013-陕西华电榆横煤电有限责任公司小纪汗煤矿主运系统皮带件更换项目	管理人员	项目机电、技术、安全负责人等	[illegible]	4	[illegible]
		通用类工种	普工	[illegible]	26	[illegible]
			胶轮车司机	[illegible]	3	[illegible]
		矿务工程类工种	皮带工	[illegible]	12	[illegible]

图 6-68　项目人工成本统计

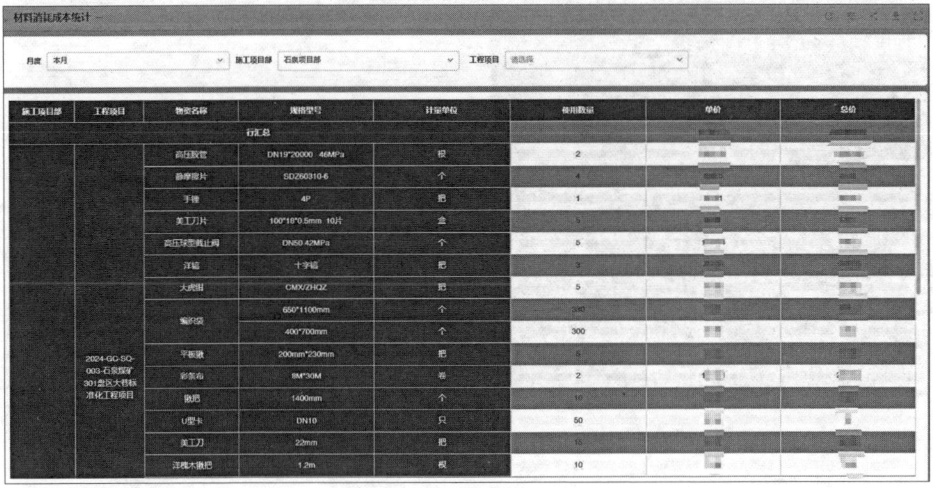
材料消耗成本统计 ···

月度 本月　施工项目部 石泉项目部　工程项目 请选择

施工项目部	工程项目	物资名称	规格型号	计量单位	使用数量	单价	总价
行汇总					[illegible]	[illegible]	[illegible]
		高压胶管	DN19*20000 46MPa	根	2	[illegible]	[illegible]
		静摩擦片	SDZ60310-6	个	4	[illegible]	[illegible]
		手锤	4P	把	1	[illegible]	[illegible]
		美工刀片	100*18*0.5mm 10片	盒	5	[illegible]	[illegible]
		高压球型截止阀	DN50 42MPa	个	5	[illegible]	[illegible]
		洋镐	十字镐	把	3	[illegible]	[illegible]
	2024-GC-SQ-003-石泉煤矿301盘区大巷标准化工程项目	大虎钳	CMX/ZHQZ	把	5	[illegible]	[illegible]
		编织袋	650*1100mm	个	300	[illegible]	[illegible]
			400*700mm	个	300	[illegible]	[illegible]
		平板锹	200mm*230mm	把	5	[illegible]	[illegible]
		彩条布	8M*30M	卷	2	[illegible]	[illegible]
		锹把	1400mm	个	10	[illegible]	[illegible]
		U型卡	DN10	只	50	[illegible]	[illegible]
		美工刀	22mm	把	15	[illegible]	[illegible]
		洋槐木锹把	1.2m	根	10	[illegible]	[illegible]

图 6-69　项目物资成本统计

租赁设备使用统计 ···

月份 本月 施工项目部 请选择 工程项目 请选择

施工项目部	工程项目	设备名称	规格型号	台班	单价	[illegible]
不连沟项目部	2024-GC-BLG-018-不连沟井下大巷冲尘项目2025——2026	防爆无轨胶轮运人车额定载人数量：19人；排放标准：国Ⅲ台	额定载人数量：19人；排放标准：国Ⅲ	9	[illegible]	[illegible]
		防爆无轨胶轮工程车（自卸；5T）自卸工程车；额定载重：5T；排放标准：国Ⅲ台	自卸工程车；额定载重：5T；排放标准：国Ⅲ	5.5	[illegible]	[illegible]
		防爆装载机额定载重：3T；排放标准：国Ⅲ台	额定载重：3T；排放标准：国Ⅲ	3	[illegible]	[illegible]
	2024-GC-BLG-014-不连沟煤矿井下通风设施工程	防爆人车井下防爆人车（19座）台班	井下防爆人车（19座）	6	[illegible]	[illegible]
		防爆料车防爆料车（5t）台班	防爆料车（5t）	3.5	[illegible]	[illegible]
	2024-GC-BLG-007-不连沟煤矿井下顺槽电缆、管路安装	防爆人车井下防爆人车（19座）台班	井下防爆人车（19座）	1.5	[illegible]	[illegible]
		防爆料车防爆料车（5t）台班	防爆料车（5t）	1.5	[illegible]	[illegible]
	2023-GC-BLG-016-不连沟煤矿F6301等工作面与大巷风桥工程	防爆人车井下防爆人车（19座）台班	井下防爆人车（19座）	10	[illegible]	[illegible]
		矿用防爆胶轮开槽机截割功率（kW）：≥110 截割方式：链式传动截割 行走方式：胶轮式行走台	截割功率（kW）：≥110 截割方式：链式传动截割 行走方式：胶轮式行走	4	[illegible]	[illegible]
		防爆装载机防爆装载机（斗容量3m³）台班	防爆装载机（斗容量3m³）	9	[illegible]	[illegible]
		防爆料车防爆料车（5t）台班	防爆料车（5t）	10	[illegible]	[illegible]
	2024-GC-BLG-009-不连沟煤矿井下盘区水仓清仓工程	防爆人车井下防爆人车（19座）台班	井下防爆人车（19座）	2	[illegible]	[illegible]
		防爆装载机防爆装载机（斗容量3m³）台班	防爆装载机（斗容量3m³）	7	[illegible]	[illegible]
		防爆料车防爆料车（5t）台班	防爆料车（5t）	8	[illegible]	[illegible]

图 6-70 项目机械成本统计

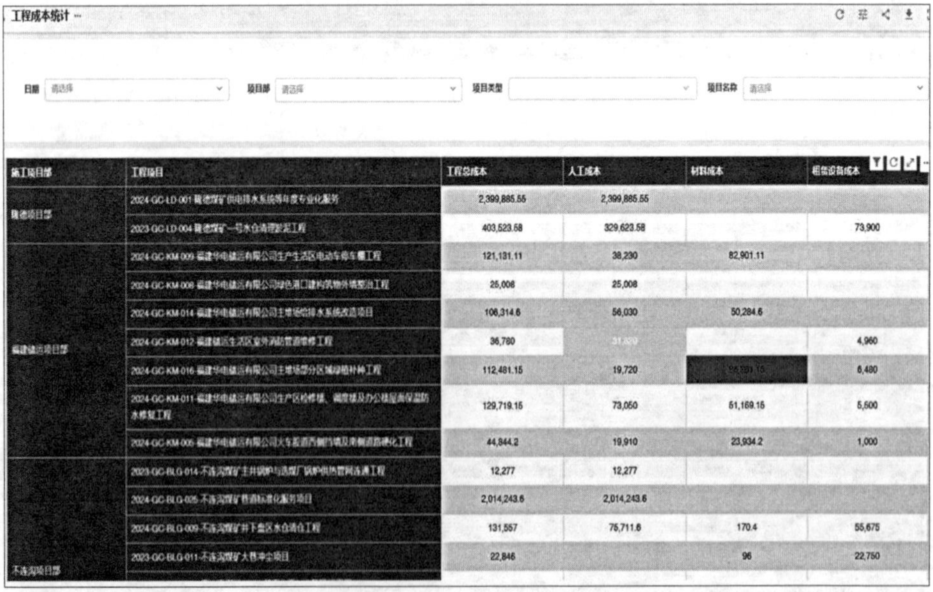

工程成本统计 ···

日期 请选择 项目部 请选择 项目类型 项目名称 请选择

施工项目部	工程项目	工程总成本	人工成本	材料成本	租赁设备成本
隆德项目部	2024-GC-LD-001-隆德煤矿供电排水系统等年度专业化服务	2,399,885.55	2,399,885.55		
	2023-GC-LD-004-隆德煤矿一号水仓清理淤泥工程	403,523.58	329,623.58		73,900
福建储运项目部	2024-GC-KM-009-福建华电储运有限公司生产生活区电动车停车棚工程	121,131.11	38,230	82,901.11	
	2024-GC-KM-008-福建华电储运有限公司绿色港口建构筑物外墙整治工程	25,008	25,008		
	2024-GC-KM-014-福建华电储运有限公司主堆场给排水系统改造项目	106,314.6	56,030	50,284.6	
	2024-GC-KM-012-福建储运生活区室外消防管道维修工程	36,760	[illegible]		4,960
	2024-GC-KM-016-福建华电储运有限公司主堆场部分区域绿植补种工程	112,481.15	19,720	[illegible]	6,480
	2024-GC-KM-011-福建华电储运有限公司生产区检修楼、调度楼及办公楼屋面保温防水修复工程	129,719.15	73,050	51,169.15	5,500
	2024-GC-KM-005-福建华电储运有限公司火车股道西侧挡墙及南侧道路硬化工程	44,844.2	19,910	23,934.2	1,000
不连沟项目部	2023-GC-BLG-014-不连沟煤矿主井锅炉与洗煤厂锅炉供热管网连通工程	12,277	12,277		
	2024-GC-BLG-025-不连沟煤矿巷道标准化服务项目	2,014,243.6	2,014,243.6		
	2024-GC-BLG-009-不连沟煤矿井下盘区水仓清仓工程	131,557	75,711.6	170.4	55,675
	2023-GC-BLG-011-不连沟煤矿大巷冲尘项目	22,846		96	22,750

图 6-71 项目总成本统计

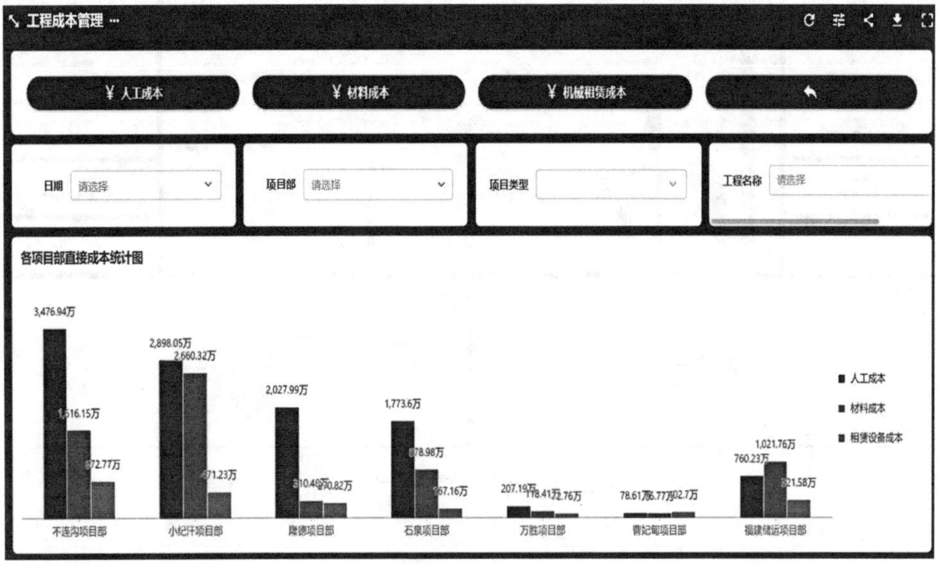

图 6-72　项目部总成本统计

图 6-73　项目月度成本分析

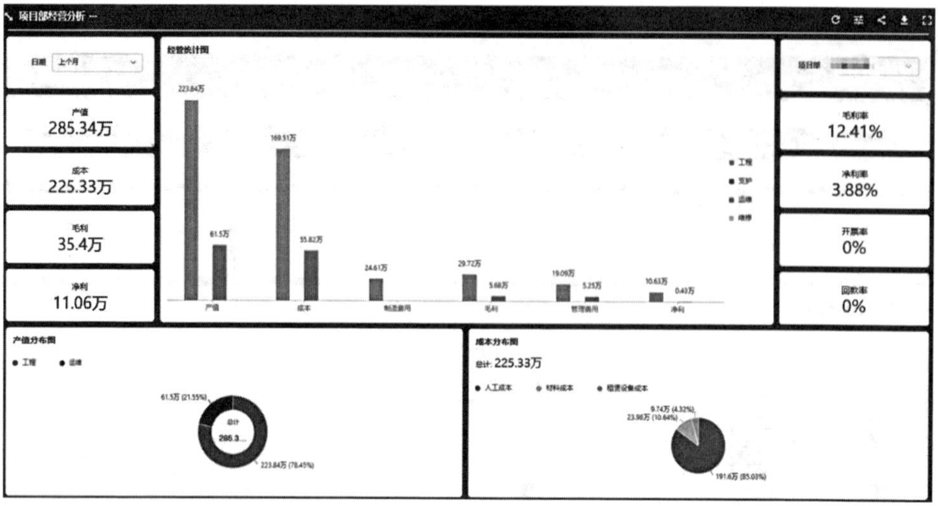

图 6-74 项目部月度成本分析

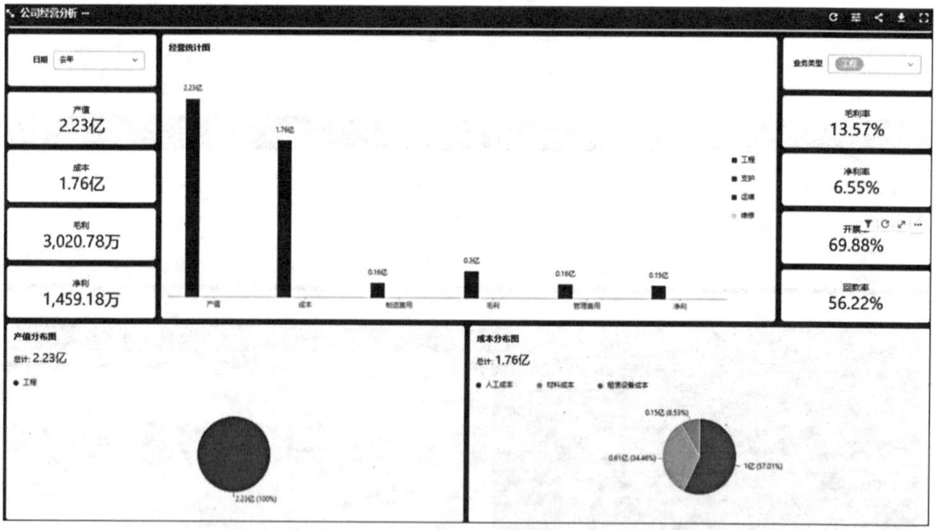

图 6-75 公司月度成本分析

(8)工程进度管理：通过项目进度看板及时直观掌握项目进度变化情况，通过数据穿透可以查看分部分项完成情况，通过施工日志、计划、完成产值的审批，管理人员可以实现线上审核、检查工程进展，解决了以往管理人员只能通过一些报表了解工程进度，无法及时掌握工程进度真实情况等难题。

图 6-76　项目进度验收记录

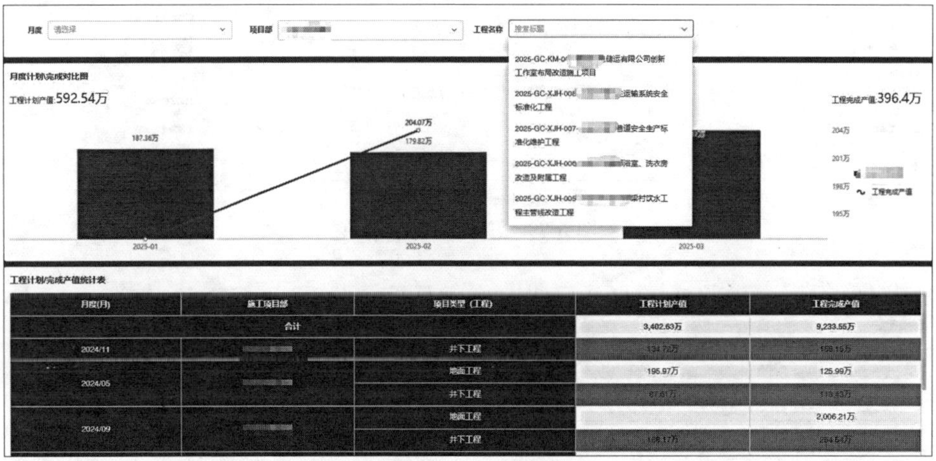

图 6-77　项目进度统计

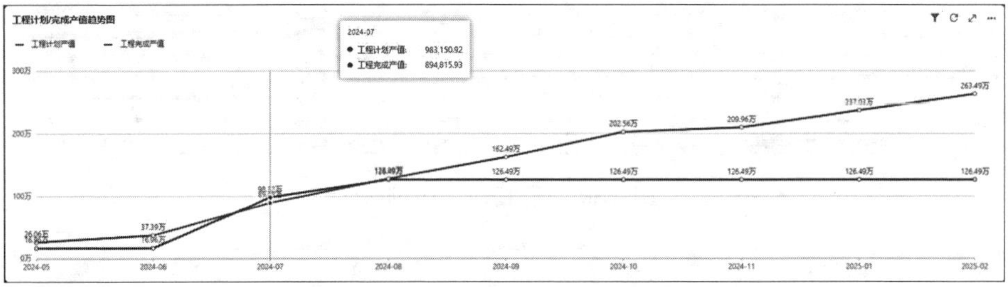

图 6-78　项目进度趋势图

(五)项目结算阶段管理

(1)工程验收：各项目部与甲方按照合同约定完成工作后，与甲方进行工程验收，上传验收报告，报公司审批，完成验收过程；作为项目生命周期中必不可少的环节，在新增或修改时会同时汇总更新至项目概况总览中，汇总累计项目验收金额，自动计算出待开票金额。

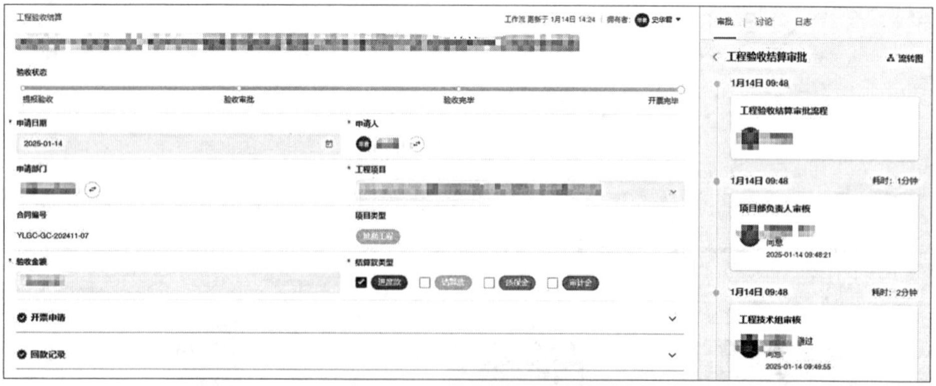

图 6-79 项目验收申请单

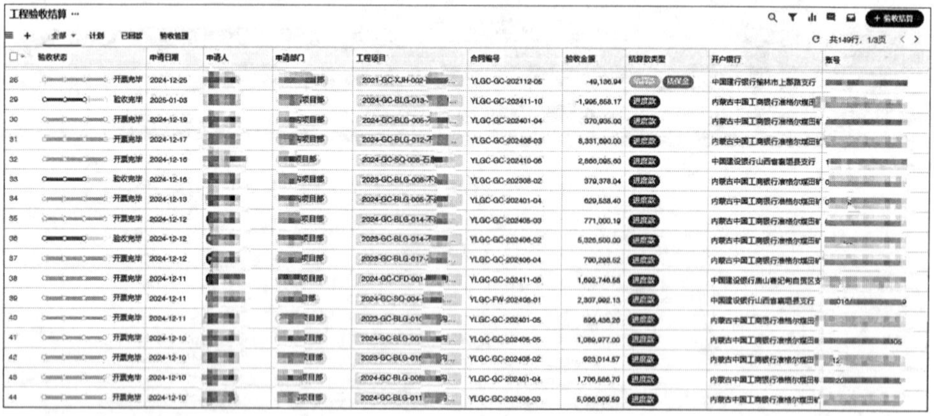

图 6-80 项目验收申请明细

(2)工程开票：验收审批完成后，系统自动推送相关部门负责人开票申请，向财务部门申请开票，经过财务部门开票申请流程后，财务开票并发送开票申请人，开票申请人再次核对验收、发票数据，无误后转给项目部前往甲方挂账并跟进回款相关事宜。作为项目生命周期中必不可少的环节，在新增或修改时会同时汇总更新至项目概况总览中，汇总累计项目开票金额，自动计算出项目待开票金额及项目待回款金额。

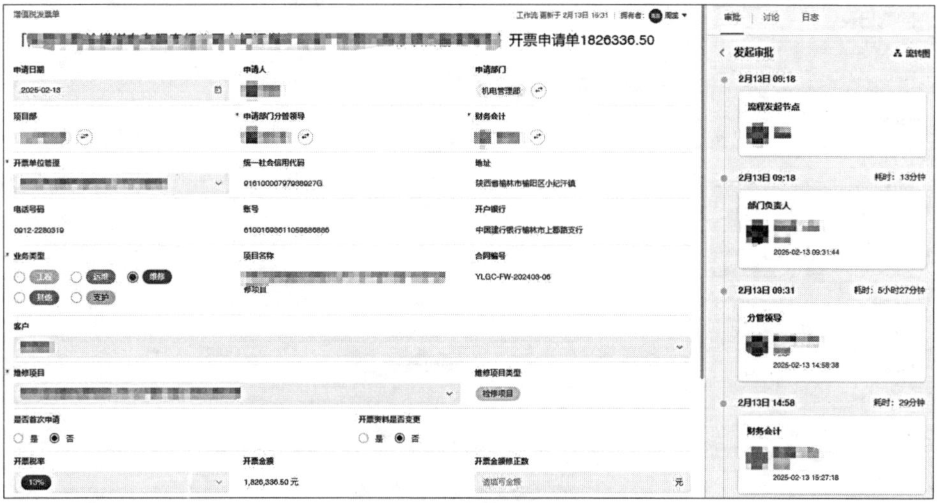

图 6-81　项目开票申请单

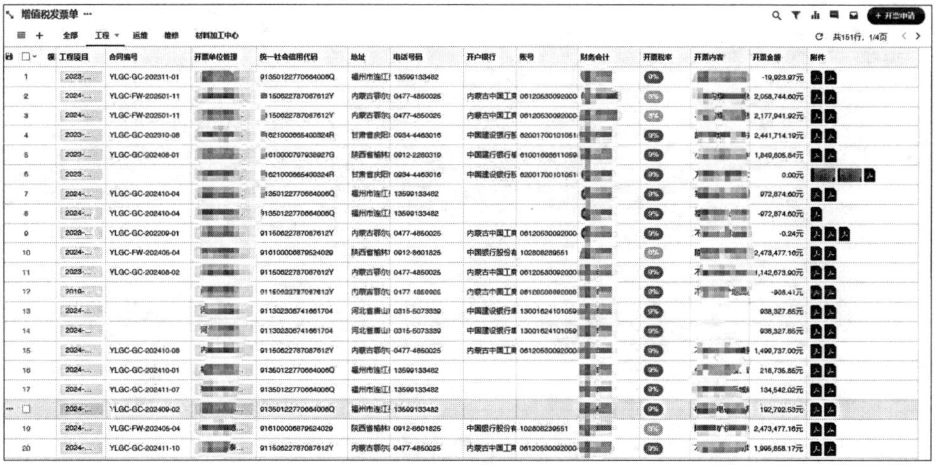

图 6-82　项目开票明细

(3)工程回款：在甲方挂账后，由项目部和相关部门负责人跟进回款事宜，款项到账后，登记系统。作为项目生命周期中必不可少的环节，在新增或修改时会同时汇总更新至项目概况总览中，汇总累计项目回款金额，自动计算项目待回款金额。

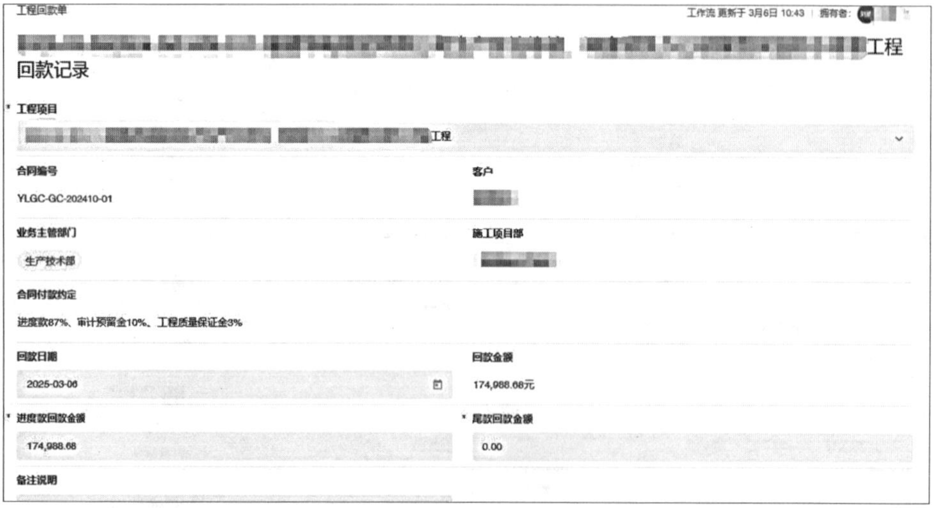

工程回款单　　工作流 更新于 3月6日 10:43 | 拥有者：[redacted]

[redacted]工程回款记录

* 工程项目
[redacted]工程

合同编号
YLGC-GC-202410-01

客户
[redacted]

业务主管部门
生产技术部

施工项目部
[redacted]

合同付款约定
进度款87%、审计预留金10%、工程质量保证金3%

回款日期
2025-03-06

回款金额
174,988.68元

* 进度款回款金额
174,988.68

* 尾款回款金额
0.00

备注说明

图 6-83　项目回款单

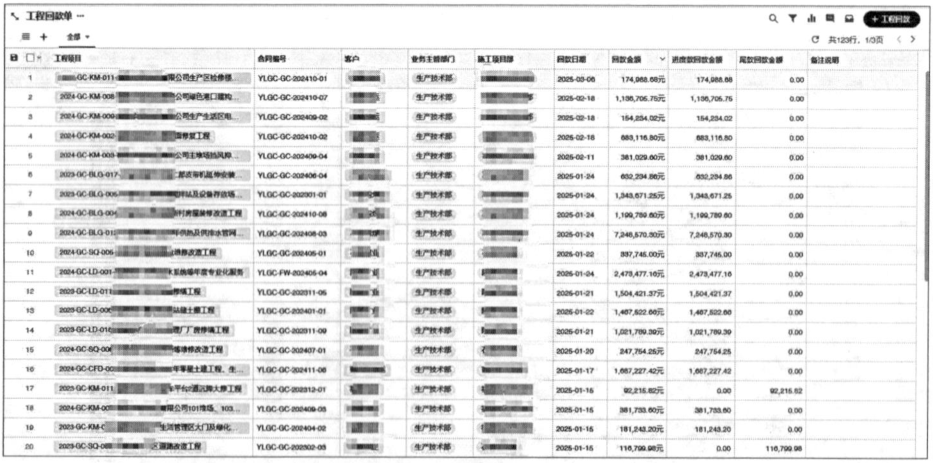

工程回款单 ···　　+ 工程回款
全部　　共123行，1/3页

	工程项目	合同编号	客户	业务主管部门	施工项目部	回款日期	回款金额	进度款回款金额	尾款回款金额	备注说明
1	[redacted]GC-KM-011-[redacted]限公司生产区检修楼...	YLGC-GC-202410-01	[redacted]	生产技术部	[redacted]	2025-03-06	174,988.68元	174,988.68	0.00	
2	2024-GC-KM-008[redacted]公司绿色港口建构...	YLGC-GC-202410-07	[redacted]	生产技术部	[redacted]	2025-02-18	1,136,705.75元	1,136,705.75	0.00	
3	2024-GC-KM-009[redacted]公司生产生活区电...	YLGC-GC-202409-02	[redacted]	生产技术部	[redacted]	2025-02-18	154,234.02元	154,234.02	0.00	
4	2024-GC-KM-002-[redacted]道修复工程	YLGC-GC-202410-02	[redacted]	生产技术部	[redacted]	2025-02-18	683,116.80元	683,116.80	0.00	
5	2024-GC-KM-003-[redacted]公司主堆场抗风抑...	YLGC-GC-202409-04	[redacted]	生产技术部	[redacted]	2025-02-11	381,029.60元	381,029.60	0.00	
6	2023-GC-BLG-017-[redacted]部皮带机延伸安装...	YLGC-GC-202406-04	[redacted]	生产技术部	[redacted]	2025-01-24	632,234.86元	632,234.86	0.00	
7	2023-GC-BLG-005[redacted]料站及设备存放场...	YLGC-GC-202301-01	[redacted]	生产技术部	[redacted]	2025-01-24	1,343,671.25元	1,343,671.25	0.00	
8	2024-GC-BLG-004[redacted]村房屋装修改造工程	YLGC-GC-202410-06	[redacted]	生产技术部	[redacted]	2025-01-24	1,199,789.60元	1,199,789.60	0.00	
9	2024-GC-BLG-01[redacted]年供热及供排水管网...	YLGC-GC-202408-03	[redacted]	生产技术部	[redacted]	2025-01-24	7,246,570.30元	7,246,570.30	0.00	
10	2024-GC-SQ-005-[redacted]场修改造工程	YLGC-GC-202405-01	[redacted]	生产技术部	[redacted]	2025-01-22	337,745.00元	337,745.00	0.00	
11	2024-GC-LD-001-[redacted]K系统场年度专业化服务	YLGC-FW-202405-04	[redacted]	生产技术部	[redacted]	2025-01-24	2,473,477.16元	2,473,477.16	0.00	
12	2023-GC-LD-011[redacted]修缮工程	YLGC-GC-202311-05	[redacted]	生产技术部	[redacted]	2025-01-21	1,504,421.37元	1,504,421.37	0.00	
13	2023-GC-LD-00[redacted]站建土建工程	YLGC-GC-202401-01	[redacted]	生产技术部	[redacted]	2025-01-22	1,467,522.66元	1,467,522.66	0.00	
14	2023-GC-LD-01[redacted]理厂厂房修缮工程	YLGC-GC-202311-09	[redacted]	生产技术部	[redacted]	2025-01-21	1,021,789.39元	1,021,789.39	0.00	
15	2024-GC-SQ-00[redacted]场修改造工程	YLGC-GC-202407-01	[redacted]	生产技术部	[redacted]	2025-01-20	247,754.25元	247,754.25	0.00	
16	2024-GC-CFD-00[redacted]年等星土建工程、生...	YLGC-GC-202411-06	[redacted]	生产技术部	[redacted]	2025-01-17	1,667,227.42元	1,667,227.42	0.00	
17	2023-GC-KM-011[redacted]平台2道沉降大修工程	YLGC-GC-202312-01	[redacted]	生产技术部	[redacted]	2025-01-15	92,215.82元	0.00	92,215.82	
18	2024-GC-KM-00[redacted]限公司101堆场、103...	YLGC-GC-202409-03	[redacted]	生产技术部	[redacted]	2025-01-15	381,733.60元	381,733.60	0.00	
19	2023-GC-KM-[redacted]生活管理区大门及绿化...	YLGC-GC-202404-02	[redacted]	生产技术部	[redacted]	2025-01-15	181,243.20元	181,243.20	0.00	
20	2023-GC-SQ-08[redacted]区道路改造工程	YLGC-GC-202302-03	[redacted]	生产技术部	[redacted]	2025-01-15	116,799.98元	0.00	116,799.98	

图 6-84　项目回款明细

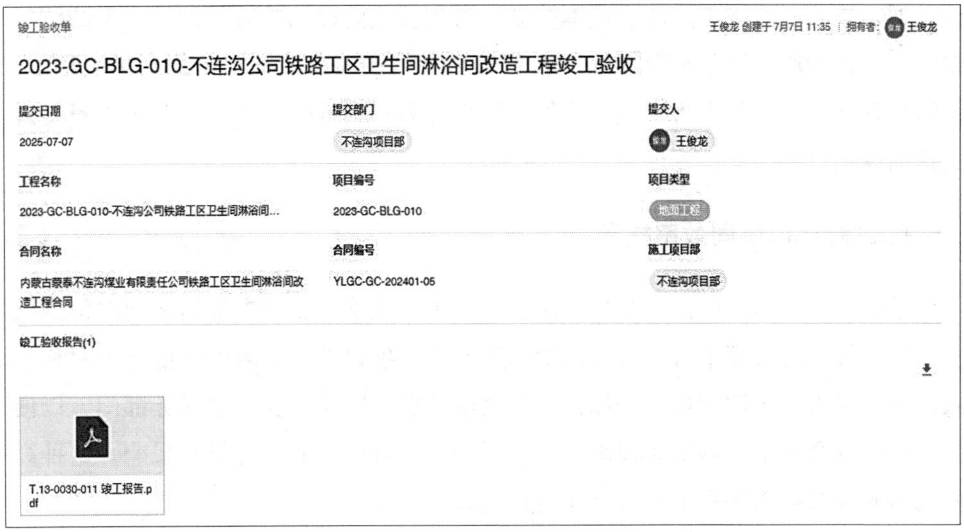

图 6-85　项目竣工验收单

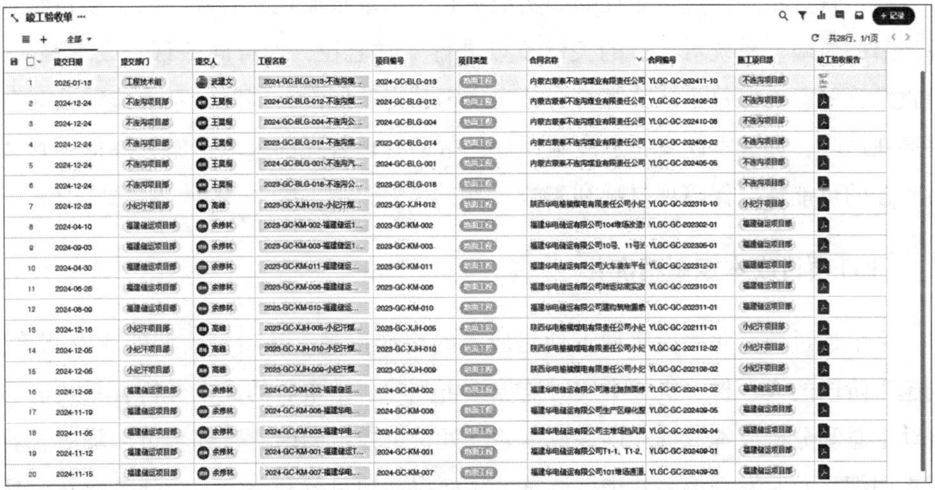

图 6-86　项目竣工验收明细

四、项目管理系统应用效果

(一) 项目全过程可视化监督

项目管理系统实现了项目全生命周期的可视化管理，从项目前期的立项、招标，到实施阶段的施工进度、成本控制，再到验收阶段的结算与回款，系统能够直观展示各阶段的详细情况。管理者可以随时掌握项目的基本信息和进展情况，及时发现潜在问题并进行调整，确保项目按计划顺利推进，极大提升了项目管理的透明度和可控性。

(二)跨部门协同效率提升

系统建立了跨部门信息共享机制，打破了传统项目管理中部门之间的信息壁垒。通过统一的管理平台，各部门能够实时共享项目数据，减少因信息不对称导致的沟通成本和协调困难。例如，项目进度数据可以实时反馈给财务部门，以便及时调整资金计划；物资管理部门可以根据施工进度提前安排材料采购。这种高效的协同模式显著提高了项目整体运行效率。

(三)项目风险防控强化

项目管理系统通过全流程的如实记录和严格审批流程，有效降低了项目管理各环节的风险。系统对项目的关键节点进行实时监控，如合同签订、成本测算、验收结算等，确保每个环节都符合公司规定和行业标准。同时，系统能够及时预警潜在风险，如成本超支、进度延误等，帮助管理者提前采取措施，降低项目风险防控的可能性，保障项目顺利实施。

(四)项目成本控制精准化

系统通过数字化手段实现了项目成本的精准控制。从项目前期的成本测算，到施工阶段的人、材、机成本实时监控，再到项目结束后的成本分析，系统能够自动汇总和分析成本数据，确保成本始终处于可控范围内。管理者可以随时查看成本明细，及时发现偏差并进行调整，从而提高项目盈利能力，增强企业在市场中的竞争力。

(五)项目资料管理规范化

项目管理系统解决了传统项目管理中资料分散、查找困难的问题。系统通过在线文档定期存储备份，实现了项目资料的统一存储和便捷查询。所有项目相关文件，如技术文件、商务文件、验收报告等，都可以在系统中快速检索和查阅。

这不仅提高了资料管理的效率，还确保了资料的安全性和完整性，为项目的顺利实施和后续审计提供了有力支持。

(六)决策支持与数据分析优化

项目管理系统通过在线经营数据分析报表，为管理层提供了准确的数据支持。系统能够实时生成项目进度、成本、质量等多维度的分析报表，帮助管理者及时发现生产过程中存在的问题，从而做出更加科学合理的决策。例如，通过对比不同项目的成本数据，管理层可以优化资源配置；通过分析项目进度趋势，可以提前调整施工计划。这种基于数据的决策模式，显著增强了管理层的决策能力，推动企业向精细化管理迈进。

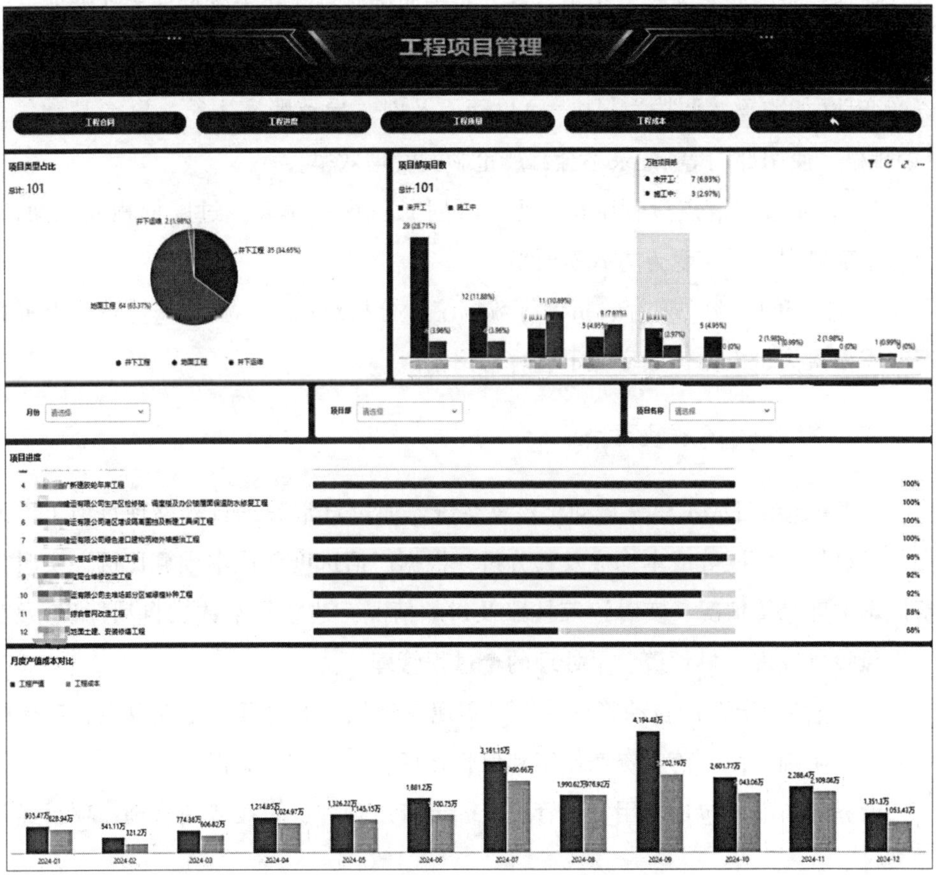

图 6-87　项目管理驾驶舱

第四节 财务资产管理系统的应用案例

一、以往财务资产管理中存在的痛点与难点

(1)难以及时掌握项目部成本、工程签证结算、外欠款及资金收支情况。成本统计信息量大，手工处理报表数据时效性差，无法满足实时管理需求。

(2)手工成本报表反追溯能力弱，仅能进行数字核对，难以发现潜在问题，无法实时了解项目材料、劳务、分包、租赁等动态成本情况。

(3)无法实时监控各项直接成本和间接成本是否在预算控制范围内，难以及时掌握项目当前结算总额、支出总额及收支明细，导致成本管理缺乏精准性。

(4)固定资产种类繁多、数量庞大，纸质台账难以快速检索资产实时情况。资产变动(如购置、调拨、报废等)更新不及时，导致账实不符。资产基础信息(如规格、使用部门等)记录不全，严重影响管理效率。

(5)固定资产盘点过程困难重重，耗时长且误差率高，过度依赖人工操作，容易出现错误，手工盘点方式费时费力。

(6)资产的申购、库存、折旧等数据统计分析难度大，会计核算资产财务情况时需投入大量人力，效率低下且容易出错。

二、财务资产解决方案

(1)搭建项目成本核算自动化核算系统，通过日常数据自动整理每项工程的人工、材料、机械等成本构成及其分析，根据产值进度和成本预算比例，实时分析成本进度结算情况，实时追踪挂账及付款情况，建立异常数据自动标识系统，实现风险早发现、早预警、早处理的全过程管理。

(2)搭建固定资产自动管理系统，实现自动化折旧管理；定期盘点，确保账实一致，明确责任；落实资产使用和保管责任，规范交接流程。

财务资产模块包括专用发票管理、固定资产管理、间接费用管理、项目经营管理等。

三、财务资产管理具体应用

（一）项目成本获取汇总

从工程项目的施工日志中出勤人员情况、材料使用情况、租赁设备使用情况抓取人、材、机使用成本会自动汇总至【工程成本】中，并作为劳务结算、材料结算、租赁设备结算的依据。

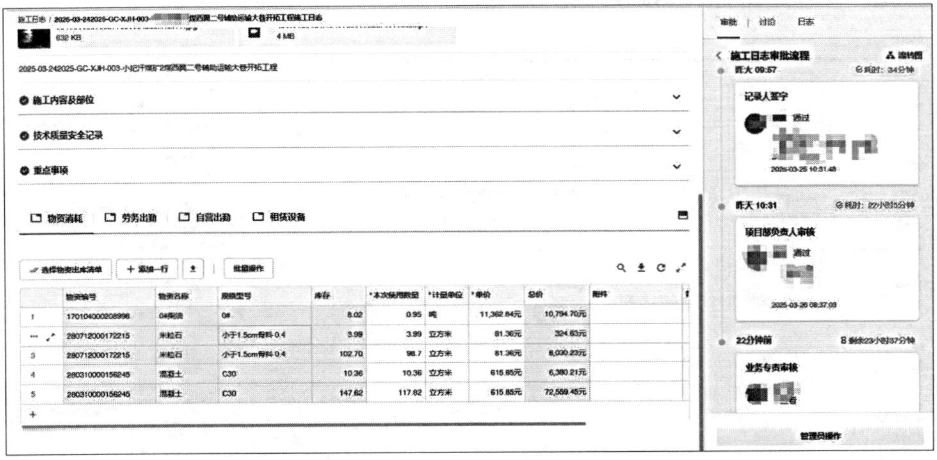

图 6-88　项目成本录入

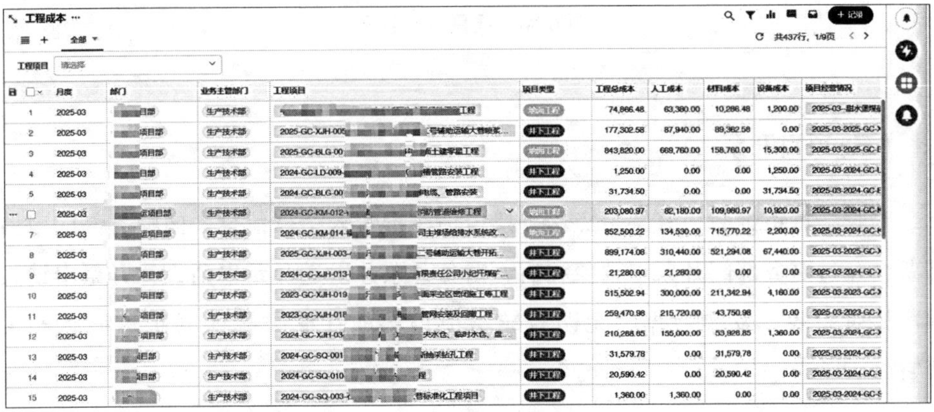

图 6-89　项目成本汇总

（二）项目验收结算

项目部与矿方按照合同约定完成工作后，进行工程验收，上传验收报告，报公司审批，完成验收过程；作为项目生命周期中必不可少的环节，在新增或修改时会同时汇总更新至项目概况总览，汇总累计项目验收金额，自动计算出待开票金额。

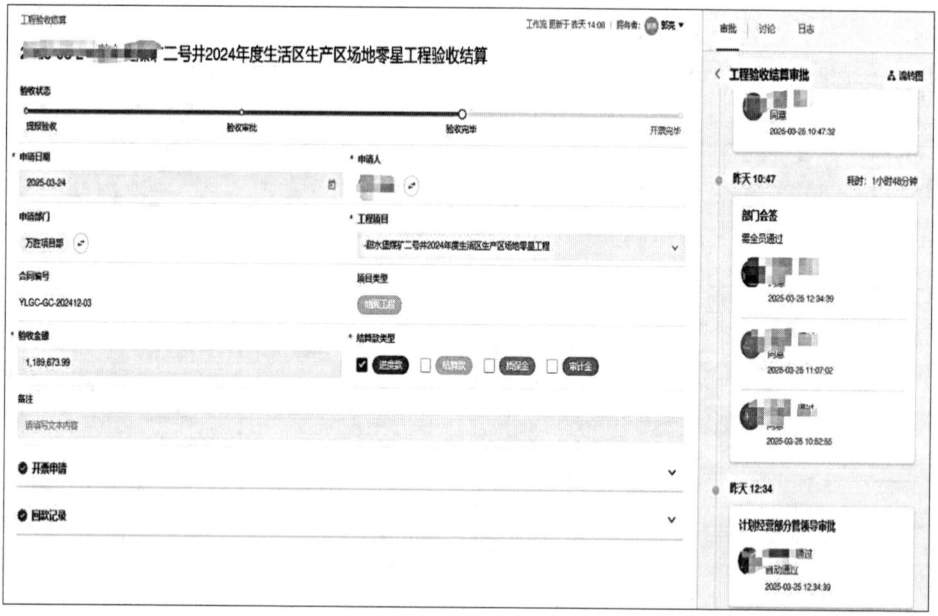

图 6-90 项目结算管理

（三）项目开票

验收结算审批后，开票员点击开票申请一键带入结算信息，向财务部门申请开票，经过财务部门开票申请流程后，财务开票并发送开票申请人，开票申请人再次核对验收、发票数据，无误后转给项目部前往矿方挂账并跟进回款相关事宜。

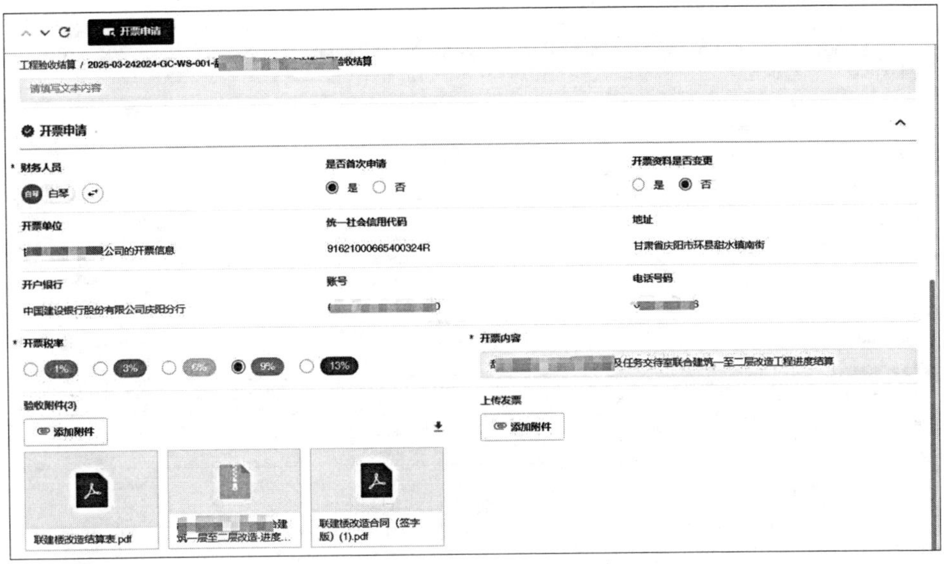

图 6-91　项目开票发起

图 6-92　项目开票审批

（四）项目回款

挂账后，由项目部和相关部门负责人跟进回款事宜，款项到账后，登记系统，自动计算项目待回款金额。

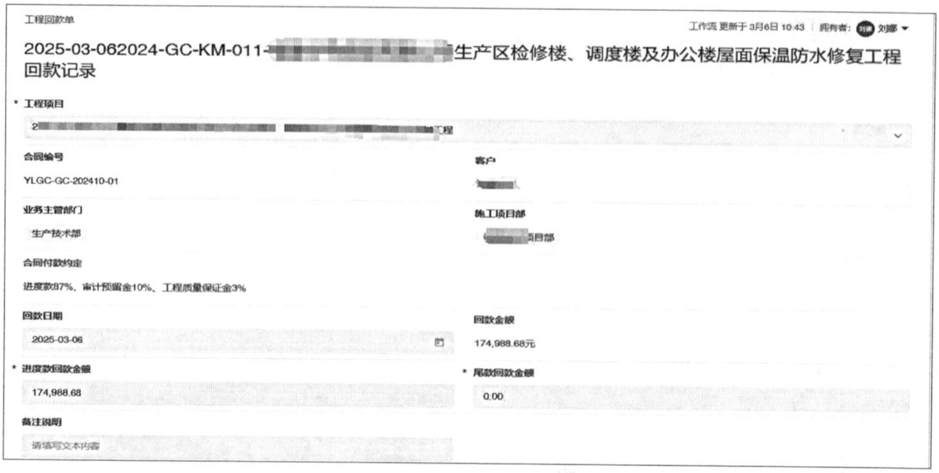

图 6-93 项目回款记录

(五)劳务、货物、租赁结算

取自项目实际用工，结算时需上传结算资料，经相关领导审批后，结算完成，结算完成后，自动汇总至劳务合同中的累计执行金额、工程概览的实际发生累计挂账中。项目结算由项目部提报，经业务主管经办人、部门负责人、业务分管领导、计划部经办人、负责人、计划部分管领导审批后结算完成，提报在财务共享系统。

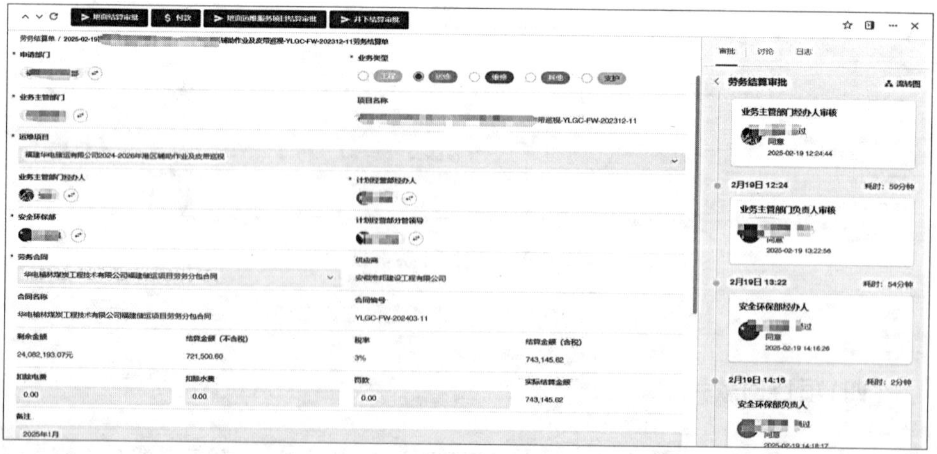

图 6-94 项目劳务结算

图 6-95　项目货物结算

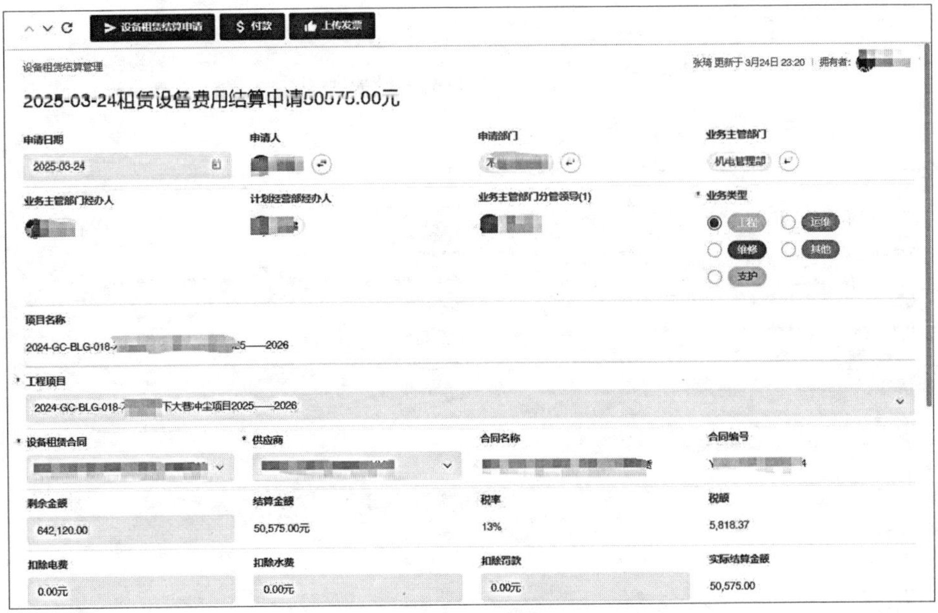

图 6-96　项目租赁机械结算

(六)劳务、货物、租赁机械付款

开完发票，财务共享系统审批完毕后，即可在财务共享系统中发起付款申请，审批完成后，登记至付款记录中，系统自动汇总劳务、货物、租赁机械合同累计付款金额。

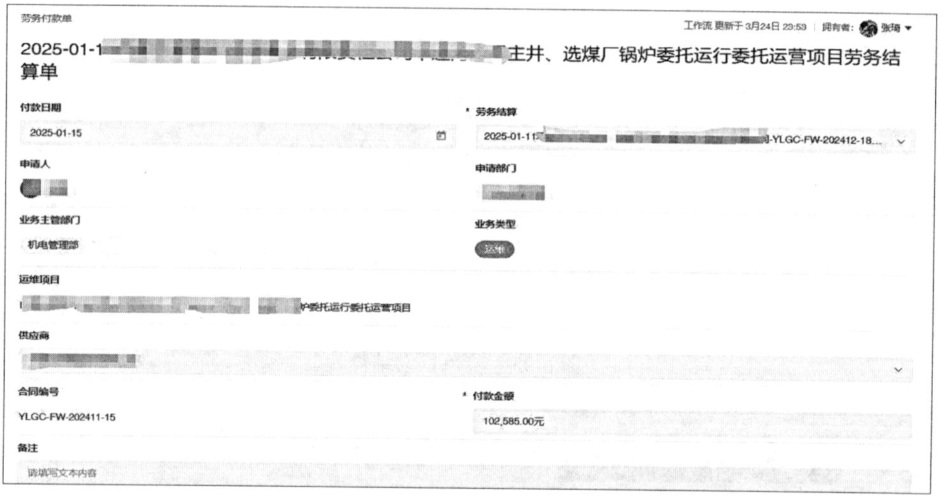

图 6-97 项目劳务付款

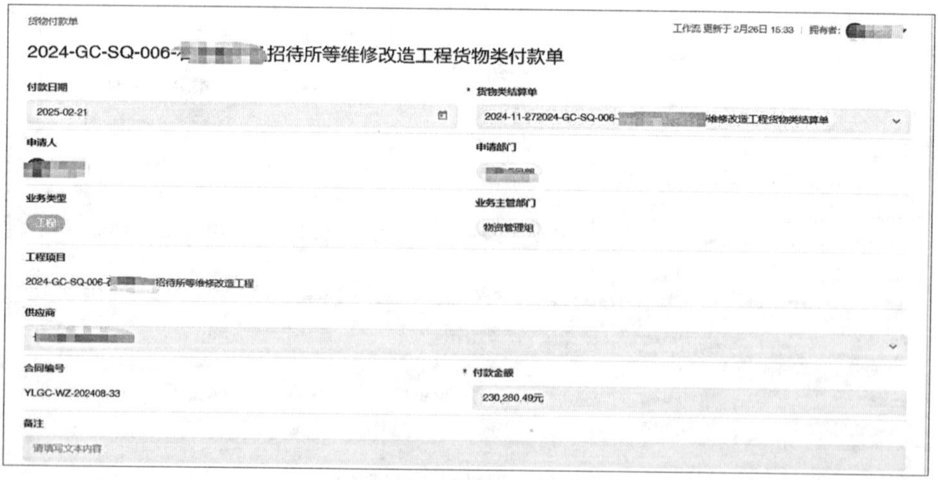

图 6-98 项目货物付款

租赁设备付款单　　张琦 创建于 3月2日 16:05 | 拥[redacted]

2025-01-162023-GC-BLG-016[redacted]租赁设备付款单

付款日期

2025-01-16

* 设备租赁结算

2024-12-31租赁设备费用结算申请80000.00元

申请人

[redacted]

申请部门

[redacted]

业务类型

[illegible]

业务主管部门

机电管理部

工程项目

2023-GC-BLG-016-[redacted]

供应商

[redacted]

合同编号

YLGC-FW-202408-03

* 付款金额

80,000.00元

备注

请填写文本内容

图 6-99　项目租赁机械付款

(七) 间接费用管理

每月末由主管部门统计各项目部发生的费用，通过系统设定公式，做到项目间接费用自动分摊至每个项目。

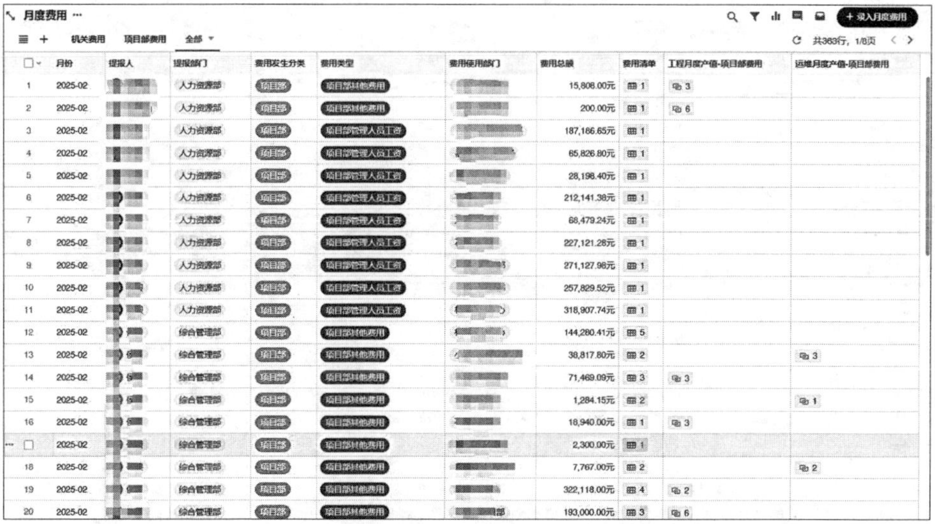

月度费用 ···　　+ 录入月度费用

机关费用　项目部费用　全部　　共363行，1/8页

	月份	提报人	提报部门	费用发生分类	费用类型	费用使用部门	费用总额	费用清单	工程月度产值-项目部费用	运维月度产值-项目部费用
1	2025-02	[redacted]	人力资源部	项目部	项目部其他费用	[redacted]	15,808.00元	1	3	
2	2025-02	[redacted]	人力资源部	项目部	项目部其他费用	[redacted]	200.00元	1	6	
3	2025-02	[redacted]	人力资源部	项目部	项目部管理人员工资	[redacted]	187,166.65元	1		
4	2025-02	[redacted]	人力资源部	项目部	项目部管理人员工资	[redacted]	65,826.80元	1		
5	2025-02	[redacted]	人力资源部	项目部	项目部管理人员工资	[redacted]	28,198.40元	1		
6	2025-02	[redacted]	人力资源部	项目部	项目部管理人员工资	[redacted]	212,141.38元	1		
7	2025-02	[redacted]	人力资源部	项目部	项目部管理人员工资	[redacted]	68,479.24元	1		
8	2025-02	[redacted]	人力资源部	项目部	项目部管理人员工资	[redacted]	227,121.28元	1		
9	2025-02	[redacted]	人力资源部	项目部	项目部管理人员工资	[redacted]	271,127.98元	1		
10	2025-02	[redacted]	人力资源部	项目部	项目部管理人员工资	[redacted]	257,829.52元	1		
11	2025-02	[redacted]	人力资源部	项目部	项目部管理人员工资	[redacted]	318,907.74元	1		
12	2025-02	[redacted]	综合管理部	项目部	项目部其他费用	[redacted]	144,280.41元	5		
13	2025-02	[redacted]	综合管理部	项目部	项目部其他费用	[redacted]	38,817.80元	2		3
14	2025-02	[redacted]	综合管理部	项目部	项目部其他费用	[redacted]	71,469.09元	3	3	
15	2025-02	[redacted]	综合管理部	项目部	项目部其他费用	[redacted]	1,284.15元	2		1
16	2025-02	[redacted]	综合管理部	项目部	项目部其他费用	[redacted]	18,940.00元	1	3	
··· □	2025-02	[redacted]	综合管理部	项目部	项目部其他费用	[redacted]	2,300.00元	1		
18	2025-02	[redacted]	综合管理部	项目部	项目部其他费用	[redacted]	7,767.00元	2		2
19	2025-02	[redacted]	综合管理部	项目部	项目部其他费用	[redacted]	322,118.00元	4	2	
20	2025-02	[redacted]	综合管理部	项目部	项目部其他费用	[redacted]部	193,000.00元	3	6	

图 6-100　项目部发生费用记录

图 6-101 项目发生费用分摊

(八)项目经营分析

按照项目月度经营分析自动汇总每月的产值、成本、开票、回款、付款，清晰掌握每月项目经营状况。

图 6-102 项目经营分析汇总

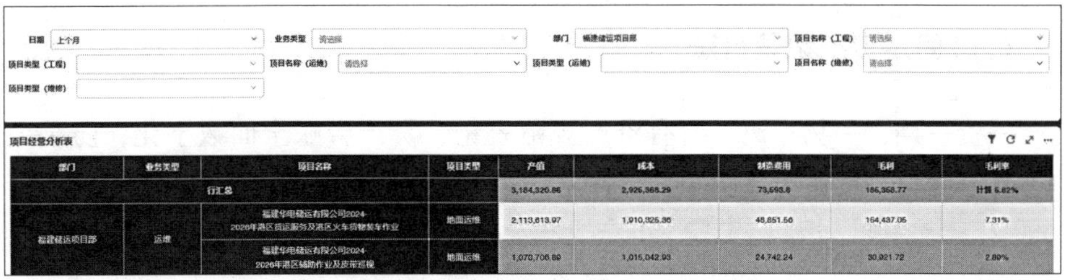

图 6-103　单项目月度经营分析

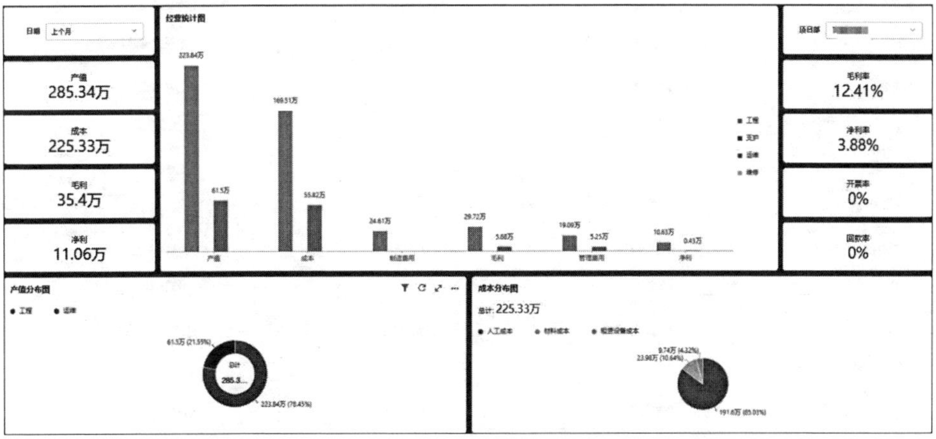

图 6-104　项目部月度经营分析

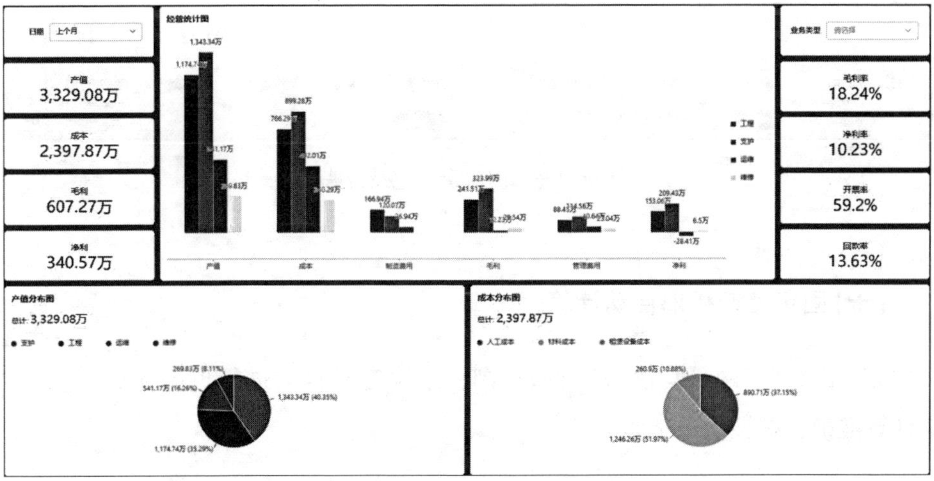

图 6-105　公司月度经营分析

(九)固定资产记录台账

一资一档，一物一码，所有资产规范登记，资产台账全面数字化，防丢失，易管理，通过一资可以清晰了解资产全过程管理。

图 6-106 固定资产记录台账

(十)固定资产折旧自动计算

方案内置“年限平均法”的折旧规则，系统定时自动进行折旧计算，确保数据计算准确，减轻财务工作量。

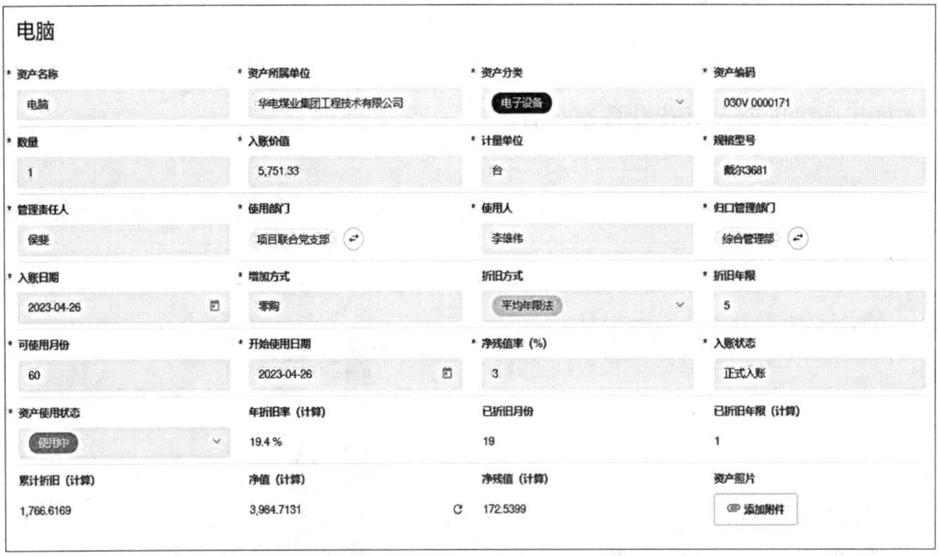

图 6-107　固定资产自动折旧计算

（十一）线上盘点操作便捷

盘点无需纸笔记录，确认库存数量后，直接扫码一键提交数据，盘点工作随时随地开展。

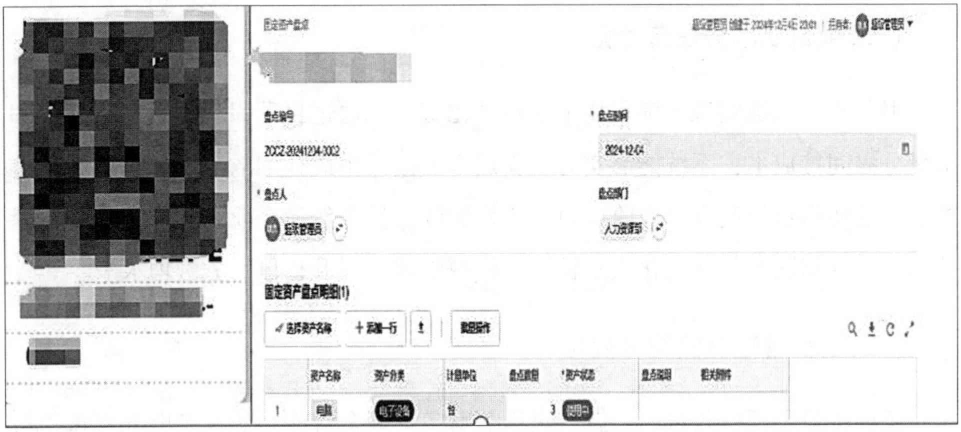

图 6-108　固定资产盘点

(十二)资产数据实时分析

系统提供强大的数据分析引擎，能够实时生成详细的报表和分析，帮助识别资产使用中的问题，并优化资源配置。

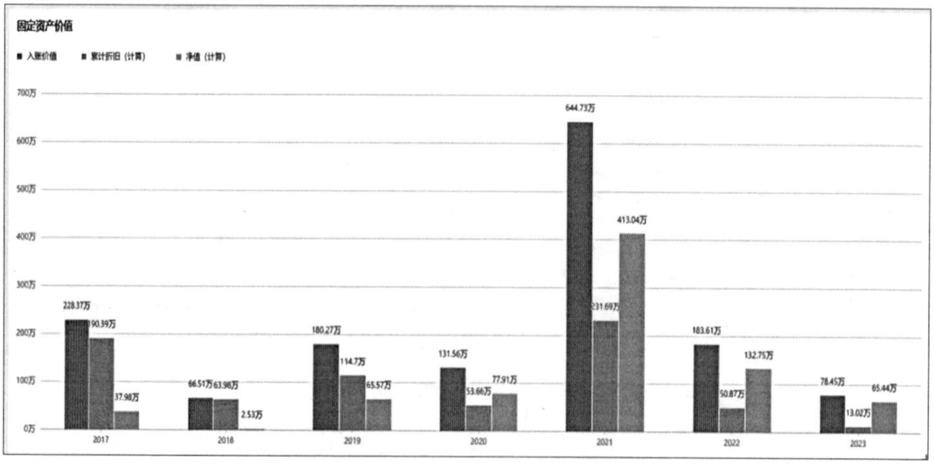

图 6-109 固定资产价值统计

四、财务资产系统应用效果

(一)项目成本管理自动化

财务资产系统实现了项目成本的自动化管理，通过自动归集项目直接成本和批量分摊间接成本，系统能够实时更新成本数据并生成详细的成本利润核算统计报表。这使得项目利润、应收应付、资金明细一目了然，企业可以快速掌握每个项目的盈利情况，从而优化成本控制和资源配置，提升整体财务管理水平。

(二)财务管理全流程可视化

系统覆盖了项目收款、付款、报销等财务管理全流程，实现了财务管理的可视化。它能够自动按项目里程碑生成应收、应付计划及提醒，确保财务管理的高效性和准确性。此外，系统支持与财务系统集成，自动推送凭证，实现业务与财务的无缝对接，提升财务处理效率，减少人工干预，降低错误率。

(三) 固定资产高效管理

财务资产系统有效盘活了固定资产的高效使用，解决了固定资产管理中的诸多痛点，如信息检索困难、盘点耗时费力、账实不符等。系统通过一资一档、一物一码的方式规范登记资产台账，实现资产的数字化管理。同时，系统内置折旧规则，自动进行折旧计算，减轻财务人员的工作量，确保数据准确。

(四) 决策支持与财务透明度提升

作为决策支持工具，财务资产系统为管理层提供了全面的财务信息，能够实时监控公司整体、项目部和单个项目的财务表现。系统通过强大的数据分析引擎，快速识别和诊断财务问题，确保财务管理与公司战略一致。这不仅提高了财务信息的透明度，还为管理者提供了可靠的决策依据，助力企业战略落地。

(五) 优化资源配置与运营效率

通过实时监控项目成本和财务状况，系统帮助企业优化资源配置，确保资金的高效利用。同时，系统自动化的流程减少了人工操作的烦琐性，降低了运营成本。

第五节　综合办公管理系统的应用案例

一、以往综合办公管理中存在的痛点与难点

(1) 以往纸质化用车审批流程需要大量人员参与，人工登记、人工安排车辆，不仅需要花时间进行对接，而且无法做到全方位追踪和监管车辆，车辆实际位置与行驶情况，都需要与用车人和司机逐个询问并核实，很容易在申请出行时间上产生冲突，申请被驳回后反复申请，严重耽误业务进展，影响企业整体办公

效率。

(2)以往的公务用车管理无法查看车辆行程，也缺乏单车维修台账、加油台账车辆费用统计核算难。用车数据也需要人工手动整理，浪费时间且信息查询困难，数据也容易出错或丢失，管理统计效率低下。

(3)传统用印人为管理问题存在审批流程不规范、无法实时监管、管理不可控、保管不当。用印审批流程长、异地用印问题受时间地域限制、用印单手工填写、出现差错、难以明确责任。

(4)以往差旅制度管控落地难，费用虚高；差旅管理内耗大，效率低；相关费用数据无法进行科学的统计分析，难以进行有效管控，出差在外无法审批，延迟流程。

(5)以往业务招待审批程序不规范，审批受时间地域限制，时常存在事后补流程的现象，相关费用数据由人工统计汇总，工作量大且易出错，难以进行有效管控。

二、综合办公管理解决方案

(1)综合办公管理应用通过线上开展用车、出差、公务接待、用印、议案审批，解决审批流程不规范、线下审批耗时长等难题，加强业务办理事前审核、审批，提高办事透明度和办事效率。围绕数据汇总管理，基于“可查、可用、可享、可评、可管”等方面，将部门数据资源转化为数据资产，充分释放数据资源的潜在价值，规避管理漏洞和风险，助推综合办公管理水平提档升级。重点围绕部门业务空白点、业务交叉点、业务衔接点、业务整合点等领域进行统筹优化设计。实现业务初审“细”、拟办“准”、把关“紧”、流转“快”，督办“实”、归档“全”的高效办公机制。

(2)综合办公管理核心业务模块：由车辆管理、公务管理、议案管理、用印管理、办公用品管理、后勤管理、规章制度、档案管理8个模块组成。

三、综合办公管理具体应用

(1)车辆管理模块：通过搭建车辆库、外出申请审批、里程记录、加油记录、维保记录、单车核算台账等操作界面，集成车辆使用状态、用车申请、还车、车辆行驶里程、加油量、油耗、维修费、保养费、年检费等数据的记录和统计，实现对车辆的有效调度和管理。

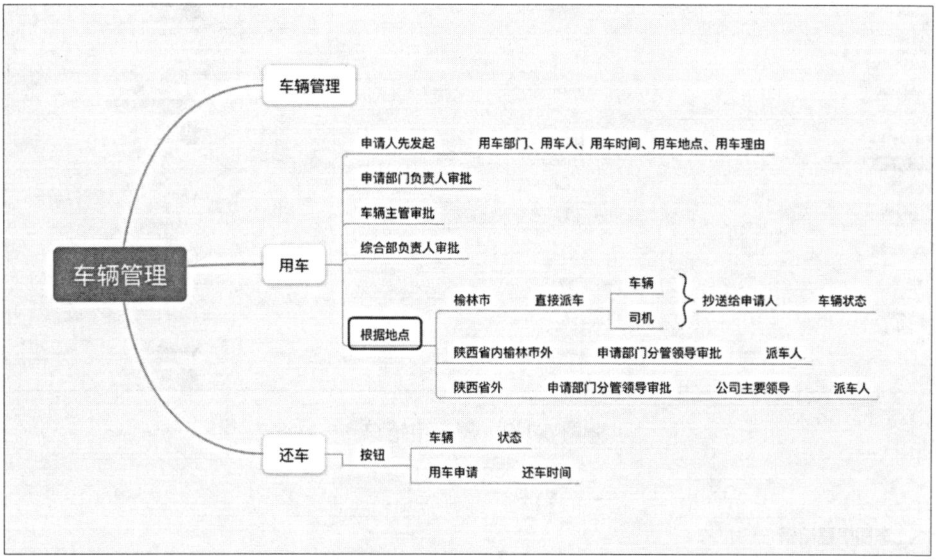

图 6-110　车辆管理流程图

车辆库 ···

全部

	车辆状态	车牌号	车辆类型	司机	车辆规定油耗	里程	保养公里数
1	空闲中	陕[illegible]	别克商务车	刘玉强	14L	256,282公里	256,282公里
2	使用中	陕[illegible]	帕萨特轿车	景磊	12L	230,075公里	229,975公里
···	使用中	陕[illegible]	帕萨特轿车	万雄飞	12L	257,892公里	253,558公里
4	空闲中	陕[illegible]	别克商务车	罗亮亮	13L	55,134公里	54,813公里
5	空闲中	陕[illegible]	别克商务车	马忠红	13L	44,961公里	39,225公里
6	空闲中	陕[illegible]	货车	强波波	25L	65,836公里	67,000公里
7	使用中	陕[illegible]	货车	强波波	45L	33,870公里	23,000公里
8	空闲中	陕[illegible]	大巴车	强军军	36L	365,004公里	356,004公里
9	空闲中	陕[illegible]	帕萨特轿车	秦强	12L	231,470公里	230,115公里
10	空闲中	陕[illegible]	皮卡	王垄杰	13L	142,258公里	142,283公里

图 6-111　车辆库管理信息

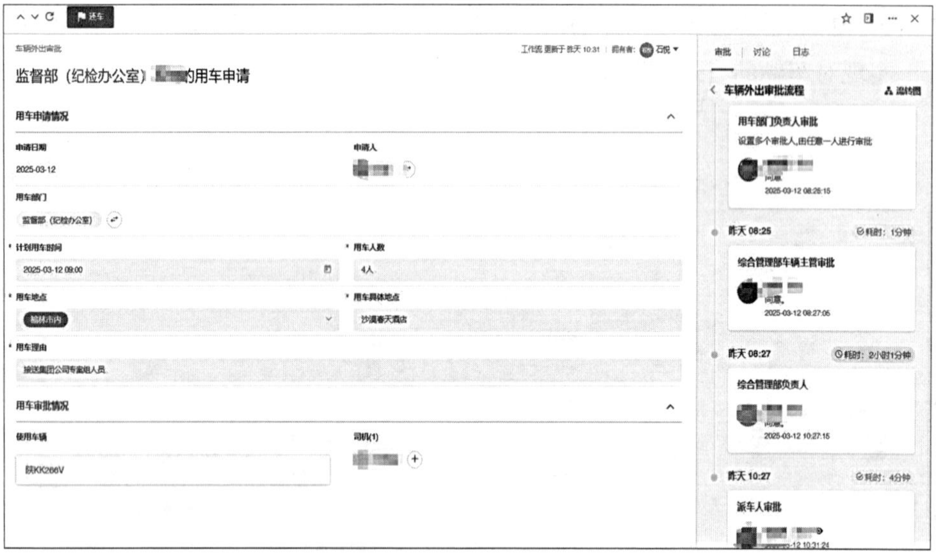

图 6-112 用车申请单

车辆里程记录 ···

全部 ▾

月份 请选择 车辆 请选择

	月份	车辆	月初里程	月底里程	行驶里程	登记司机
···	202...	晋A[illegible]	40,682公里	40,978公里	296公里	[illegible]
2	2025-02	陕K[illegible]	154,029公里	155,615公里	1,586公里	[illegible]
3	2025-02	陕KL[illegible]	31,885公里	33,870公里	1,985公里	[illegible]
4	2025-02	陕KL[illegible]	65,004公里	65,836公里	832公里	[illegible]
5	2025-02	陕KF[illegible]4	360,388公里	365,004公里	4,616公里	[illegible]
6	2025-02	陕K[illegible]V	4,505公里	7,603公里	3,098公里	[illegible]
7	2025-02	陕KD[illegible]57	253,558公里	257,892公里	4,334公里	[illegible]
8	2025-02	陕KA[illegible]9	42,265公里	44,961公里	2,696公里	[illegible]
9	2025-02	陕[illegible]	226,485公里	231,470公里	4,985公里	[illegible]
10	2025-02	陕K[illegible]27	52,713公里	55,134公里	2,421公里	[illegible]

图 6-113 车辆行使里程记录

车辆加油记录

加油日期 请选择　　加油车辆 请选择

	加油日期	加油车辆	加油金额	加油升数	附件	加油人员	备注说明
1	2025-07-14	陕KCV710	280.00元	35.45L		刘楠	
2	2025-07-11	陕KCV710	549.00元	71.68L		刘楠	新车第一次加油
3	2025-07-11	陕K HD605	395.00元	54.49L		刘楠	车辆已交回公司
4	2025-07-09	陕K HD701	469.58元	64.77L		薛永展	
5	2025-06-30	陕KK266V	403.00元	52.68L		万平亮	
6	2025-06-30	陕K HD701	442.03元	62.61L		薛永展	
7	2025-06-29	陕KEK727	330.00元	44.24L		罗亮亮	
8	2025-06-27	晋A30988	347.63元	46.6L		张红桃	
9	2025-06-27	陕KL4420	950.82元	138L		强波波	
10	2025-06-26	陕K HD605	312.00元	44.2L		刘楠	
11	2025-06-25	陕KE3134	2,308.15元	335L		强军军	
12	2025-06-25	陕K356D9	417.38元	55.95L		秦强	
13	2025-06-25	陕K3F951	434.00元	58.18L		景磊	
14	2025-06-24	陕KEK727	280.00元	37.54L		罗亮亮	
15	2025-06-23	晋A30988	404.70元	54.25L		张红桃	

图 6-114　车辆加油记录

图 6-115　车辆维保记录

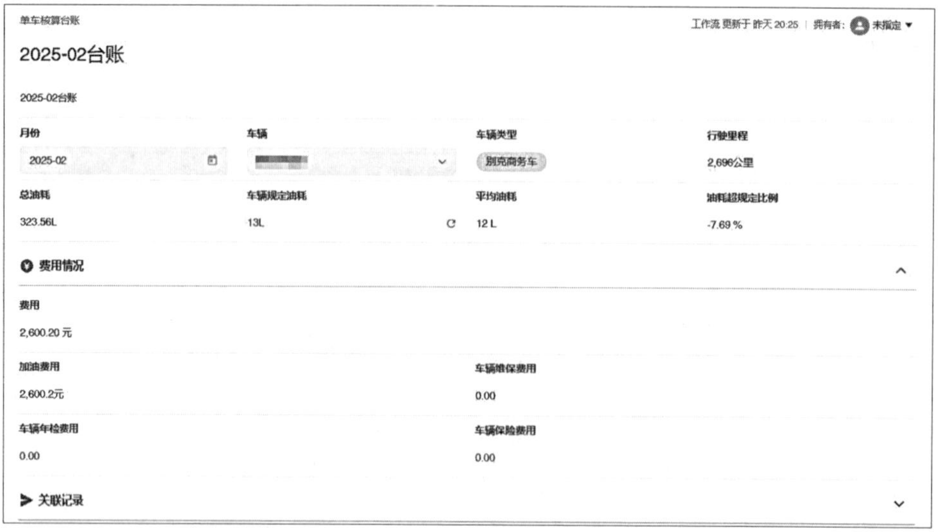

图 6-116 单车核算台账

(2)用印管理：建立了用印审批、用印刻制审批备案模块。用印人员通过手机、电脑端随时随地发起签署流程，实现快速申请、授权、审批和签字盖章，不受时间、地域限制，提升异地业务、紧急业务办理效率。通过线上记录对每一枚印章申请、授权、审批、使用等过程进行监管，追踪使用情况，让印章使用全程安全可控、合规有效。

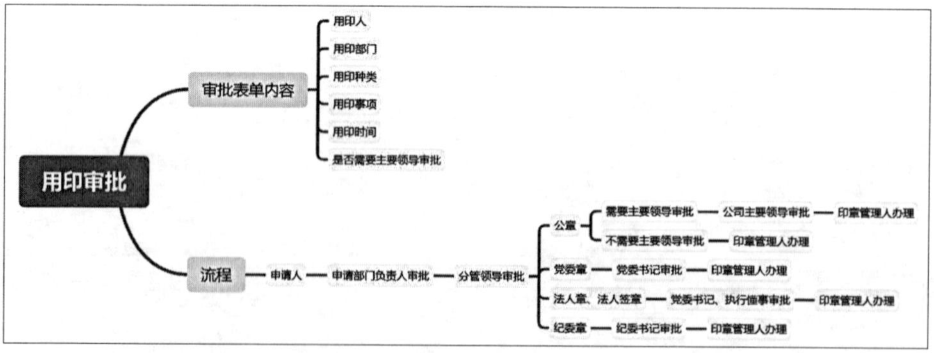

图 6-117 用印管理流程图

图 6-118　用印申请审批单

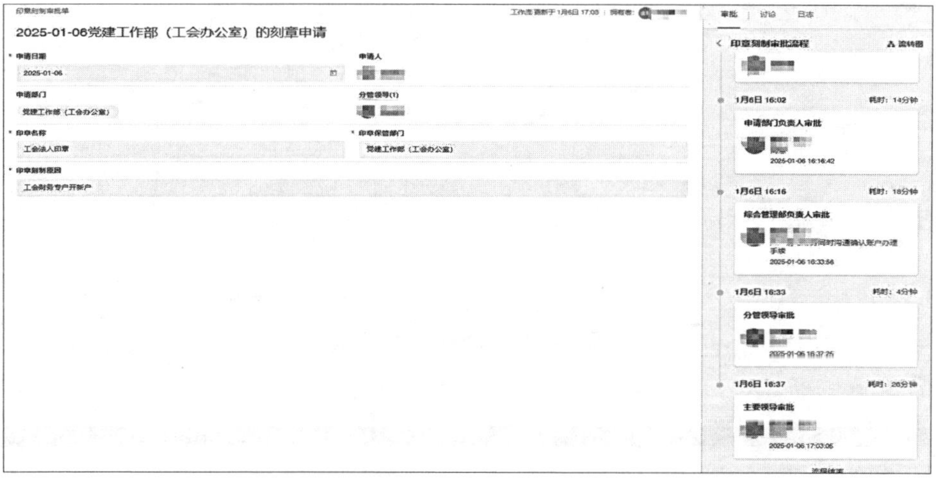

图 6-119　印章刻制审批单

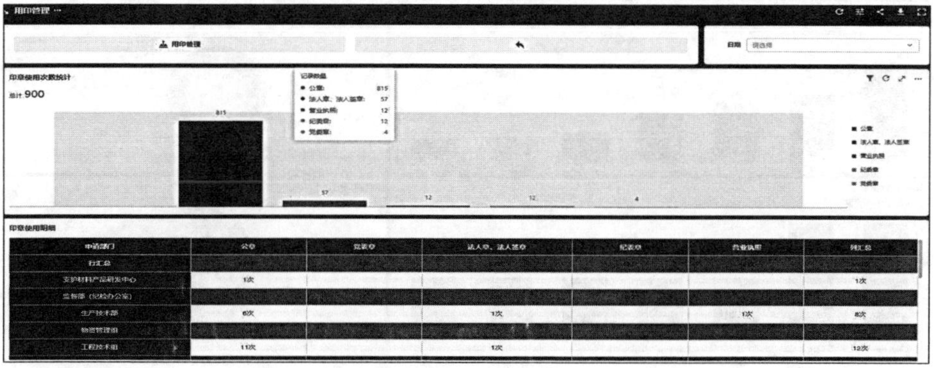

图 6-120　用印统计图

(3)公务接待：根据业务招待管理办法，在模块中添加了业务招待活动审批、实际业务招待活动清单审批和业务招待统计 3 个功能，通过对招待对象、招待事由、来宾人数、陪餐人数、用餐标准、实际发生费用等的审核审批，全面落实“事前审批”与“事后监管”，严格管控经费支出标准和总额。

图 6-121 业务招待申请单

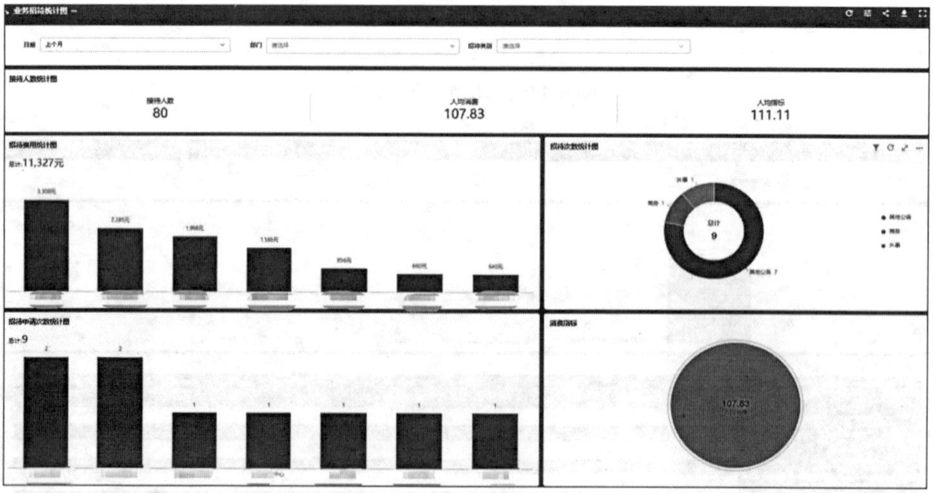

图 6-122 业务招待统计图

(4)出差管理：实现了出差管理申请、审批、费用、数据分析汇总等完整业务场景于一体，便于管理人员更直观地查看掌握公司各部门、项目部(中心)每月/季度/年出差情况、以便在年底时能快速、准确地统计出全年发生的费用等。

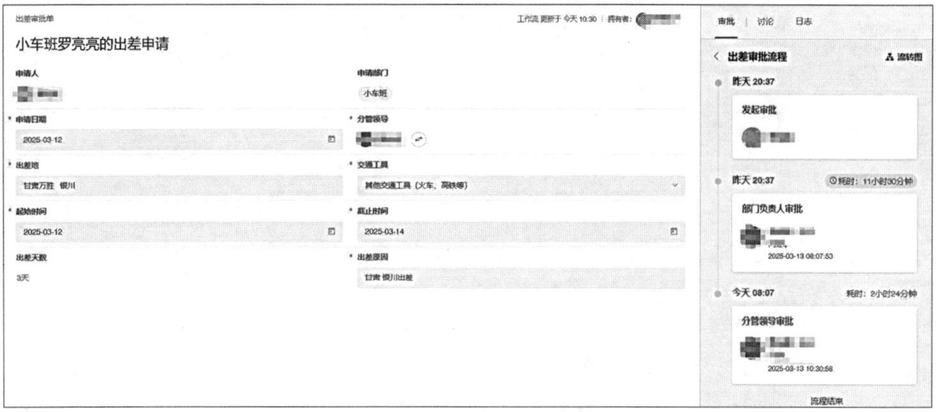

图 6-123　出差申请单

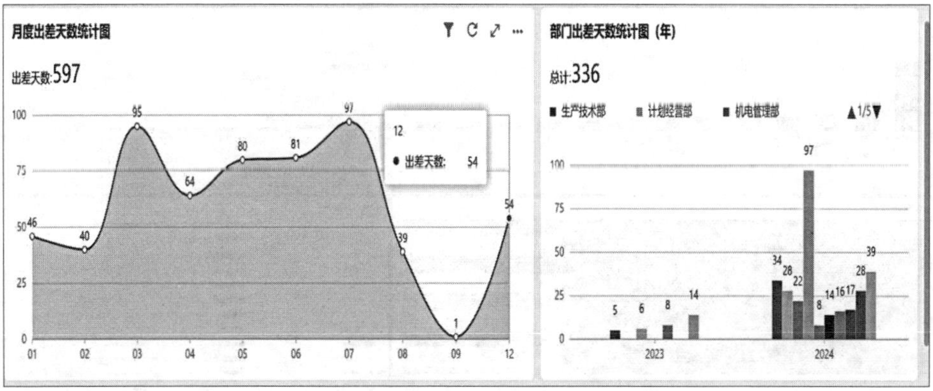

图 6-124　出差统计

(5)办公用品管理：建立了日常用品申领、办公用品需求等模块。对办公用品的采购、入库、领用等环节进行全面管控，能够清晰地记录每一件办公用品的流向，包括谁领用、何时领用等信息。公司可以更好地掌握办公用品的使用情况，及时调整采购计划，避免浪费。

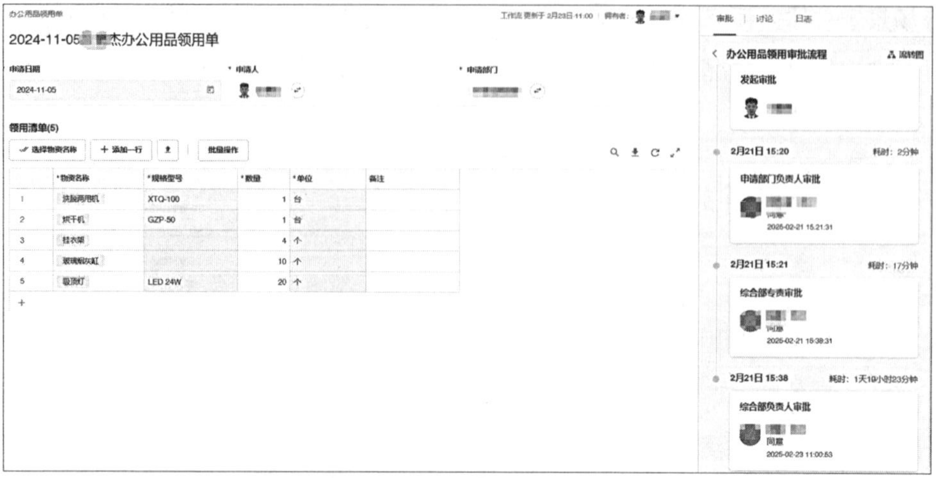

图 6-125 办公用品领用单

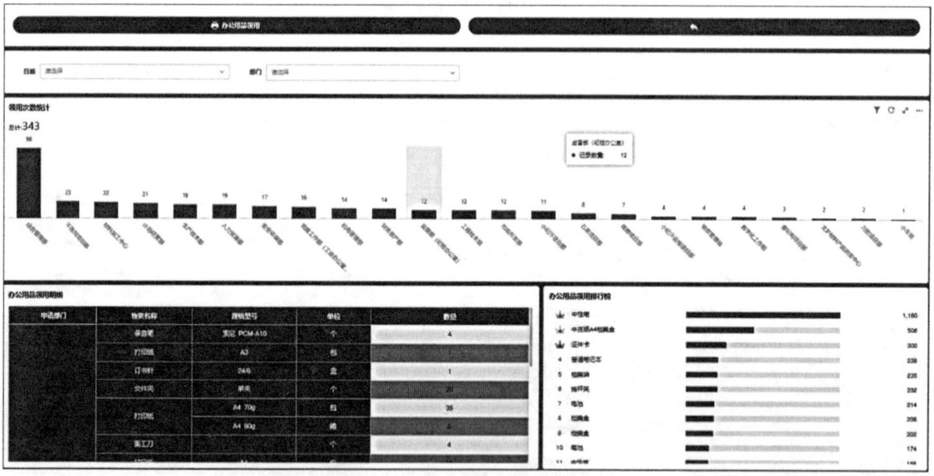

图 6-126 办公用品领用统计

(6)制度管理模块：提供编修计划、制度库管理、制度版本控制、制度立项管理、制度审查发布、制度修订、制度废止、综合查询、统计分析等多项子功能，通过制度的可视化管理流程，实现了制度的立项审查、及时发布、闭环整改等，形成制度管理的 PDCA 循环。

图 6-127　制度库

图 6-128　制度修订、起草会签审批单

图 6-129 制度修订、起草会签审批单

	学习人员	制度所属单位	制度所属部门	所在部门	学习时长	学习制度	学习内容	学习收获
51		公司规章制度	机电管理部	项目联合…	1.0小时	机电事故管理办法（试行）	事故分级：根据事故造成设备停运影	机电事故往往伴随着严重的安全隐患，有效的
52		公司规章制度	安全环保部	生产技术部	0.6小时	驻外项目部安全管理实施办法	学习了解项目部的安全职责；2、熟悉	通过该制度的学习，使我清晰了项目部整体安
53		公司规章制度	安全环保部	生产技术部	0.8小时	生产安全事故应急预案	公司事故应急响应等级及响应级别的	不仅熟悉了事故类型的划分要求及具体的响应
		公司规章制度	机电管理部	项目联合…	1.0小时	机电运输考核管理办法（试行）	职责：机电管理部是机电运输	通过制定和实施考核办法，可以促使机电、运
55		规章制度	煤业工程…	副总师	0.5小时	华电煤业集团有限公司物资管理规定	华电煤业集团有限公司物资管理规定	通过学习物资管理规定，掌握对物资的供应、
56		司规章制度	财务资产部	石泉项目部	1.0小时	工程项目财务核算管理办法（试行）	公司工程项目财务核算管理办法	1、财务资产部按照工程项目合同编号、项目
57		司规章制度	财务资产部	石泉项目部	1.0小时	会计档案管理办法（试行）	公司会计档案管理办法	1、公司财务资产部是会计档案工作的归口管
58		司规章制度	财务资产部	石泉项目部	1.0小时	应收账款管理办法（试行）	司应收账款管理办法	1、应收账款指销售商品、提供服务或工程施
59		司规章制度	党建工作…	石泉项目部	1.0小时	党员学习教育管理办法（试行）	司党员学习教育管理办法	1、党员学习教育的目的是通过经常性、系统
60		司规章制度	党建工作…	石泉项目部	1.0小时	基层党支部主题党日制度	公司基层党支部主题党日制度	1、党支部主题党日是开展党内经常性教育、
61		司规章制度	党建工作…	石泉项目部	1.0小时	党员领导干部双重组织生活管理办法（…	公司党员领导干部双重组织生活会管	1、双重组织生活指党员领导干部既要参加所
62		司规章制度	财务资产部	石泉项目部	1.0小时	存货管理办法（试行）	公司存货管理办法	1、“存货”指公司在日常活动中持有以备出售
63		司规章制度	财务资产部	石泉项目部	1.0小时	固定资产管理办法（试行）	公司固定资产管理办法	1、综合管理部负责公司（非生产用）固定资产

图 6-130 制度学习反馈记录

四、综合办公管理系统应用效果

(一)提高办公效率与透明度

综合办公管理系统实现了多部门办公在线审批流转，改变了以往线下审批耗时长、流程不规范的局面。通过线上用车、出差、公务接待、用印等业务的审批，不仅减少了人工对接的时间成本，还提高了办事透明度，让每一项业务的审批流程清晰可查。例如，用车申请可以通过系统快速提交和审批，车辆调度更加高效，避免了因申请冲突导致的业务延误，显著提升了企业整体办公效率。

(二)强化业务管控与规范

系统通过线上记录和审批功能，强化了对各项业务的管控，确保业务流程的规范化。例如，用印管理模块实现了用印审批、刻制审批备案等功能，用印人员可以随时随地发起签署流程，系统对印章的申请、授权、审批、使用等过程进行全程监管，确保印章使用安全可控、合规有效。这不仅规避了传统用印管理中审批流程不规范、保管不当等问题，还提升了异地业务、紧急业务的办理效率。

(三)优化资源配置与管理

综合办公管理系统集成了办公用品管理、车辆管理、用印管理等多个关键模块，帮助企业实现高效的资源配置和管理。以车辆管理为例，系统通过搭建车辆库、外出申请审批、里程记录、加油记录、维保记录等操作界面，集成车辆使用状态、行驶里程、加油量、油耗、维修费等数据的记录和统计，实现对车辆的有效调度和管理，避免了车辆资源的浪费，提升了车辆管理的精细化水平。

(四)提升数据管理与决策支持

系统实现了日常各项业务工作的线上记录留痕，数据系统自动化汇总分析，便于管理人员查找问题、分析原因。例如，出差管理模块实现了出差申请、审批、费用、数据分析汇总等功能，管理人员可以直观地查看公司各部门、项目部每月/季度/年的出差情况，快速、准确地统计全年费用。这种基于数据的管理模式为管理层提供了准确的数据支持，增强了决策的科学性和合理性。

(五)促进管理升级与效益提升

综合办公管理系统通过对日常办公功能的整合，为公司提供了一站式管理，提升了管理效率，降低了运营成本。例如，办公用品管理模块对办公用品的采购、入库、领用等环节进行全面管控，清晰记录每一件办公用品的流向，避免了浪费。同时，制度管理模块通过制度的可视化管理流程，实现了制度的立项审查、及时发布、闭环整改等，形成制度管理的 PDCA 循环。这些功能的实现不仅提升了管理效率，还帮助企业在日常运营中实现更高的效益。

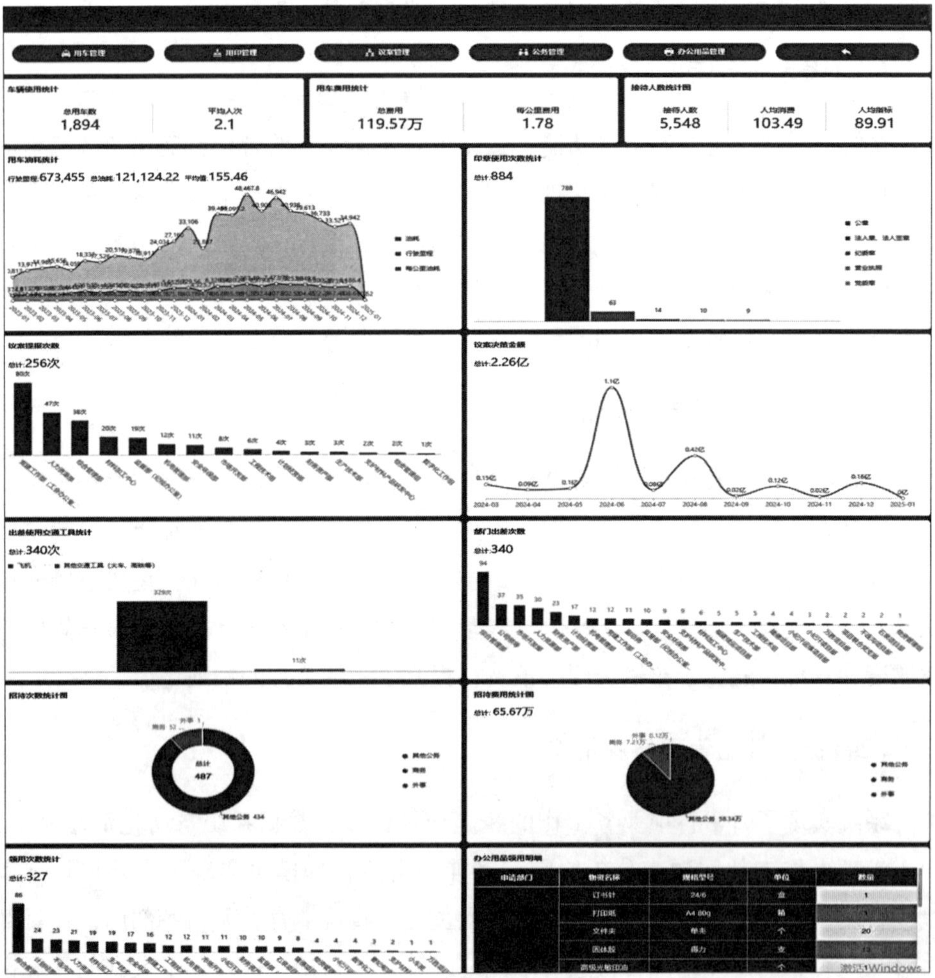

图 6-131 综合办公管理驾驶舱

第七章　案例公司数智化管理升级经验总结

历经一年多的精心打造与全力研发，“阳光工程”数字经营决策系统初见成效。在这一过程中，公司领导的坚定支持成为项目推进的关键动力，源源不断地为项目注入活力。同时，采用低代码模式进行开发，极大提升了开发效率，以创新之姿重塑管理模式，是公司在数字化转型道路上的一次大胆且成功的尝试。在本章中，将深入剖析“阳光工程”数字经营决策系统建设历程中的亮点，全面总结系统上线后所取得的显著成效，并基于当前发展状况，审慎思考、精准研判，提出具有前瞻性与实操性的下一步改进方向。

第一节　创新型领导者在企业数智化管理中的核心驱动作用

2024 年 11 月，通过对华电工程公司全体人员进行问卷调研发现(见图7-1)，影响公司数智化管理升级效果的因素中，新技术的搭建和应用、领导者的创新决

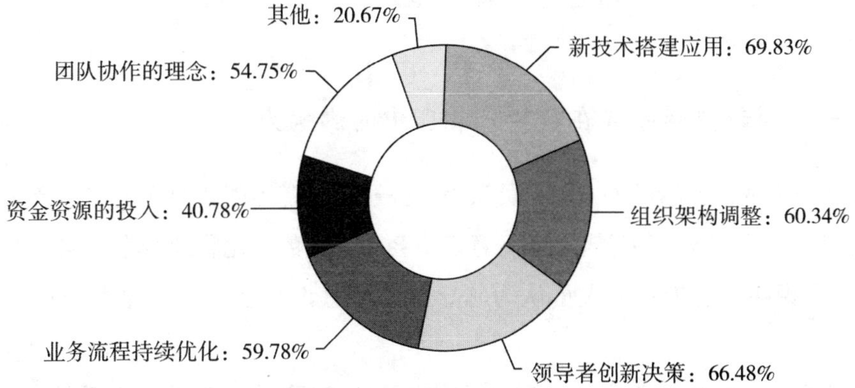

图 7-1　影响公司数智化管理升级效果的因素

策分别是影响公司数智化管理升级最重要的因素。69.83%的人员认为新技术搭建与应用影响公司数智化管理升级效果，作为数智化转型的基础，新技术的引进决定着公司数智化管理的成败。66.48%的人员认为领导者的创新决策是影响公司数智化管理升级效果的因素。

由此可见，创新是驱动公司数智化管理最重要的因素，创新型的领导者能够对企业数智化管理起到良好的推动作用。由调查问卷的结果可知(见图 7-2)，74.86%的人员认为，领导者的创新思维影响公司数智化管理升级，之后依次是管理能力、战略视野、数据决策能力、技术素养、认知态度。

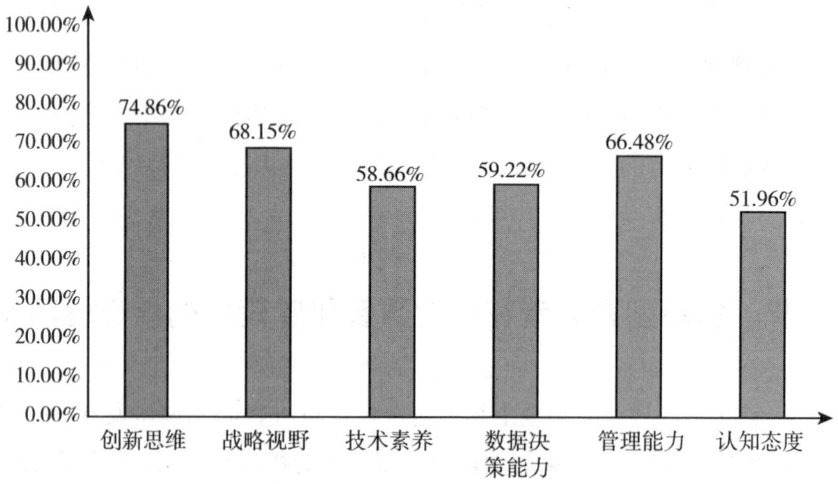

图 7-2 领导影响公司数智化管理升级的因素

一、创新型领导者在数智化管理中的影响力

调查发现，有超过 1/4 的人员认为，公司领导者的创新意识决定了企业数智化管理的成败，认为领导者的创新意识不会对企业数智化管理产生影响的人不超过 1/4，说明超过 75%的人员认为领导的创新意识对企业数智化管理具有影响(见图 7-3)。

而具体到案例企业华电工程公司的"阳光工程"数字经营决策系统实践中，27.37%的人员认为，这项工程完全是领导的创新导向驱动的；29.05%的人员认

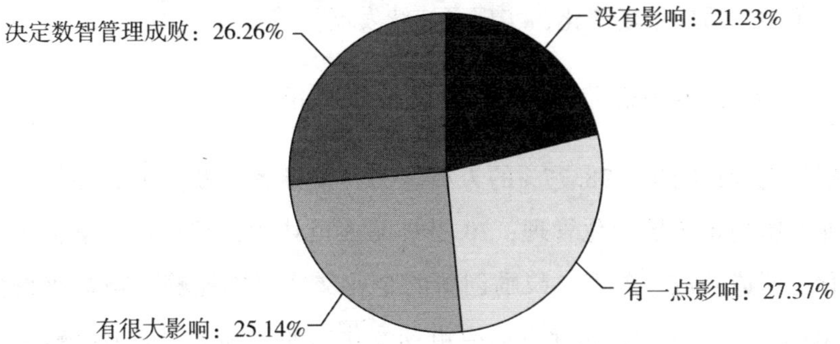

图 7-3　领导者创新意识对企业数智化管理影响程度

为，在这项工程中，领导者表现出明显的创新导向；26. 83%的人员认为公司领导表现出了一定的创新导向(见图 7-4)。

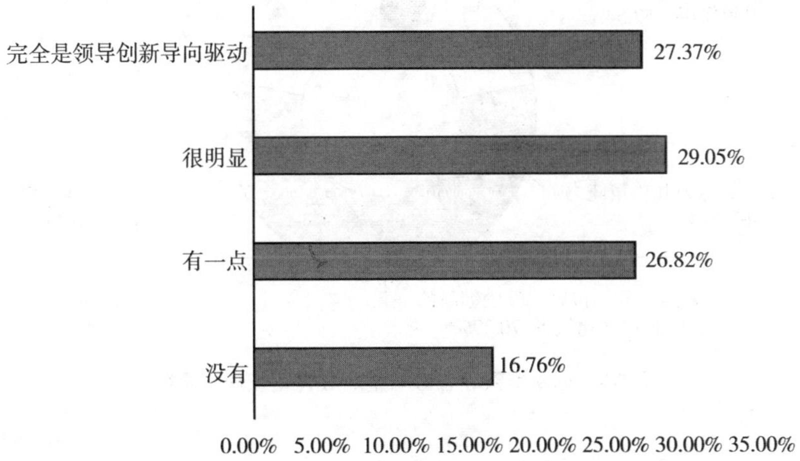

图 7-4　公司领导在“阳光工程”建设中表现出的创新导向程度

由此可见，企业数智化管理要求领导者能够理解并应用数字技术和智能技术，将其转化为企业发展的驱动力。领导者不仅要掌握基本的数字技能，还要具备前瞻性思维，能够预见技术发展趋势。创新能力是数智化思维的重要组成部分，领导者需要鼓励团队探索新技术、新方法，在企业内部营造创新氛围，不仅包括技术创新，还涵盖业务模式和管理模式的创新。通过不断创新，企业能够提高自身竞争力，适应市场变化，实现可持续发展。

二、创新型领导者推动数智化管理的路径

依据问卷调查结果，78.77%的人员认为，领导者不断引进新的技术、思维和方法能够影响企业数智化管理；70.39%的人员认为，领导者注重企业组织结构的优化，营造开放、包容、鼓励创新的企业文化氛围能够影响企业数智化管理；67.04%的人员认为，领导者适应市场变化的能力和决策能力能够影响企业数智化管理；57.54%的人员认为，领导者通过制定数智战略目标和方向的引领作用能够影响企业数智化管理。

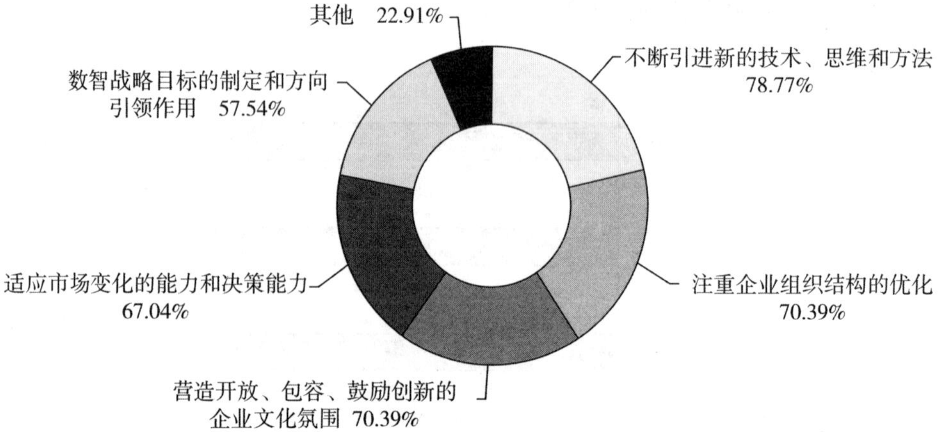

图 7-5　创新型领导者影响企业数智化管理的路径

依据“阳光工程”数字经营决策系统的实践经验以及问卷调查结果，领导者推动企业数智化管理可通过以下路径实现。

(一) 积极应用现代数字技术

企业应积极引入和应用现代数字技术，通过引进先进的数智工具和系统提高企业的管理效率和决策能力。企业应建立专门的数智技术部门，负责新技术的引进、应用和维护，通过持续的技术创新和应用实践，推动企业数字化转型和业务

创新。领导者应主动学习和掌握这些新技术，带领团队实际应用。

（二）营造企业数智文化氛围

企业高层领导要树立数智化发展的意识，推动全员对数智技术的理解和应用。通过定期举办数智化培训和研讨会，分享成功案例和经验，增强领导者和员工的数智思维。企业应鼓励创新和实验精神，允许员工尝试新的数智工具和方法，通过营造开放、包容和创新的企业文化氛围，增强领导者对数智技术的敏感性和应用能力，从而推动企业整体的数智化进程。

（三）全面优化企业组织管理

企业应根据数智化发展的需要，调整组织结构，精简管理层级，提高决策效率，通过引入扁平化管理模式，增强部门之间的协同合作，提升组织的灵活性和响应速度。企业应注重跨部门合作，推动团队间的知识共享和协同创新，通过建立跨部门的项目组和工作团队，解决复杂的业务问题，推动企业整体的数智化发展。

（四）学习数智领导力方法，建立数智化管理人才梯队

企业应积极引入国内外先进的数智领导力培训方法和工具，帮助领导者全面提高数智能力，通过合作院校、专业培训机构等渠道，开展有针对性的数智领导力培训项目。建立数智领导力人才梯队，制订长期培养计划，从基层到高层，构建完善的数智领导力培养体系，确保各层级领导者能得到相应的培训和发展机会，通过梯队建设形成稳定的数智领导力储备，支撑企业的长远发展。

（五）完善企业制度建设

建立健全的规章制度是企业数智化发展的重要保障，企业应逐步完善制度建设，确保其灵活性和适应性。成立专门的制度优化小组，定期评估和调整，确保其与企业发展相匹配。应加强制度执行力，确保其能够落地实施，通过建立健全的监督和反馈机制，及时发现和解决问题，从而提高企业的管理效率和执行力。

（六）构建强化员工参与机制

数智化时代的企业领导者不仅要关注技术和战略，还需要关注员工赋能与团队协作。首先，员工是企业最宝贵的资源，领导者应积极推动员工的持续学习和技能提升，鼓励员工掌握新的数字技术和业务知识，通过培训、工作坊和学习平台等方式，为员工提供持续学习的机会。其次，需要关注员工的职业发展，提供清晰的职业发展路径和公平的晋升机会，增强员工的归属感。最后，需要营造开放、信任的团队文化，鼓励团队成员之间合作与分享，关注团队的多样性和包容性，尊重不同背景、不同观点的员工，激发团队的创新活力。

第二节 "阳光工程"数字经营决策系统开发应用亮点和建设成效

一、系统开发与应用的创新点

"阳光工程"数字经营决策系统作为华电工程公司推动管理升级的重要项目，其系统开发应用展现了多方面的创新点，这些创新点不仅提升了企业的运营效率，还增强了企业的竞争力和市场适应能力。

（一）技术创新引领数字化转型

"阳光工程"数字经营决策系统通过引入先进的低代码开发平台，实现了开发模式的革新。传统开发方式需要耗费大量时间和精力进行需求调研、系统设计和编码工作，而低代码平台则通过拖拽组件、配置逻辑规则的方式，大幅降低了开发门槛，提高了开发效率。这种创新的开发模式不仅缩短了系统开发周期，还使得业务人员能够更直接地参与到系统建设中来，实现了业务与技术的深度融合。

在系统功能设计上，"阳光工程"数字经营决策系统也充分体现了技术创新的力量。通过整合各部门业务流程，实现数据的集中管理和分析，系统为企业提供了全面的决策支持。同时，系统还具备高度的灵活性和可扩展性，能够根据企业实际需求进行定制化开发和功能拓展。这种灵活的系统设计，不仅满足了企业当前业务需求，也为未来的业务拓展提供了有力保障。

此外，“阳光工程”数字经营决策系统在数据处理和安全性方面也展现了技术创新的优势。系统能够高效地收集、管理并深入分析各类业务数据，为企业领导层提供了全面、实时、准确的项目动态信息。同时，通过采用高级加密技术和完善的访问控制与权限管理机制，系统确保了数据的安全性和稳定性。

(二)业务流程优化与协同管理

“阳光工程”数字经营决策系统的核心目标之一，就是通过信息化手段实现业务流程的优化与再造。在过去，华电工程公司面临着业务流程烦琐、管理效率低下、资源浪费等问题。而“阳光工程”数字经营决策系统通过系统整合与数据集中管理，成功打破了部门间的信息壁垒，实现了业务流程的标准化、高效化与透明化。在项目实施过程中，首先对各部门的业务流程进行了全面梳理与优化。通过去除不必要的环节、简化操作流程、明确职责分工，公司成功降低了运营成本，提升了工作效率。同时，借助信息化平台，公司实现了对业务流程的实时监控与数据分析，为管理层提供了全面、准确的业务动态信息，从而支持其做出更加科学、合理的决策。

在过去，由于部门间信息沟通不畅，协同工作往往面临着诸多困难。而“阳光工程”数字经营决策系统通过信息化平台的建立，实现了部门间的信息共享与协同作业。一方面，通过设立统一的系统平台，公司整合了分散在不同部门和业务线的数据资源，实现了数据的集中管理与分析。这使得管理层能够实时监控公司的运营状态，快速响应市场变化，提高决策效率与经营能力。另一方面，通过信息化手段，公司打破了部门间的壁垒，实现了跨部门的协作与沟通。这不仅提升了工作效率，还增强了员工的归属感与团队协作能力。

(三)数据管理与决策支持

在“阳光工程”数字经营决策系统的系统开发与应用中，数据管理的创新点主要体现在构建了一个高效、安全的数据生态体系。这一创新不仅解决了传统数据管理中的分散、冗余、不一致等问题，还极大地提升了数据的价值挖掘与应用能力。“阳光工程”数字经营决策系统通过构建统一的数据平台，实现了数据的集中存储与管理。这一平台不仅整合了各部门、各业务线的数据资源，还通过数据清洗、标准化和关联挖掘等技术手段，确保了数据的准确性、完整性和一致性。这样的数据管理模式，不仅提高了数据的可用性和可访问性，还为后续的数据分析和决策支持提供了坚实的基础。

在决策支持方面，通过智能化的数据分析与预测技术，为企业的管理决策提供了精准、高效的支持。“阳光工程”数字经营决策系统通过数据可视化技术，将复杂的数据转化为直观的图表和仪表盘，使得管理者能够轻松掌握企业的运营状况和市场动态。这不仅提高了管理者的决策效率，还增强了决策的直观性和准确性。

(四)管理透明化和记录可追溯

在“阳光工程”数字经营决策系统的系统开发与应用中，管理流程透明化是其创新点的核心所在。这一创新不仅体现在系统对业务流程的全面覆盖和精准描述上，更在于通过可视化、可追溯的管理链条，实现了对管理过程的实时监控和动态调整。首先，“阳光工程”数字经营决策系统通过构建可视化的管理界面，将复杂的业务流程和管理环节以直观、易懂的方式呈现出来。无论是项目进度、成本控制，还是人员调配、资源分配，管理者都可以通过系统一目了然地掌握各项工作的进展情况和存在的问题。这种可视化的管理方式，不仅提高了管理者的决策效率，还增强了决策的准确性和针对性。其次，“阳光工程”数字经营决策系统在系统中融入了可追溯的管理链条。通过记录每个管理环节的关键信息和操作记录，系统能够实现对管理过程的全面追溯和审计。这不仅可以防止管理过程中的漏洞和违规行为，还能够为企业的持续改进和优化提供有力的数据支持。

一方面，管理流程透明化使得企业的管理决策更加科学、合理。通过系统提供的数据支持和可视化界面，管理者能够更准确地把握市场动态和客户需求，从而制订出更加符合企业实际情况和市场趋势的管理策略。这不仅提高了企业的运营效率，还降低了管理成本，为企业创造了更多的经济效益。另一方面，管理流程透明化也增强了企业的透明度和公信力。通过系统的全面记录和可追溯性，企业能够向客户、合作伙伴和监管机构展示其管理过程的规范性和公正性。这不仅有助于提升企业的品牌形象和声誉，还能够增强客户对企业的信任和忠诚度。

(五)推动企业文化建设与员工成长

系统的开发与实施，不仅优化了业务流程，提高了工作效率，更重要的是，它成为塑造企业积极向上工作氛围的重要推手。首先，“阳光工程”数字经营决策系统倡导了开放、透明的沟通文化。系统平台的搭建，使得企业内部的信息流通更加顺畅，员工之间的沟通与合作得到了极大的促进。这种开放的文化氛围，鼓励员工勇于表达观点，积极参与决策，从而增强了企业的凝聚力和向心力。其次，系统还融入了企业价值观，成为企业文化传播的重要载体。通过系统的界面设计、功能设置以及日常操作，企业能够向员工传递其核心价值观和经营理念。这种潜移默化的影响，有助于员工形成与企业一致的价值认同和行为习惯，从而推动企业文化的深入发展。

“阳光工程”数字经营决策系统开发应用的另一个重要创新点在于其对员工成长的促进作用。系统不仅为员工提供了便捷的工作工具，还成为了一个个性化、持续性的学习平台，助力员工不断提升自我，实现职业成长。一方面，系统提供了丰富的学习资源和培训机会。通过系统的在线学习模块，员工可以随时随地获取最新的行业资讯、专业知识和技能。这种灵活的学习方式，不仅满足了员工个性化学习的需求，还提高了学习的效率和效果。另一方面，系统还为员工提供了自我评估与反馈的机制。通过系统的数据分析功能，员工可以清晰地了解自己的工作表现和发展状况，从而制定订更加科学合理的职业规划和学习计划。这种自我驱动的学习模式，有助于激发员工的内在动力，推动其不断追求卓越，实现个人价值。

二、建设成效与业务影响

（一）总体成效

经过一年的精心建设，华电工程公司的“阳光工程”数字经营决策系统已取得显著成效。该系统涵盖了 18 个关键业务应用，整合了 522 张工作表单和 777 条工作流程，初步实现了跨部门的在线审批与流转，显著提升了工作效率。此外，通过电子化办公和电子文件存档，不仅实现了工作流程的透明化和可追溯性，还大幅降低了办公成本，减少了纸张和墨水的使用。

在数据管理方面，该系统实现了数据的集中存储、处理和分析，确保了数据共享的便捷性和安全性。这不仅促进了数据的自动化汇总与分析，而且为公司的决策和评估提供了强有力的支持。通过对业务流程的深入梳理、优化和整合，实现了业务流程的标准化、高效化和透明化，从而显著提升了工作效率，降低了运营成本，并切实提高了管理人员的数字化管理能力。

(二)问卷调研

2024年11月，通过对华电工程公司全体人员进行问卷调研。调查问卷包括三个部分，包括个人信息、“阳光工程”实施前企业现状与“阳光工程”实施后产生的效果，共计38个题项，调研时间半个月左右，收回问卷179份。

从个人基本信息来看，问卷受访者男性占比为89.94%、女性为10.06%(见图7-6)。由于案例公司属于工程类公司，男性员工数量较多，符合企业实际情况。从年龄分布来看，90%以上的受访者年龄小于50岁，公司偏向年轻化，并

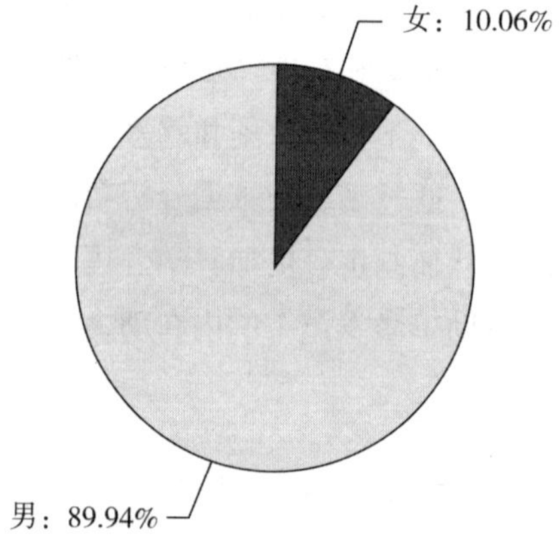

图7-6　性别分布

且介于31岁与50岁之间的人员比例最大(见图7-7)。从学历分布看，公司人员硕士研究生比例为1.68%、本科比例为35.75%、专科及以下比例为72.57%，可以说明公司整体学历水平不高，人员实践能力丰富但理论知识较为缺乏(见图7-8)。从受访者管理层级来看，大部分为普通员工，其次为基层管理者与中层管理者(见图7-9)。从受访者的工作年限可以发现，比例最高的人员工作年限在3年以内，占比40.22%。工作年限超过6年的老员工占比为47.48%(见图7-10)。最后，从人员所属部门来看，项目部成员填写问卷较为积极，公司职能部门人员

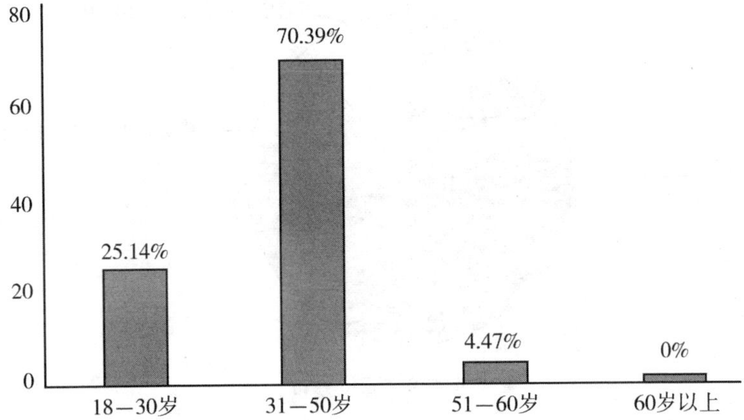

图 7-7　年龄分布

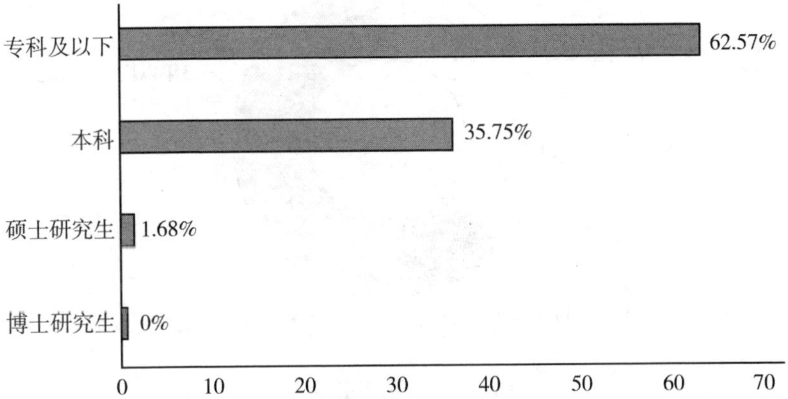

图 7-8　学历分布

参与度较低，可能原因在于工程公司的项目部成员数量远多于职能部门成员，故而能够参与问卷调查的人数较多(见图 7-11)。

经过问卷调查，在“阳光工程”项目实施之前，公司存在技术创新不足、内部管理混乱、运营效率低下、成本控制困难、市场竞争激烈、产品质量不稳定和人才流失严重等问题(见图 7-12)。其中，技术创新不足、内部管理混乱和运营效率低下问题较为突出，分别占比 49.72%、44.69%和 41.34%。除此之外，32%的人员认为“阳光工程”项目实施前公司管理流程和业务流程非常清晰(见图

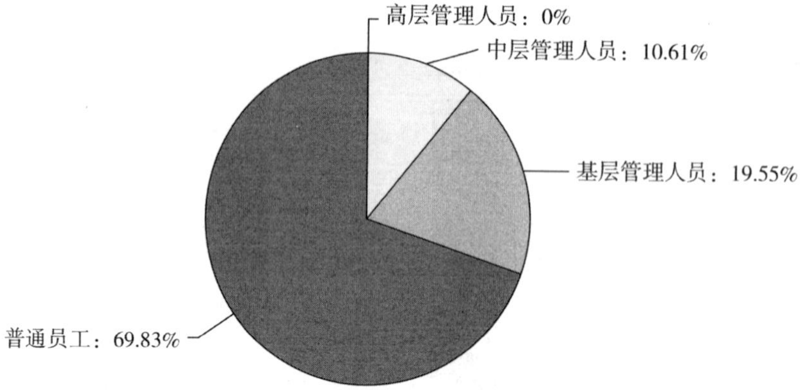

图 7-9　职位分布

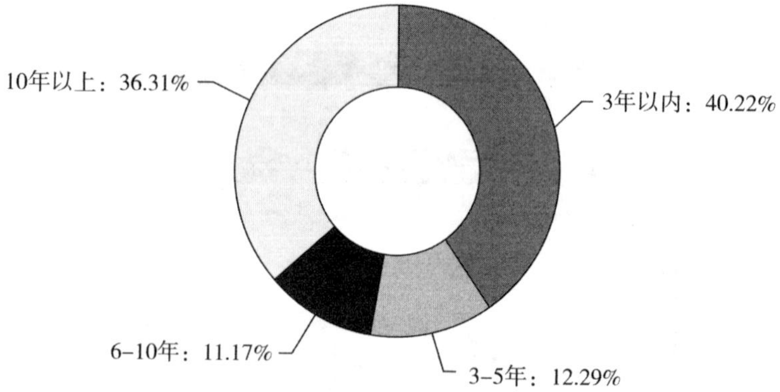

图 7-10　工作年限分布

7-13)。然而，25%的人员认为在"阳光工程"项目实施前公司管理流程和业务流程不够清晰。同时，接近 50%的人员认为"阳光工程"项目实施前公司部门责任权利界定不够明确需要进一步细化(见图 7-14)。65%左右的人员认为"阳光工程"项目实施前公司各部门岗位分工及责任界定不合理，需要重新分工界定(见图 7-15)。关于人员执行力情况，可以发现在"阳光工程"项目实施前，约 43%的人员认为执行力很强，约 47%的人员认为执行力一般，9.5%的人员认为执行力很差。调查结果说明，在"阳光工程"项目实施以前，公司人员执行力不高、管理流程较为混乱以及职责分工存在不合理。

图 7-11 受访者所属部门

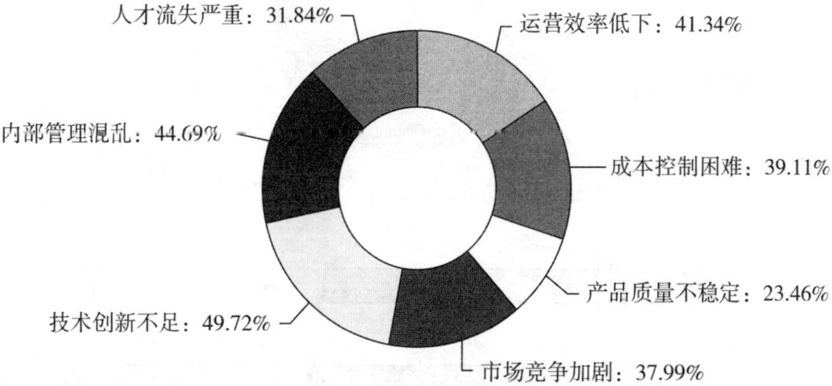

图 7-12 “阳光工程”项目实施前公司面临的主要问题

经过一年的建设，“阳光工程”数字经营决策系统已经投入使用，通过问卷结果发现有 6.7%的人员每天使用时间超过 8 小时，这些人员大部分来自各项目部，并且都为男性员工，年龄位于 31—50 岁。18.44%的人员使用时间为 5—8 小时，47.49%的人员使用时间为 1-4 小时，27.37%的人员使用时间少于 1 小时(见图 7-17)。

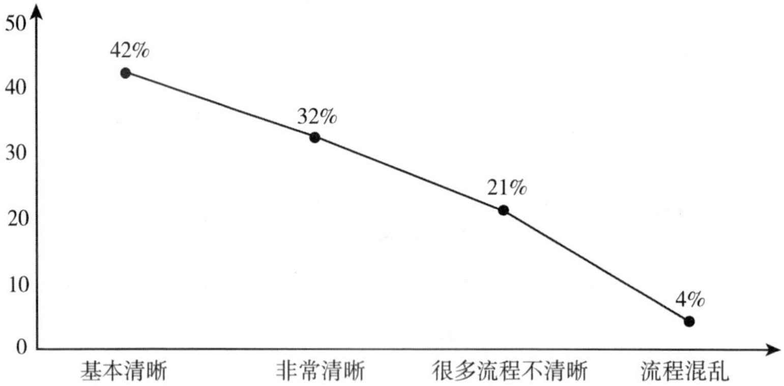

图 7-13　“阳光工程”项目实施前公司管理流程、业务流程

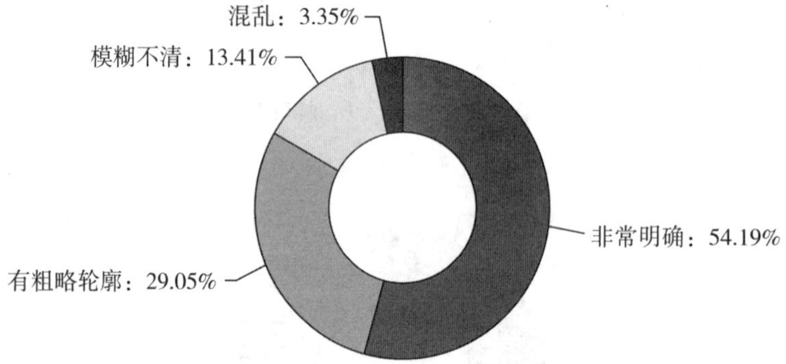

图 7-14　“阳光工程”项目实施前公司部门责任权利界定

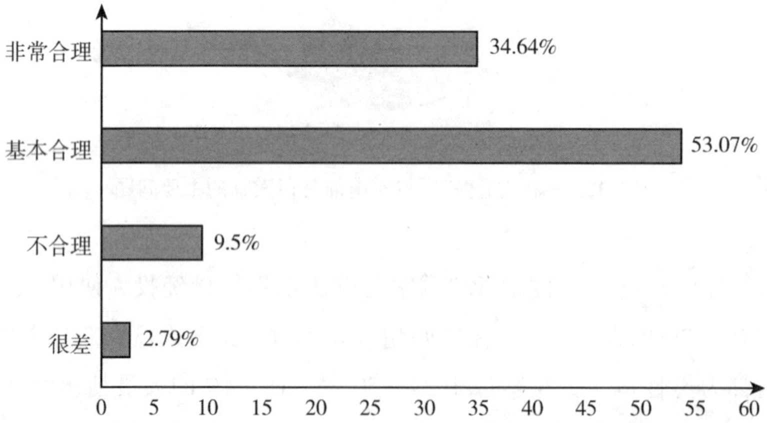

图 7-15　“阳光工程”项目实施前公司各部门岗位分工及责任界定

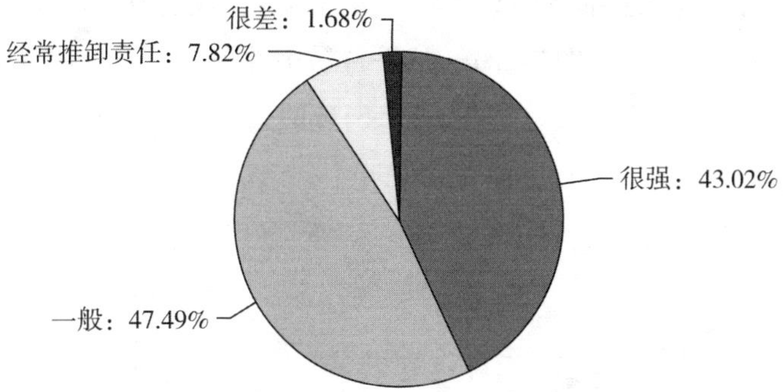

图 7-16 “阳光工程”项目实施前公司人员的执行力

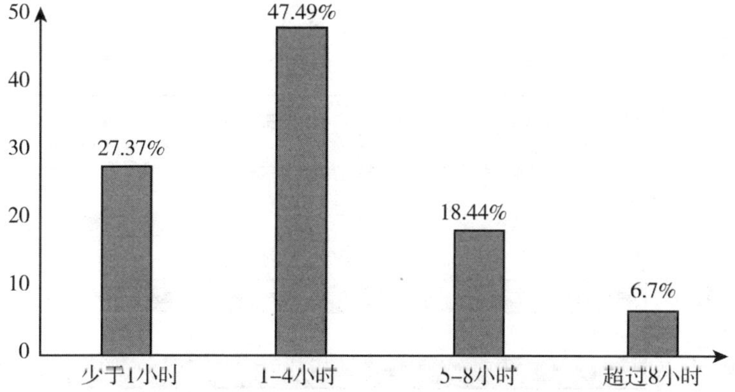

图 7-17 “阳光工程”数字经营决策系统使用时间

从“阳光工程”数字经营决策系统建设情况来看，41.9%的人员认为“阳光工程”数字经营决策系统初期设定的目标非常清晰，34.08%的人员认为较为清晰，说明“阳光工程”数字经营决策系统建设目标可以认为是清晰的。从实际效果来看，接近 80%人员认为“阳光工程”数字经营决策系统实际成果与预期目标是基本符合的(见图 7-18)。不仅如此，有超过 70%的人员认为“阳光工程”数字经营决策系统实际功能与预定功能是一致的，也就是说“阳光工程”数字经营决策系统已经圆满完成了预期设定的目标，可以正常运行(见图 7-19)。从开发进度来看，39.11%的人员对开发进度非常满意，36.31%的人员对开发进度满意，21.23%的人员认为开发进度一般，3.35%的人员对开发进度不太满意(见图 7-21)。从平台稳定性和可靠性来看，34%的人员对“阳光工程”数字经营决策系统的稳定性和可靠性感到非常满意，42%感到满意，仅有0.56%的人员对平台的稳定性和可靠性不满意(见图7-22)。从平台易用性来看，37.99%的人员认为“阳光工程”数字经营决策系统非常易用，36.31%的人员认为较易用，约3%的人员认为平台难使用(见图7-23)。

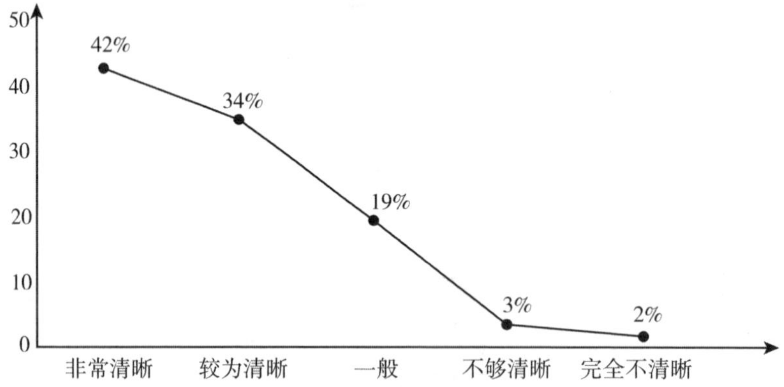

图7-18 “阳光工程”数字经营决策系统目标清晰度

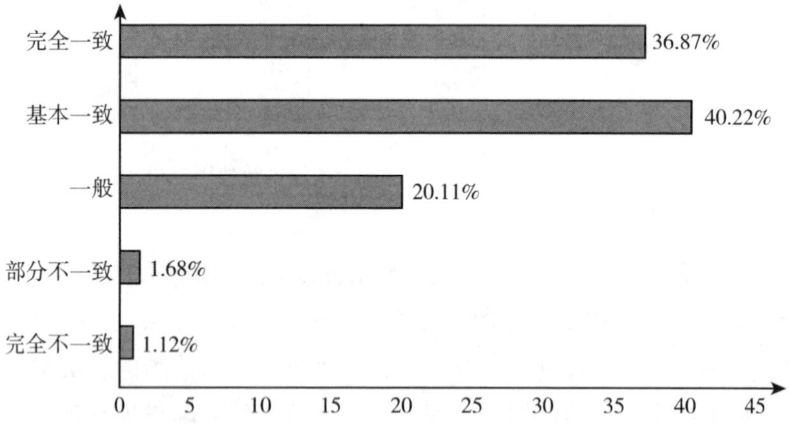

图7-19 “阳光工程”数字经营决策系统功能

从“阳光工程”数字经营决策系统使用情况来看，37.43%的人员认为平台响应非常迅速，34.64%的人员认为平台响应速度较快，大部分人员对平台的技术支持和响应速度感到满意(见图7-24)。超过90%的人员认为“阳光工程”数字经营决策系统可以满足公司基本业务需求(见图7-25)。从安全性角度来看，超过

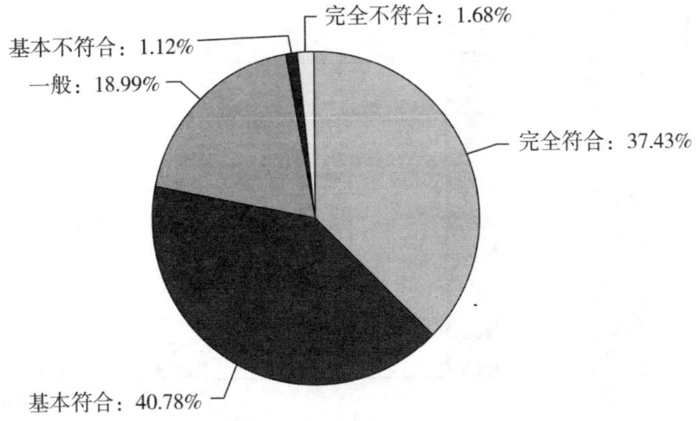

图 7-20 “阳光工程”数字经营决策系统目标符合程度

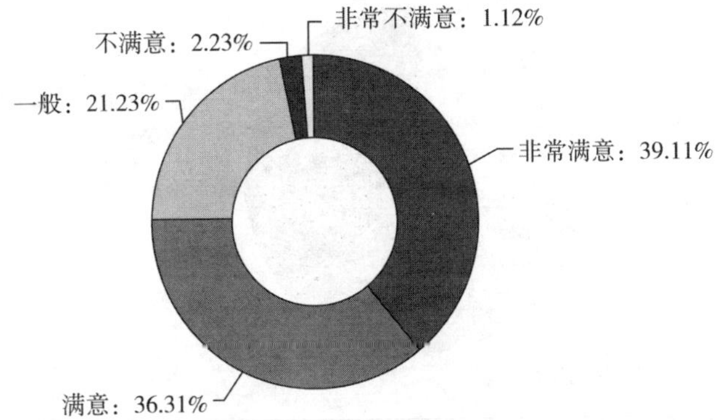

图 7-21 “阳光工程”数字经营决策系统开发进度

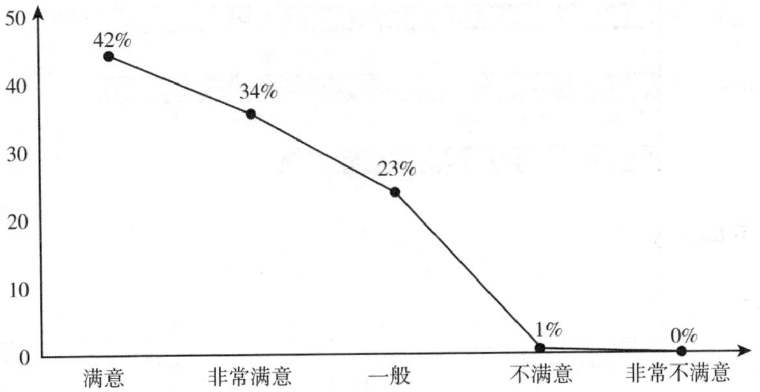

图 7-22 “阳光工程”数字经营决策系统稳定性与可靠性

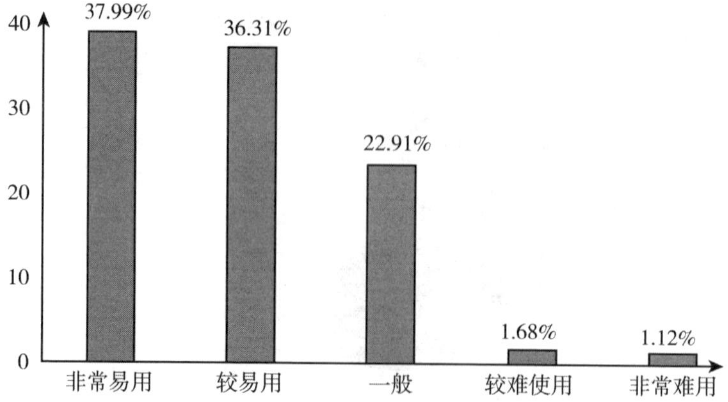

图 7-23　“阳光工程”数字经营决策系统易用性

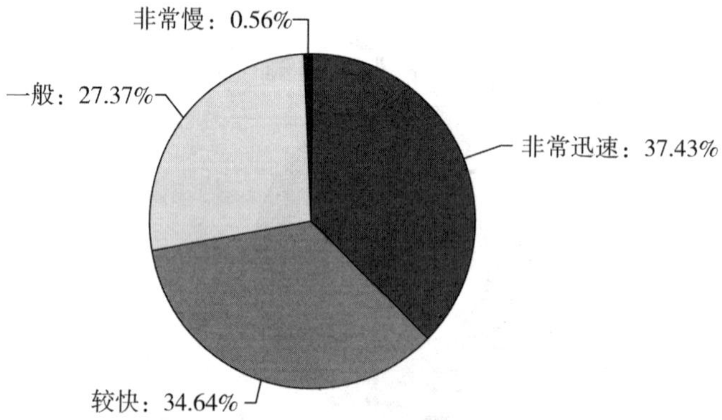

图 7-24　“阳光工程”数字经营决策系统技术支持与维护响应速度

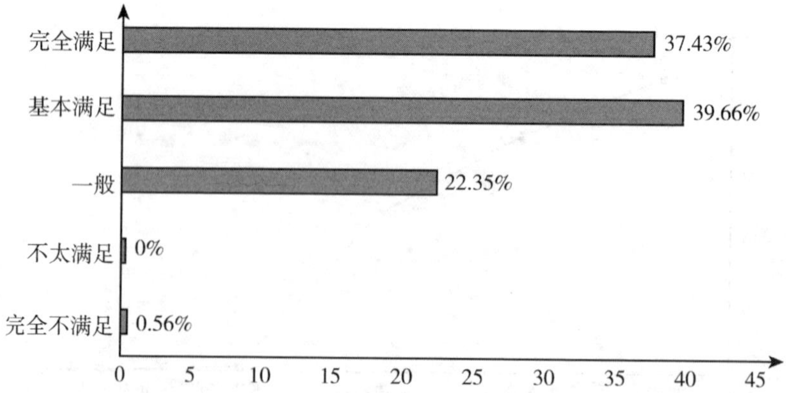

图 7-25　“阳光工程”数字经营决策系统满足基本业务需求

75%的人员认为平台是安全的，22. 35%的人员认为平台安全性一般，0. 56%的人员认为平台不安全(见图 7-26)。

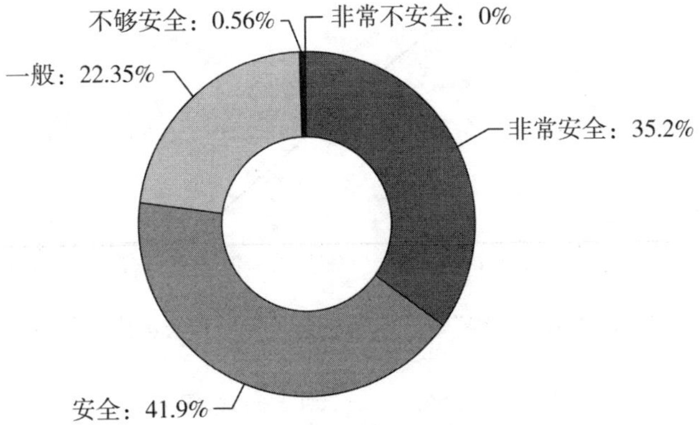

图 7-26 “阳光工程”数字经营决策系统安全性

从“阳光工程”数字经营决策系统使用成效来看(见图 7-27)，超过 78%的人员认为平台实现了公司核心业务全覆盖，可以满足公司现阶段的业务运行。超过 80%的人员认为平台的使用可以促进各部门信息传递，有效提升公司信息的利用率。18%的人员认为平台对公司信息利用率的提升效果比较一般(见图 7-28)。此外，也有超过 80%的人员认为“阳光工程”数字经营决策系统能够促进公司业务流程优化(见图 7-29)，超过 73%的人员认为平台有效促进了部门之间的沟通与协作(见图 7-30)，一定程度上缓解了各部门信息不通畅、数据标准不统一的问

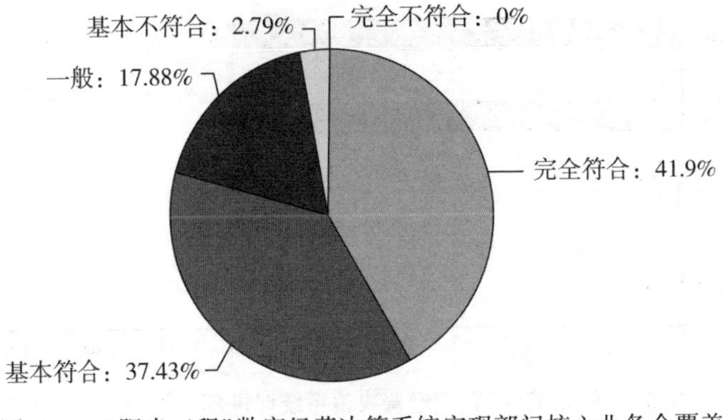

图 7-27 “阳光工程”数字经营决策系统实现部门核心业务全覆盖

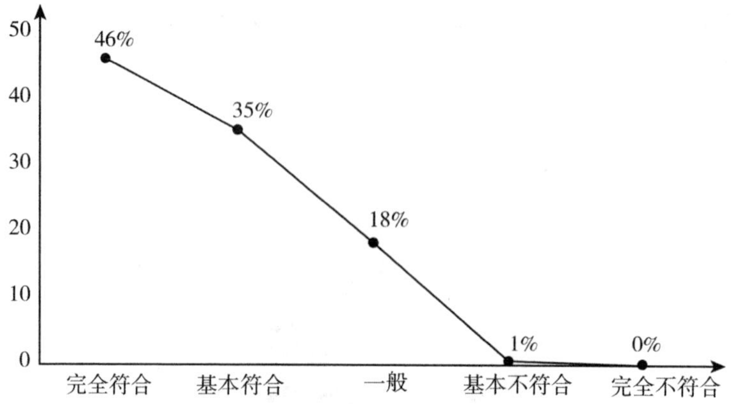

图 7-28　“阳光工程”数字经营决策系统提升公司信息利用率

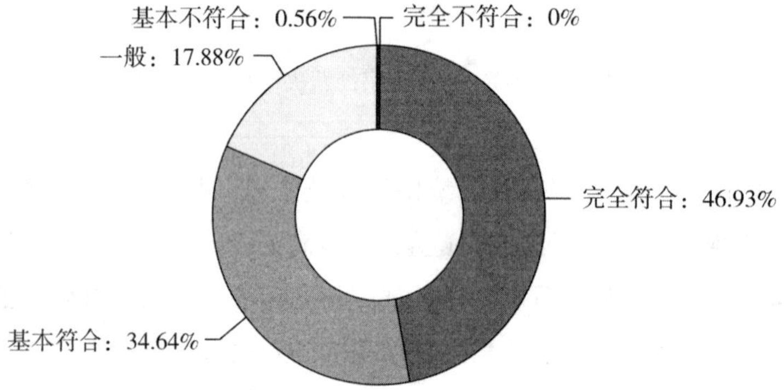

图 7-29　“阳光工程”数字经营决策系统促进业务流程优化

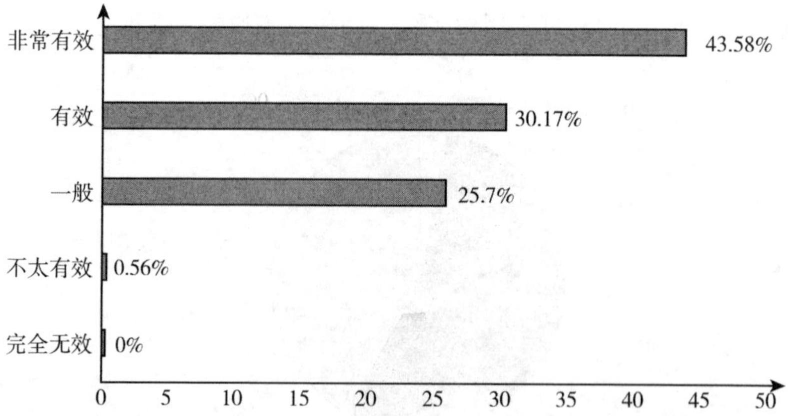

图 7-30　“阳光工程”数字经营决策系统促进部门间的沟通与协作

题。从工作效率来看，43.02%的人员认为“阳光工程”数字经营决策系统的使用极大提升了工作效率，34.64%的人员认为使用平台后工作效率有显著提升，14.53%的人员认为工作效率略有提升，7.82%的人员认为使用后工作效率没有明显变化(见图7-31)。从运营成本来看，72.07%的人员认为平台的使用有助于降低运营成本，约1.68%的人员认为运营成本没有降低，0.56%的人员认为使用平台后运营成本反而增加(见图7-32)。从培训情况来看，72.63%的人员认为“阳光工程”数字经营决策系统的使用培训充分，也有2.8%的人员认为培训不够充分，需要继续加强培训与训练(见图7-33)。接近80%的人员对“阳光工程”数字经营决策系统的接受程度较高，并且使用情况比较满意(见图7-34)。40%的人员对“阳光工程”平台的功能、性能、操作体验等总体使用情况感到非常满意，37%的人员感到满意(见图7-35)。

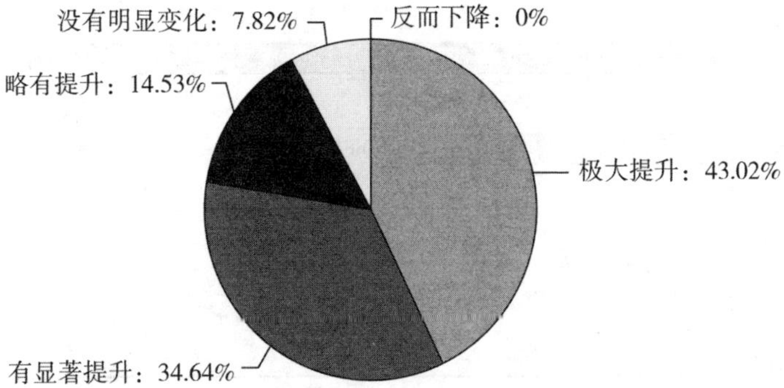

图7-31　“阳光工程”数字经营决策系统提升工作效率

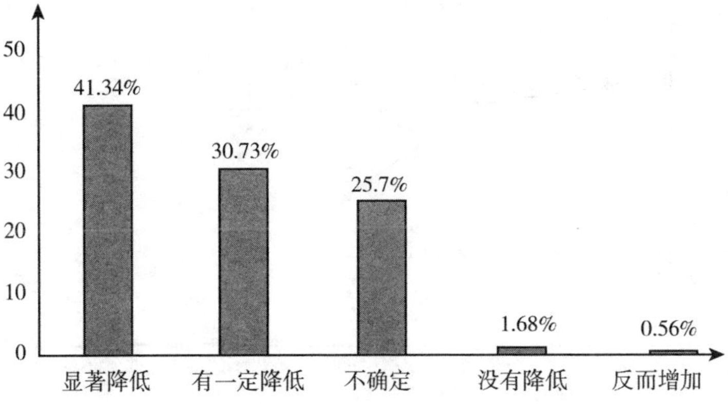

图7-32　“阳光工程”数字经营决策系统可以降低运营成本

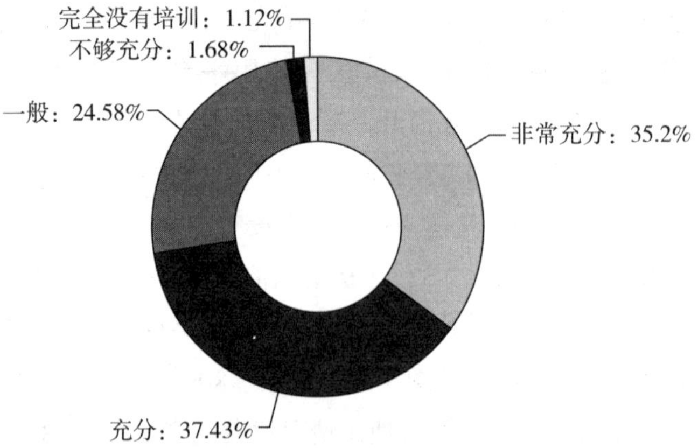

图 7-33　“阳光工程”数字经营决策系统的培训

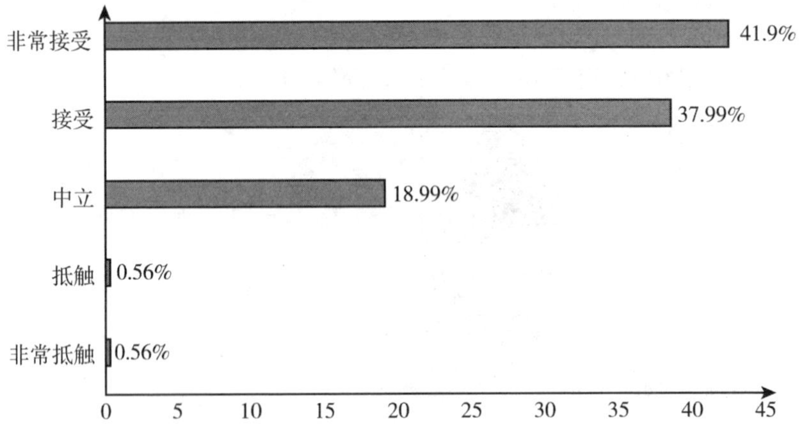

图 7-34　“阳光工程”数字经营决策系统接受程度

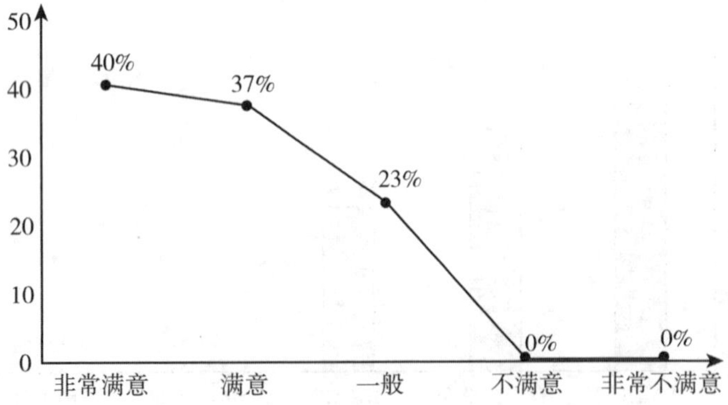

图 7-35　“阳光工程”数字经营决策系统总体使用情况

通过调研可以发现在“阳光工程”数字经营决策系统实施过程主要存在技术难题无法解决、人员变动较大、沟通不畅通、时间拖延和预算超支的问题。其中，技术难题、人员变动和沟通不畅问题比较明显，分别占比 59. 22%、49. 16% 和 40. 78%(见图 7-36)。

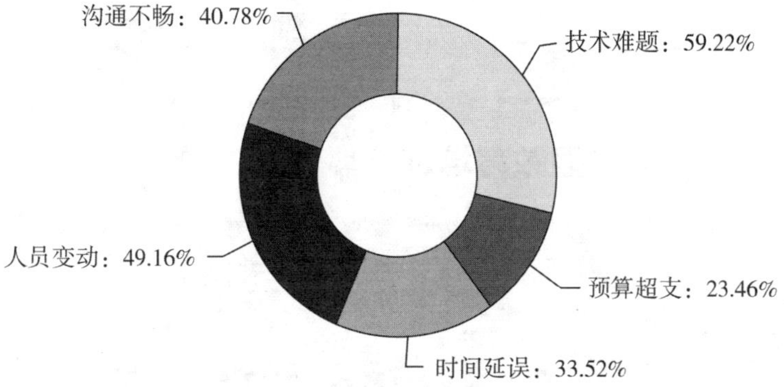

图 7-36 “阳光工程”数字经营决策系统实施过程中遇到的主要挑战

在“阳光工程”数字经营决策系统建设中，70. 39%的人员认为最成功的方面在于领导的大力支持。由于领导的正确部署与指挥，平台才能在最短时间内上线使用。其次，项目规划与设计、持续改进与维护、项目实施以及技术实施与性能的成功占比超过 50%(见图 7-37)。

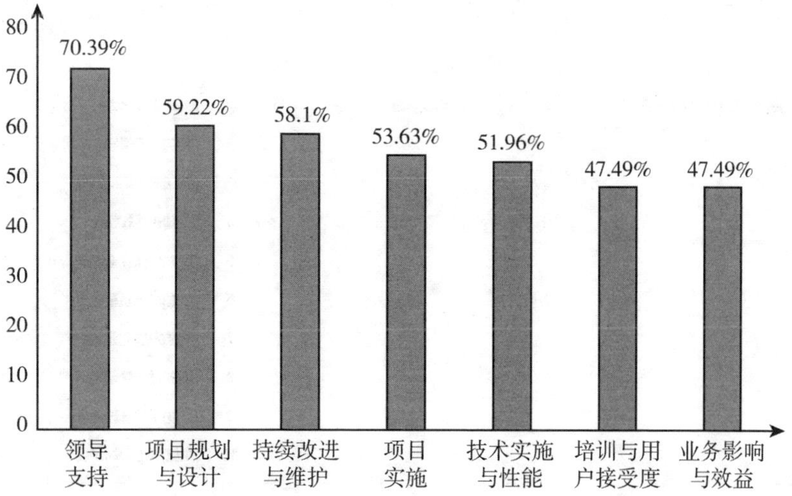

图 7-37 “阳光工程”数字经营决策系统实施过程中最成功的方面

通过对未来建议的文本分析与词频分析，可以发现大部分人员重视"阳光工程"数字经营决策系统的不断创新，以及简化审批流程、加强教育培训、提升人员素质、增强质量管理和学习先进管理理念(见图 7-38、图 7-39)。

图 7-38　未来的建议文本分析

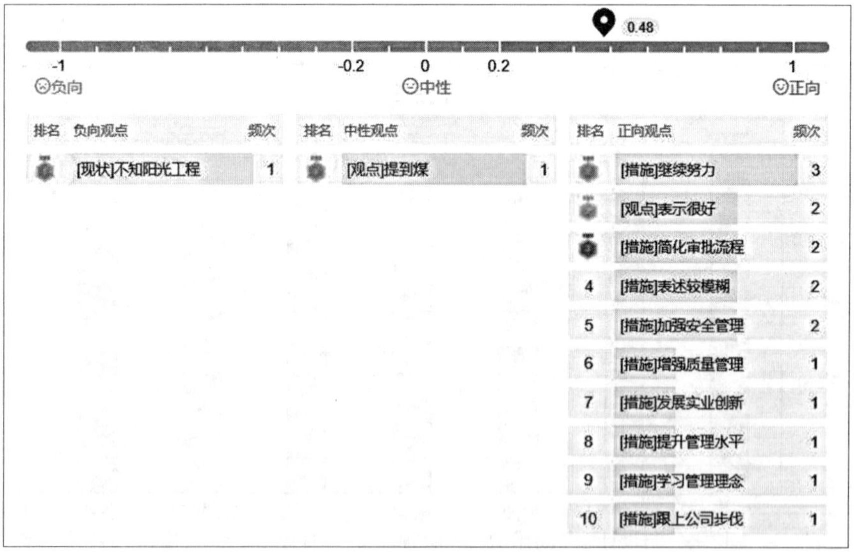

图 7-39　未来的建议词频分析

第三节 “阳光工程”数字经营决策系统进一步改进的方向

一、面临的新挑战与机遇

(一)技术更新迭代速度加快

在当今这个信息化快速发展的时代，技术更新换代的速度之快超乎想象。“阳光工程”数字经营决策系统虽然在开发之初就充分考虑了技术的先进性和前瞻性，选择了低代码平台等先进的技术架构，但随着新技术的不断涌现，如更先进的人工智能算法、更高效的大数据分析技术等，现有平台可能会面临技术上的过时。为了确保平台的持续领先和适应性，华电工程公司需要不断投入资源进行技术升级和平台优化，这不仅需要庞大的资金支持，还需要培养一支能够快速学习和掌握新技术的团队。这种对技术持续更新和优化的需求，成为“阳光工程”数字经营决策系统面临的首要挑战。同时，技术迭代也带来了兼容性方面的问题。随着新的操作系统、浏览器以及硬件设备的出现，现有平台可能会出现兼容性问题，导致部分功能无法正常使用。这就需要平台开发团队时刻保持对新技术的敏感性和关注度，及时进行适配和优化，确保平台能够始终保持良好的用户体验。

(二)数据安全与隐私保护

随着平台承载的数据量不断增大，数据安全与隐私保护成为“阳光工程”数字经营决策系统面临的重要挑战。一方面，平台需要处理和分析大量的业务数据，这些数据往往涉及公司的商业机密和员工个人隐私，一旦泄露将对公司和员工造成严重的损失。另一方面，随着黑客攻击手段的不断升级和网络环境的日益复杂，数据安全风险也在不断增大。如何确保数据在传输、存储和处理过程中的安全性，防止数据泄露和非法访问，成为平台必须解决的关键问题。此外，随着国家对数据安全和个人隐私保护的法律法规不断完善，平台也需要及时跟进和调整，确保自身的运营符合相关法律法规的要求。这不仅需要平台在技术手段上进行加强，如采用更高级别的加密技术、建立多重安全防护体系等，还需要在内部管理上建立健全的数据安全管理制度和流程，提高员工的数据安全意识。

(三) 业务流程复杂化与多样化

随着公司业务的发展和市场竞争的变化，业务流程往往需要不断进行优化和变更。这就要求"阳光工程"数字经营决策系统能够适应这种变化，提供灵活的业务流程配置和管理功能。然而，在实际操作中，业务流程的优化和变更往往涉及多个部门和多个系统的协同配合，需要进行大量的沟通协调和数据迁移工作。这不仅增加了平台的运维成本，还可能带来一定的风险。为了应对这一挑战，平台需要建立一套高效、灵活的业务流程配置和管理机制，能够快速响应业务流程的变化需求。同时，平台还需要具备强大的数据迁移和整合能力，能够确保在业务流程变更过程中数据的完整性和准确性。此外，平台还需要提供便捷的业务流程测试和优化工具，帮助业务部门快速验证和优化新的业务流程。

(四) 用户需求变化与平台体验提升

在数字化转型的过程中，用户体验和交互设计往往成为决定平台成功与否的关键因素。虽然"阳光工程"数字经营决策系统在开发之初就充分考虑了用户体验和交互设计的重要性，但随着用户需求的不断变化和市场竞争的加剧，平台在用户体验和交互设计方面也需要不断优化和提升。一方面，平台需要更加注重用户的个性化需求，提供多样化的定制服务和个性化界面设置，提高用户的满意度和忠诚度。另一方面，平台还需要注重交互设计的便捷性和友好性，简化操作流程和降低学习成本，使得用户能够轻松上手并快速掌握平台的使用方法。为了提升用户体验和交互设计水平，平台需要不断加强与用户的沟通和反馈机制，及时了解用户的需求和意见，并进行针对性的优化和改进。

(五) 跨部门协作与信息合作加强

虽然"阳光工程"数字经营决策系统已经实现了多个管理模块的集成和无缝衔接，显著提升了企业内部的管理效率和协同合作能力，但在跨部门协作和信息共享方面，仍然面临着一些亟待解决的问题。这些问题不仅影响了信息共享的效率和准确性，也制约了平台整体效能的充分发挥。因此，加强跨部门协作和信息共享机制建设，打破信息孤岛，成为“阳光工程”数字经营决策系统需要深入解决的重要课题。具体来说，不同部门之间的数据接口不兼容是一个突出问题。由于各部门在业务处理和数据管理上的差异，导致数据在跨部门传输时常常出现格式不匹配、信息丢失等问题。这不仅增加了数据处理的难度和成本，也影响了数据的准确性和时效性。为了解决这个问题，需要建立统一的数据接口标准和规范，确保各部门之间的数据能够顺畅流通和有效整合。同时，数据标准不统一也是制约信息共享的重要因素。不同部门在数据定义、分类、编码等方面存在差异，导致数据在共享时难以进行准确的比对和分析。这不仅降低了数据的使用价值，也可能导致决策失误或资源浪费。因此，需要制定统一的数据标准和规范，明确数据的定义、分类、编码等要求，确保各部门在数据使用上保持一致性和准确性。此外，业务流程设计不合理也是影响跨部门协作和信息共享的一个原因。一些业务流程在设计时缺乏全局考虑，导致关键数据在传输过程中被遗漏或误处理。这不仅影响了业务流程的顺畅运行，也可能导致数据失真或失效。因此，需要对业务流程进行全面梳理和优化，确保关键数据在跨部门协作中能够得到准确、及时的传递和处理。

二、持续改进与未来发展

（一）深化技术创新，推动平台智能化升级

“阳光工程”数字经营决策系统作为华电工程公司数字化转型的重要里程碑，其未来发展首要方向是进一步促进管理升级，推动平台的全面升级。随着大数据、云计算、人工智能等技术的不断成熟，平台将充分利用这些先进技术，优化现有功能模块，提升数据处理和分析能力。例如，通过引入更先进的算法和模型，平台将能够更精准地预测市场趋势，智能推荐项目方案，自动进行风险评估和效益预测，从而为企业决策提供更为科学、全面的支持。

（二）加强数据治理，提升信息共享与协同能力

数据是“阳光工程”数字经营决策系统的核心资源，也是推动平台发展的重

要基础。未来，平台将进一步加强数据治理工作，完善数据采集、存储、处理和分析的全链条管理，确保数据的真实性、完整性和时效性。同时，平台将积极推动信息共享与协同能力的提升，打破部门壁垒，实现跨领域、跨层级的数据共享和业务协同。在信息共享方面，“阳光工程”数字经营决策系统将建立统一的数据标准和接口规范，实现各部门之间的数据无缝对接和交换。通过搭建信息共享平台，实现数据的集中管理和统一展示，为企业决策提供更加全面、准确的信息支持。

（三）拓展功能模块，满足多元化业务需求

一是加强在设备管理方面的功能。例如，引入设备性能监控和远程故障诊断功能，实现对租赁设备的实时监控和高效管理，提高设备的维修和调配效率。同时，平台还将加强对设备采购、库存管理等方面的支持，优化供应链流程，降低运营成本。二是深化在人力资源管理方面的应用。平台将引入更智能的人才评估和推荐系统，根据员工的工作表现、能力和潜力进行智能评估，为企业的人才选拔和培养提供有力支持。此外，平台还将加强对员工培训、绩效考核等方面的管理，提高员工满意度和忠诚度。三是拓展在市场营销和客户服务方面的功能。平台将利用大数据和人工智能技术，对市场趋势进行精准分析，帮助企业制定更为有效的营销策略。同时，平台还将加强客户服务管理，提高客户满意度和忠诚度，为企业赢得更多的市场份额。

（四）强化数据安全与隐私保护，构建可信平台

数字化转型的过程中，数据安全与隐私保护始终是企业关注的焦点。未来，“阳光工程”数字经营决策系统将进一步加强数据安全与隐私保护方面的建设，构建可信平台。首先，平台将采用更为先进的安全技术和手段，如加密技术、防火墙等，确保数据的存储、传输和处理过程中的安全性。同时，平台还将加强安全漏洞的监测和修复工作，及时发现并修复潜在的安全风险。其次，平台将建立完善的数据备份和恢复机制，确保在数据丢失或损坏时能够及时恢复。此外，平台还将加强对用户权限的管理和控制，确保只有授权用户才能访问敏感数据。最后，平台将积极与相关法律法规保持一致，确保数据处理和使用的合法性。通过

加强数据安全与隐私保护方面的建设，“阳光工程”数字经营决策系统将为企业数字化转型提供更为可靠、安全的支撑。

（五）推动平台生态化发展，实现互利共赢

“阳光工程”数字经营决策系统可以积极推动生态化发展，与产业链上下游企业、合作伙伴等建立更为紧密的合作关系，实现互利共赢。通过平台生态化发展，企业可以更好地整合内外部资源，优化业务流程，提高整体运营效率。一方面，平台将加强与供应商、客户等产业链上下游企业的合作，实现供应链的优化和协同。例如，通过与供应商建立更为紧密的合作关系，企业可以获得更为优质、高效的采购服务；通过与客户建立更为紧密的联系，企业可以更好地了解客户需求和市场变化，制定更为有效的营销策略。另一方面，平台还将积极与合作伙伴开展合作，共同开发新的功能模块和服务，拓展市场份额。例如，通过与科研机构、高校等合作，企业可以引入更为先进的技术和理念，推动平台的不断创新和升级；通过与同行业企业开展合作，企业可以共享资源、经验和知识，提高整体竞争力。

（六）加强人才培养与团队建设，提升平台运营能力

“阳光工程”数字经营决策系统的成功运营和发展离不开高素质的人才和团队。因此，加强人才培养与团队建设将是平台未来发展的重要方向之一。一方面，平台将注重内部人才的培养和选拔。通过提供培训、学习和发展机会等方式，激发员工的潜力和创造力，提高员工的综合素质和业务能力。同时，平台还将建立完善的激励机制和晋升通道，鼓励员工积极参与平台的建设和运营工作。另一方面，平台还将积极引进外部优秀人才和团队。通过招聘、合作等方式，吸引具有丰富经验和专业技能的人才加入平台建设和运营团队。这将有助于提升平台的整体运营能力和竞争力。此外，平台还将加强团队建设和管理。通过优化团队结构、提高团队协作效率等方式，打造一支高效、专业、团结的团队。这将为平台的未来发展提供有力的人才保障和团队支持。

总体来讲，“阳光工程”数字经营决策系统未来发展方向将围绕深化数智化转型、拓展功能模块、强化数据安全与隐私保护、推动平台生态化发展以及加强

人才培养与团队建设等方面展开。通过不断努力和创新，“阳光工程”数字经营决策系统将为企业数字化转型与管理升级提供更为全面、高效、安全的支撑和保障。

结　语

一、本书的主要结论

本书立足于数智化浪潮的时代背景，结合前沿理论探索与笔者所在的华电工程公司的“阳光工程”数字经营决策系统的创新实践，系统阐述了企业管理升级的核心路径：领导者、工具与实践的深度融合与协同演进。主要结论如下：

(1)领导者的核心引领作用：数智转型的“掌舵者”与“赋能者”

一是塑造愿景与文化。具备创新思维、战略视野及强大学习适应能力的领导者，是数智转型的关键驱动力。他们率先转变观念，清晰擘画数智愿景，并通过感召力塑造积极的数智文化，奠定转型思想基础。

二是主导变革与决策。领导者是组织变革与关键决策的核心。他们勇于拍板，承担风险，在资源投入(尤其如“阳光工程”数字经营决策系统的建设)、利益协调(克服转型阻力)、组织结构重塑(如精细化组织单元)、激励机制构建(如点燃员工激情的考核体系)等方面发挥不可替代的作用。高层领导者的坚定支持是克服转型不确定性、确保战略落地的根本保障。

三是赋能组织与激发创新。通过优化组织环境(增强灵活性)、配置关键资源、赋能员工，领导者激发全员学习与应用数智技术的主动性(如积极利用低代码平台)，鼓励创造性思考技术与业务的融合，共同提升企业数智能力。

(2)工具的基石支撑作用：数智能力的“载体”与“加速器”

一是工具的演进与选择。企业管理工具经历了从信息化、系统化、数字化到智能化(AI驱动)的演进。在数智时代，低代码应用开发平台因其快速响应、降低门槛、赋能业务人员等优势，成为企业敏捷构建定制化解决方案的重要选择。

二是方法论指导实践。工具的成功应用离不开科学方法论的指导。“阳光工程”数字经营决策系统的建设实践清晰展示了从明确业务主线、组建团队、需求收集、建设规划、过程管理到长期维护迭代的系统化实施路径，确保了平台的实用性与可持续性。

三是平台赋能业务升级。“阳光工程”数字经营决策系统作为核心工具，通过安全管理、物资管理、项目管理、财务资产管理、综合办公管理等核心模块的深度应用，有效解决了传统管理中的痛点难点（如流程不透明、效率低下、数据孤岛），实现了全流程数智化管理、精细化管理、智慧决策，显著提升了运营效率、风险管控能力与价值创造水平。

（3）实践的协同落地：转型成效的“试金石”与“反馈环”

一是从困境到突破的实践路径。华电工程公司为突破管理粗放、基础建设薄弱、数据标准缺失、人才储备不足等困境，通过上线“阳光工程”数字经营决策系统，并从组织架构、绩效考核与平台赋能三大维度实施变革。组织架构精细化，以核心业务链条为核心设置职能服务中心与模拟市场经营小组，建立双重检查机制；绩效考核差异化，针对普通员工、班组长、项目部设定不同考核标准；平台赋能数字化，依托“阳光工程”实现工时、材料、机械等全流程数字化管理，实时监控工程进度。最终实现了安全管理系统、物资管理系统、项目管理系统、财务资产管理系统与综合办公管理系统等核心管理领域的数据实时共享与流程优化，显著提升了运营效率，有效降低了成本。

二是“阳光工程”的系统实践。“阳光工程”数字经营决策系统的提出、论证、建设与应用是领导者决策、工具应用与组织变革协同落地的典范。系统实现从市场分析到客户服务的数智全流程管理，在安全管理、物资管理、项目管理等领域解决传统痛点。同时针对模块信息共享不足、数据同步延迟等问题，通过强化数据交互、优化功能等持续迭代。其成功不仅在于技术实现，更在于强大的组织领导、跨部门协作、以及持续的迭代优化。

三是成效与持续进化。“阳光工程”数字经营决策系统基于低代码平台快速开发，实现多模块整合与数据打通，显著提升管理效率、降低成本并强化风险防控。同时，实践也揭示了新挑战，部分业务场景覆盖不足、数据分析深度有待加强，且需应对技术迭代与业务扩展的适配需求。这要求企业保持开放心态，持续优化平台功能，加强数据治理，拓展应用场景，推动数智化管理能力不断进化。

数智时代的企业管理升级，绝非单一要素的突破，而是领导者前瞻引领、先进工具(特别是如低代码平台等敏捷开发工具)有效支撑、以及务实创新实践深度协同的结果。领导者是灵魂，指明方向、凝聚力量、破除障碍；工具是筋骨，提供能力、提升效率、固化流程；实践是血肉，检验方案、创造价值、反馈优化。三者缺一不可，相互依存，共同构成企业驾驭数智浪潮、实现管理跃迁的核心竞争力。华电工程公司"阳光工程"数字经营决策系统的创新实践，正是这一协同模式的生动诠释与成功验证。

本书的探索表明，数智化管理升级是一个持续动态的过程。未来的领导者需更具生态思维和敏捷韧性，工具将向更智能、更融合的方向发展，实践需更注重数据驱动、用户体验和价值共创。企业需不断审视三者协同的有效性，勇于迭代创新，方能在瞬息万变的数智时代立于不败之地。

二、数智时代的企业管理升级展望

未来是数字经济发展的黄金时期，企业要顺应时代发展，在基础科学领域和技术前沿领域不断突破，成为范式变革中的领导者和推动者。

数智时代，企业要持续将人工智能、大数据、物联网等国内外的先进数智技术和理念作为支撑，积极通过数智化转型改进生产方式。对每一个生产关键环节的设备进行数字化、网络化、智能化升级，对生产活动进行动态追踪，及时发现扰动源并做出调整，使生产计划具有高度的灵活性，并在此基础上进一步发展数字化车间、打造智能工厂，最终研发出智能产品，提高市场竞争力。通过数智化服务平台增强与消费者的互动和反馈，为消费者提供个性化、定制化的产品与服务，为企业高质量发展提供强有力的支撑。

企业应当有意识地培育数智能力。企业数智化转型是企业应对市场变化的挑战和寻求新的创新机会的必然选择，强化数智能力已然成为企业获取竞争优势的关键方式。企业通过数智技术的应用培育出数智运营能力和数智动态能力，结合公司创业的创新、新事业开发和战略更新维度提高企业资源整合效率，进而提高企业可持续发展绩效。企业可以通过数智能力和企业创业行为形成创新先行性的战略导向组合，帮助企业进行产品研发、组织架构梳理，识别并捕获新的创业机会，进而获得可持续的竞争优势。数智能力驱动企业提高内部与外部的资源整合效率，开拓新的市场份额，帮助重资产企业轻量化转型，既提升了企业表现，也可以更好地应对市场变化带来的风险。

外部环境是企业创新必须考虑的重要情境因素，领导者要正确认识和把握环境的变化，积极提升动态管理能力，开展资源编排，以有效应对危机环境和消极事件，实现转危为安甚至转危为机。同时，在对待环境不确定性的问题上，应采取辩证的态度。这种不确定性不仅为企业带来了管理挑战，同时也孕育了丰富的发展机会。因此，管理者需实施一系列管理措施，以增强企业应对和把握这种不确定性的能力。具体而言，优化组织结构和运行流程，构建具备高效响应能力的动态体系，提升组织韧性以应对变化。同时，可以构建学习型组织，提升组织成员洞察和适应需求变化的能力。此外，应将创新常态化，为创新过程提供稳定的信息资源、资金支持和人员配置。通过这些举措，能够更好地利用环境不确定性带来的机遇，推动企业稳健发展。

三、对未来领导者的寄语

数智时代的企业发展日新月异，需要组织领导者转变思维模式，具有高度的创新意识和适应能力，做出正确的战略决策。但企业数智化管理并非要求领导者成为“技术大师”，而是要求领导者能够理解新技术并知道如何有效利用数智技术满足员工需求、实现组织愿景。

在宏观环境层面，提升洞察能力和敏锐度。错过当今数智化转型趋势的公司在未来灵活性将降低，甚至丧失竞争力，而企业数智化转型的成功有赖于领导者强大的领导能力来预见和推动转型。领导者应从自身出发，加强对数智化的认知，打破固有思维模式，以积极的态度拥抱数智化变革，培养自己敏锐的洞察力，整体把握宏观政策环境、行业环境，并通过积极调整自己的行为以适应新的数智环境，把握数智机遇，避免数智风险。

在组织层面，领导者要强化执行能力。建立组织数智化愿景与发展方向，进行数智化转型的顶层设计，协调信息技术与战略目标。借助数智技术，组织中信息获取、储存及传输的方式发生了改变，对层级森严的组织结构和领导方式产生了冲击，数智时代的领导者需要打破组织壁垒，建立扁平化的组织架构，加快破解组织内部和外部利益相关者之间的组织边界，推动信息流动。此外，传统的以领导者为中心的信息和决策过程应让位于多方主体的协同决策以及基于数据的决策。

在个体层面，提升数智学习力。领导者对数智技术的熟练程度或技能水平差异在团队中发挥着重要作用。从领导者自身角度，应摆脱固有思维模式，提高学习主动性。从企业角度，一方面，可以结合数智领导力评价量表，展开数智领导力企业考评，并坚持考用结合，对薄弱环节进行有针对性的培训，并针对不同层级领导者差异化定制数智领导力学习方案；另一方面，企业可以通过宣传引导，激发领导干部的内在动机，建立相应的激励机制，鼓励提升数智领导能力的行为。

参考文献

[1] Brem A, Giones F, Werle M. The AI digital revolution in innovation: A conceptual framework of artificial intelligence technologies for the management of innovation[J]. IEEE Transactions on Engineering Management, 2021, 70(2): 770-776.

[2] Cao Q, Simsek Z, Jansen J J P. CEO social capital and entrepreneurial orientation of the firm: Bonding and bridging effects[J]. Journal of Management, 2015, 41(7): 1957-1981.

[3] Davenport T H, Bean R. Big companies are embracing analytics, but most still don't have a data-driven culture[J]. Harvard Business Review, 2018, 6: 1-4.

[4] Garud R, Tuertscher P, Van de Ven A H. Perspectives on innovation processes[J]. Academy of Management Annals, 2013, 7(1): 775-819.

[5] Gutierrez B, Spencer S M, Zhu G. Thinking globally, leading locally: Chinese, Indian, and Western leadership[J]. Cross Cultural Management: An International Journal, 2012, 19(1): 67-89.

[6] Halbesleben J R B, Novicevic M M, Harvey M G, et al. Awareness of temporal complexity in leadership of creativity and innovation: A competency-based model[J]. The Leadership Quarterly, 2003, 14(4-5): 433-454.

[7] Ireland R D, Hitt M A. Achieving and maintaining strategic competitiveness in the 21st century: The role of strategic leadership[J]. Academy of Management Perspectives, 1999, 13(1): 43-57.

[8] Keene A. Complexity theory: the changing role of leadership[J]. Industrial and Commercial Training, 2000, 32(1): 15-18.

[9] Moldoveanu M, Narayandas D. The future of leadership development[J]. Harvard business review, 2019, 97(2): 40-48.

[10] Neubauer R, Tarling A, Wade M. Redefining leadership for a digital age[J]. Global Centre for Digital Business Transformation, 2017: 1-15.

[11] Philippart M H. Success factors to deliver organizational digital transformation: a framework for transformation leadership [J]. Journal of Global Information Management, 2021, 30(8): 1-17.

[12] Porfírio J A, Carrilho T, Felício J A, et al. Leadership characteristics and digital transformation[J]. Journal of Business Research, 2021, 124: 610-619.

[13] Rammer C, Fernández G P, Czarnitzki D. Artificial intelligence and industrial innovation: Evidence from German firm-level data[J]. Research Policy, 2022, 51(7): 104555.

[14] Sosik J J. The role of personal values in the charismatic leadership of corporate managers: A model and preliminary field study[J]. The Leadership Quarterly, 2005, 16(2): 221-244.

[15] Stenmark C K, Shipman A S, Mumford M D. Managing the innovative process: The dynamic role of leaders[J]. Psychology of aesthetics, creativity, and the arts, 2011, 5(1): 67.

[16] Wang T, Lin X, Sheng F. Digital leadership and exploratory innovation: From the dual perspectives of strategic orientation and organizational culture[J]. Frontiers in Psychology, 2022, 13: 902693.

[17] Wang T, Song M. Are founder directors detrimental to new ventures at initial public offering? [J]. Journal of Management, 2016, 42(3): 644-670.

[18] Warner K S R, Wäger M. Building dynamic capabilities for digital transformation: An ongoing process of strategic renewal[J]. Long range planning, 2019, 52(3): 326-349.

[19] Watson G J, Desouza K C, Ribiere V M, et al. Will AI ever sit at the C-suite table? The future of senior leadership[J]. Business Horizons, 2021, 64(4): 465-474.

[20] 蔡飞．我国企业信息化现状、问题和对策研究[J]．经济师，2022(9)：9-12.

[21] 陈威如，王节祥．依附式升级：平台生态系统中参与者的数字化转型战略[J]．管理世界，2021，37(10)：195-214.

[22] 池毛毛，潘美钰，周敏，等．QCA 方法在国内外管理学领域的应用：演进、比较与展望[J]．经济管理，2024，46(1)：184-208.

[23] 董晓松，许仁仁，赵星．制造业数字化转型中组织惯性与路径权变——仁和药业案例研究[J]．科学决策，2021(11)：32-48.

[24] 龚雅娴．企业数字化转型：文献综述与研究展望[J]．产经评论，2022，13(1)：40-47.

[25] 韩丽，程云喜．企业数字化领导力面临的挑战、短板及提升路径[J]．领导科学，2021(19)：50-53.

[26] 何帆，刘红霞．数字经济视角下实体企业数字化变革的业绩提升效应评估[J]．改革，2019(4)：137-148.

[27] 蒋明炜．追溯 ERP 的兴起把握 ERP 应用成败关键[J]．中国机电工业，2014(11)：88-90.

[28] 李鹏，史丹．新技术革命的发展趋势与影响特点[J]．南开学报(哲学社会科学版)，2024(4)：119-133.

[29] 李先江，张紫怡，李炎．制造业企业数智化转型对双元产品创新能力的影响研究——数智化知识整合的中介作用[J]．商业研究，2024(4)：130-136.

[30] 李燕萍，苗力．企业数字领导力的结构维度及其影响——基于中国情境的扎根理论研究[J]．武汉大学学报(哲学社会科学版)，2020，73(6)：125-136.

[31] 刘松博，李静雯，张凯瑞，等．数字化转型和领导的相互影响——基于调适性结构理论的视角[J]．外国经济与管理，2023，45(10)：116-136.

[32] 罗斌元，陈艳霞．数智化如何赋能经济高质量发展——兼论营商环境的调节作用[J]．科技进步与对策，2022，39(5)：61-71.

[33] 毛宇飞，胡文馨，曾湘泉．数智化技术应用如何影响人力资源从业者的创新绩效[J]．经济管理，2024，46(12)：81-103.

[34] 邵婧婷. 数字化、智能化技术对企业价值链的重塑研究[J]. 经济纵横, 2019(9): 95-102.

[35] 孙小强, 高秀云, 王玉梅. 制造业数智化融合转型发展的关键要素、机理分析及评价指标研究[J]. 中国科学院院刊, 2024, 39(2): 323-332.

[36] 唐志慧, 张玉龙, 贺武祥. "阳光工程"引领数字化转型[J]. 企业管理, 2025(1): 109-112.

[37] 王迎军, 邹旸. 管理工具的演化进程——一种基于进化论的解释[J]. 南开管理评论, 2018, 21(5): 10-15.

[38] 吴炎燕. 魅力型领导如何推动企业数智化转型?[J]. 上海管理科学, 2024, 46(6): 45-49.

[39] 肖静华. 企业跨体系数字化转型与管理适应性变革[J]. 改革, 2020(4): 37-49.

[40] 谢康, 吴瑶, 肖静华. 数据驱动的组织结构适应性创新——数字经济的创新逻辑(三)[J]. 北京交通大学学报(社会科学版), 2020, 19(3): 6-17.

[41] 徐玉德, 马智勇. 我国会计信息化发展演进历程与未来展望[J]. 商业会计, 2019(7): 7-12.

[42] 张晨, 王建东, 罗宵, 等. 工程管理数字化关键技术研究进展[J]. 计算机应用, 2023, 43(S1): 187-195.

[43] 张金昌. 管理智能化: 理论创新与技术发展[J]. 福建论坛(人文社会科学版), 2020(10): 98-107.

[44] 张树山, 董旭达. 智能化转型、组织韧性与制造业企业高质量发展[J]. 中国流通经济, 2024, 38(1): 104-114.

[45] 张笑峰, 席酉民, 杜艺珊. 不确定性应对与领导者成长——基于建构扎根的发现[J]. 科技进步与对策, 2016, 33(9): 141-148.

[46] 张秀娥, 王卫, 于泳波. 数智化转型对企业新质生产力的影响研究[J]. 科学学研究, 2025, 43(5): 943-954.

[47] 张哲, 阳镇, 陈劲, 等. 国有企业数字化转型的多重模式比较——来自50个国有企业案例的分析[J]. 科技进步与对策, 2023, 40(16): 1-11.

[48] 仲为国, 贾宁, 梁屹天, 等. 人工智能时代的工商管理研究现状与未来[J]. 中国科学基金, 2024, 38(5): 794-805.

附　　录

附录一：关于企业数字化转型的问卷调研

尊敬的女士/先生：

您好！

感谢您对本次问卷调查的支持。该问卷属于学术性问卷，其主要目的是探索数字化转型对企业可持续发展的影响。此次问卷的结果仅用于学术研究，绝不用于其他用途，问卷采用匿名形式。您的意见对本研究具有重要的价值，恳请您百忙之中抽出时间回答问卷的问题。再次感谢您的参与，祝您工作愉快！

第一部分：基本信息

1. 您的性别：□ 男 □女
2. 您的年龄：□ 18—30 岁　□ 31—50 岁　□ 51—60 岁　□ 60 岁以上
3. 您的学历：□ 专科及以下　□ 本科　□ 硕士研究生　□ 博士研究生
4. 您在公司的职位是
   □ 高层管理人员　□ 中层管理人员　□ 基层管理人员　□ 普通员工
5. 您的工作年限：　□ 3 年以内　□ 3—5 年　□ 6—10 年　□ 10 年以上
6. 您对企业数字化转型的了解程度
   □ 非常了解　□ 比较了解　□ 一般　□ 很少了解
7. 您是否支持企业进行数字化转型：□ 是　□ 否

第二部分：主体部分

根据您的实际情况，在相应的数字上打“✓”，1=强烈不同意、2=不同意、3=有点不同意、4=中立、5=有点同意、6=同意、7=强烈同意。

数字化转型	1	2	3	4	5	6	7
1. 公司可以根据信息化平台的项目进程信息及时做出计划和调整							
2. 公司能够运用数字化平台及时识别施工方案的优劣并进行选择							
3. 公司有专职人员或者团队负责数字化和信息化的运营和实施							
4. 公司目前的数字化建设在同行业处于中上水平							
5. 我对公司目前的数字化进度比较满意							
企业可持续发展							
6. 公司能够以较低的成本完成项目							
7. 公司能够按时完成交付项目							
8. 在数字化建设后，公司的市场竞争力得到提高							
9. 相对于开展数字化建设前，目前公司成本降低了，效率提高了							
10. 公司未来会考虑向绿色、低碳方向发展							
跨部门协作							
11. 公司部门内部经常有定期的电子邮件、员工座谈会等纵向沟通							
12. 公司部门间经常有部门会议、协调会议等横向沟通							
13. 公司部门之间沟通渠道多样							
14. 我经常与公司其他部门人员合作完成工作							
15. 我可以便捷的从其他部门获取工作信息、资料							

续表

数字化转型	1	2	3	4	5	6	7
16. 我和其他部门成员之间共享信息和知识							
17. 我和其他部门成员之间经常、深入沟通							
人员管理							
18. 公司有充足的数字化人才储备							
19. 公司员工对数字化转型的意愿强烈							
20. 公司员工具有数字化理念、数字技能知识							
21. 公司员工可以熟练使用数字化平台的功能							
技术资源							
22. 公司拥有数字化建设的基础条件							
23. 公司数据的隐私和安全能够得到保障							
24. 公司各部门数据能够统一标准							
25. 公司业务流程已经可以在数字化平台成功运行							

附录二："阳光工程"数字经营决策系统实施效果访谈提纲

一、"阳光工程"项目介绍

(1)请简单介绍一下您在"阳光工程"项目中的角色和职责。

(2)您是如何理解"阳光工程"的全流程数字化管理升级的?

二、业务流程再造前的状况

(1)在数字化管理升级之前，业务流程中存在哪些问题或挑战?

(2)这些问题或挑战对组织的运营效率、客户满意度等方面产生了哪些影响?

三、数字化管理升级决策与实施

(1)组织为何决定进行全流程数字化管理升级?

(2)在"阳光工程"推进过程中，考虑了哪些关键因素?

(3)升级计划是如何制订和实施的?

四、业务流程再造过程

(1)请详细描述业务流程再造的具体步骤和过程。

(2)在再造过程中，遇到了哪些困难和挑战?是如何克服的?

(3)业务流程再造后，组织在哪些方面取得了显著的改进或成果?

五、数字化管理升级后的效果评估

(1)您如何评价数字化管理升级后的效果?有哪些具体的指标或数据支持?

(2)与升级前相比，业务流程再造带来了哪些明显的变化?

(3)升级后的业务流程还存在哪些问题或需要进一步优化的地方?

六、未来展望与建议

(1)对于未来的数字化管理升级和业务流程再造，您有哪些建议？

(2)您认为组织在推进数字化管理升级和业务流程再造方面需要注意哪些问题？

(3)对于其他组织或行业来说，您认为“阳光工程”的经验有哪些值得借鉴的地方？

附录三："阳光工程"数字经营决策系统实施效果调查问卷

尊敬的女士/先生：

您好！

感谢您对本次问卷调查的支持。此次问卷的结果仅用于学术研究，绝不用于其他用途，问卷采用匿名形式。您的意见对本研究具有重要的价值，恳请您百忙之中抽出时间回答问卷的问题。再次感谢您的参与，祝您工作愉快！

1. 您的性别

○男　　○女

2. 您的年龄

○18—30 岁　　○31—50 岁　　○51—60 岁　　○60 岁以上

3. 您的学历

○专科及以下　　○本科　　○硕士研究生　　○博士研究生

4. 您在公司的职位

○高层管理人员　　○中层管理人员　　○基层管理人员　　○普通员工

5. 您的工作年限

○3 年以内　　○3—5 年　　○6—10 年　　○10 年以上

6. 您的部门____________________

7. 在您看来，"阳光工程"项目实施前公司面临的主要问题有哪些？

□运营效率低下　　□成本控制困难　　□产品质量不稳定　　□市场竞争加剧

□技术创新不足　　□内部管理混乱　　□人才流失严重

8. 您认为"阳光工程"项目实施前公司管理流程、业务流程是否清晰？

○非常清晰　　○基本清晰　　○很多流程不清晰　　○流程混乱

9. 您认为"阳光工程"项目实施前部门责任权利界定是否分明？

○非常明确　　○有粗略轮廓　　○模糊不清　　○混乱

10. 您认为"阳光工程"项目实施前各部门岗位分工及责任界定是否合理？

○非常合理　○基本合理　○不合理　○很差

11. 您认为“阳光工程”项目实施前公司员工的执行力情况如何？

○很强　○一般　○经常推卸责任　○很差

12. 您每天使用“阳光工程”平台的时间。

○少于 1 小时　○1—4 小时　○5—8 小时　○超过 8 小时

13. 您认为“阳光工程”平台初期设定的目标是否清晰明确？

○非常清晰　○较为清晰　○一般　○不够清晰

○完全不清晰

14. 您认为“阳光工程”平台实际成果与预期目标的符合程度如何？

○完全符合　○基本符合　○一般　○基本不符合

○完全不符合

15. 您对“阳光工程”平台的开发进度是否满意？

○非常满意　○满意　○一般　○不满意

○非常不满意

16. 您认为“阳光工程”平台实际功能与预定功能是否一致？

○完全一致　○基本一致　○一般　○部分不一致

○完全不一致

17. 您对“阳光工程”平台的稳定性与可靠性满意吗？

○非常满意　○满意　○一般　○不满意

○非常不满意

18. 您认为“阳光工程”平台的易用性如何？

○非常易用　○较易用　○一般　○较难使用

○非常难用

19. 您认为“阳光工程”平台的技术支持与维护响应速度如何？

○非常迅速　○较快　○一般　○较慢

○非常慢

20. “阳光工程”平台能够满足公司基本业务需求吗？

○完全满足　○基本满足　○一般　○不太满足

○完全不满足

21. 您认为"阳光工程"平台安全性如何？

○非常安全　○安全　○一般　○不够安全

○非常不安全

22. 通过"阳光工程"平台极大地提升了公司信息利用率。

○完全符合　○基本符合　○一般　○基本不符合

○完全不符合

23. "阳光工程"平台实现了部门核心业务全覆盖。

○完全符合　○基本符合　○一般　○基本不符合

○完全不符合

24. "阳光工程"平台能够促进业务流程优化。

○完全符合　○基本符合　○一般　○基本不符合

○完全不符合

25. 您认为"阳光工程"平台是否有效促进了部门间的沟通与协作？

○非常有效　○有效　○一般　○不太有效

○完全无效

26. 您认为"阳光工程"平台对提升工作效率的帮助程度如何？

○极大提升　○有显著提升　○略有提升　○没有明显变化

○反而下降

27. 您认为"阳光工程"平台是否有助于降低运营成本？

○显著降低　○有一定降低　○不确定　○没有降低

○反而增加

28. 您认为"阳光工程"平台的培训是否充分？

○非常充分　○充分　○一般　○不够充分

○完全没有培训

29. 您对"阳光工程"平台的接受程度如何？

○非常接受　○接受　○中立　○抵触

○非常抵触

30. 您对"阳光工程"平台的功能、性能、操作体验等总体使用情况是否满意？

○非常满意　○满意　○一般　○不满意

○非常不满意

31. 您认为“阳光工程”平台实施过程中遇到的主要挑战是什么？

□技术难题　□预算超支　□时间延误　□人员变动

□沟通不畅

32. 您认为“阳光工程”项目中最成功的方面是什么？

□领导支持　□项目规划与设计　□项目实施

□技术实施与性能　□培训与用户接受度　□业务影响与效益

□持续改进与维护

33. 您认为哪些因素提升了公司数智化管理升级的效果？

□新技术搭建应用　□组织架构调整　□领导者创新决策

□业务流程持续优化　□资金资源的投入　□团队协作的理念

□其他

34. 你认为公司领导在哪些方面对数智化管理升级起到了重要的作用？

□创新思维　□战略视野　□技术素养

□数据决策能力　□管理能力　□认知态度

□其他

35. 您认为领导者创新意识是否对企业数智化管理有影响？

○没有影响　○有一点影响　○有很大影响

○决定数智化管理成败

36. 公司领导在“阳光工程”中表现出明显的创新导向吗？

○没有　○有一点　○很明显

○完全是领导创新导向驱动的

37. 您认为创新型领导者是如何对企业数智化管理起作用的？

□不断引进新的技术、思维和方法

□注重企业组织结构的优化

□构营造开放、包容、鼓励创新的企业文化氛围

□适应市场变化的能力和决策能力

□数智战略目标的制定和方向引领作用

□其他

38. 您有哪些具体的建议或意见，以促进公司未来的管理升级？

____